TIMA KURDI
DER JUNGE AM STRAND

Tima Kurdi wurde in Damaskus geboren und wanderte 1992
nach Kanada aus, wo sie als Friseurin arbeitete. Ihr Neffe Alan
Kurdi starb bei dem Versuch seiner Familie, auf der Flucht vor
dem syrischen Bürgerkrieg mit einem Boot von der Türkei nach
Griechenland überzusetzen. Das Bild des toten Jungen am Strand
wurde zum Sinnbild der internationalen Flüchtlingstragödie.
Tima Kurdi ist heute eine anerkannte Sprecherin, die sich für die
Rechte von Geflüchteten einsetzt. Gemeinsam mit ihrem Bruder
ist sie Gründerin der Kurdi Foundation, die sich für geflüchtete
Kinder engagiert.

Tima Kurdi

DER JUNGE AM STRAND

Die Geschichte einer Familie auf der Flucht

Aus dem Englischen von Lilian-Astrid Geese

ASSOZIATION A

Fotos: Matic Kozinc/Unsplash (Einband), Maxine Bulloch (S. 2), Fabian Heinz (S. 13),
Tima Kurdi (S. 7, S. 162–175), Kurdistan Reginal Government (S. 176 oben),
Office of Congresswoman Tulsi Gabbard (S. 176 unten)

© der deutschsprachigen Ausgabe: Berlin/Hamburg 2020
Assoziation A, Gneisenaustraße 2a, 10961 Berlin
www.assoziation-a.de, hamburg@assoziation-a.de, berlin@assoziation-a.de

Gestaltung: Andreas Homann
Druck: CPI
ISBN 978-3-86241-477-2

Inhalt

Alan Kurdi *(links)* und Ghalib Kurdi *(rechts)*
Rest in peace, angels.

Die Familie von
Ghalib und Radiya Kurdi

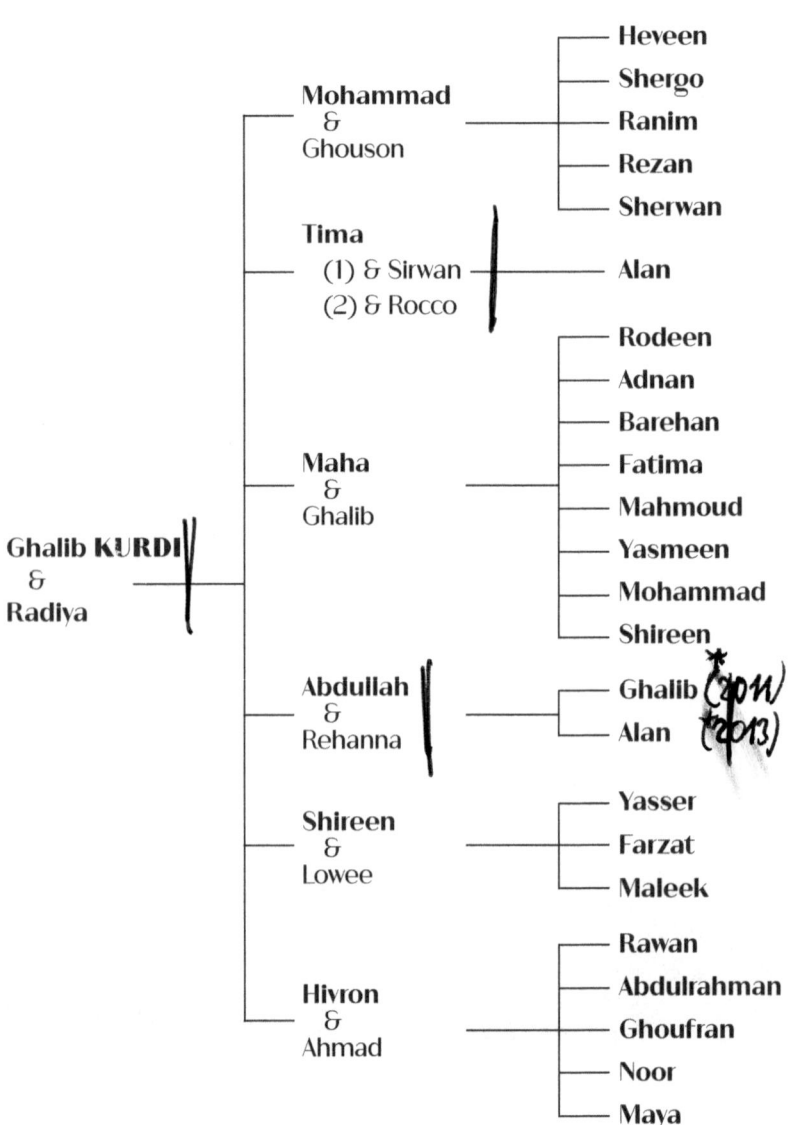

Für Abdullah,
der den Mut hatte, diese Geschichte zu erzählen

Für meinen *Baba,*
der unserer Familie die Kraft gegeben
hat, weiterzuleben und die Hoffnung nicht
aufzugeben

»Ein Weckruf an die Welt«
Geleitwort von Gorden Isler (Sea-Eye)

Es war der 3. September 2015. Ich war 33 Jahre alt und seit sieben Wochen Vater eines kleinen Mädchens. Mit diesem Glück im Herzen verließ ich abends das Zimmer meiner Tochter, setzte mich aufs Sofa und öffnete mein Smartphone, um Nachrichten zu lesen. Ich sah den kleinen Alan am Strand von Bodrum und las vom Schicksal der Familie. Vom Meer, dass einem Vater erst den einen Sohn aus den Händen riss und dann den anderen Sohn, von einem Mann, der seine Frau verlor. Und ich verfolgte die teils schrecklichen und unmenschlichen Kommentare in den sozialen Netzwerken. Vermutlich konnte ich für den Tod der Kinder und ihrer Mutter so viel Schmerz empfinden, weil sich in meinem Kopf sofort Ängste um meine eigene Familie entwickelten. Dennoch war ich Lichtjahre davon entfernt, verstehen zu können, was der Verlust der ganzen Familie bedeuten musste. Ich war mir mit meiner Frau sofort einig, dass wir das Sterben im Mittelmeer niemals akzeptieren dürften. Mein Interesse für die zivile Seenotrettung war geweckt. Ich verfolgte und unterstützte die Aktivitäten von Migrant Offshore Aid Station (MOAS), einer humanitären Organisation, die 2014 gegründet worden war, nachdem in einer schrecklichen Tragödie vor Lampedusa 360 Menschen ertrunken waren, sowie von der ein Jahr später gegründeten Organisation Sea-Watch, die ebenfalls Rettungsmissionen im Mittelmeer durchführte.

Ein Jahr später erinnerten mich die Medien an den ersten Todestag des kleinen Alan Kurdi. In dieser Nacht bewarb ich mich

bei der Hilfsorganisation Lifeboat als Crewmitglied für das Rettungs-
schiff »Minden«, um selbst aktiv zu werden. Im Oktober 2016 nahm
ich an meiner ersten Rettungsmission teil und erlebte dramatische
Szenen, drei Tage Ausnahmezustand mit mehr als 1.200 Menschen
in Seenot, bei Tag und bei Nacht. Wir konnten nicht alle retten. Ich
nahm an vier weiteren Einsätzen von Sea-Eye teil und unterstützte
den Verein beim Fundraising. Alan war zwei Jahre tot, als man mich
fragte, ob ich nicht Verantwortung im Vorstand übernehmen wolle,
und ich willigte ein.

Nach Alans drittem Todestag entschieden wir uns, ein hoch-
seetaugliches Schiff anzuschaffen und erwarben ein ehemaliges For-
schungsschiff. Ich schlug meinen Vorstandskollegen nach der ersten
erfolgreichen Mission vor, das Schiff auf den Namen des Jungen zu
taufen, dessen Tod das Leben von so vielen Menschen berührt und
von einigen auch verändert hat. Tima und Abdullah Kurdi willigten
nicht nur ein, sie baten darum, das Schiff selbst taufen zu dürfen. Die
Taufe fand im Februar 2019 im Hafen von Palma de Mallorca statt
und ich lernte die Familie, die so viel mehr verloren hat, als sich jeder
von uns vorzustellen vermag, persönlich kennen. Bis heute rettete
das Schiff unter dem Schutz der Bundesflagge mehr als 600 Menschenleben. Die Mitarbeiter der deutschen Behörden schützten uns
vor Beschlagnahmungen und Schikanen, so gut sie konnten.

Im Juni 2019 war ich selbst Einsatzleiter auf der »ALAN KURDI«.
Als Carola Rackete von den italienischen Behörden verhaftet wurde,
weil sie mit der »Sea-Watch 3« Menschen vor dem Ertrinken rettete,
nahmen wir gerade Kurs auf die libysche Such- und Rettungszone.
Bei dieser Mission retteten wir 124 Menschen. Unter ihnen war eine
syrische Familie mit zwei Kleinkindern. Als die Mutter den Rettungs-
ring mit dem Namen des Schiffes erblickte, führte sie um Fassung
ringend beide Hände vor den Mund.

Seit 2014 sind laut UN-Angaben 20.000 Menschen, die vor
Krieg und materieller Not Zuflucht in Europa suchten, im Mittelmeer
ertrunken. Wir dürfen uns mit dieser humanitären Katastrophe niemals abfinden. Die Welt wäre besser, wenn Alan, Ghalib und Rehanna
und all die anderen Ertrunkenen noch am Leben wären. In einer Zeit,
in der die elementarsten Menschenrechte in Frage gestellt werden,
haben wir mit der »ALAN KURDI« einem kleinen Jungen ein lebens-
rettendes Denkmal gesetzt. An seinem fünften Todestag haben wir

gerade Mahnwachen gegen die tödliche Abschottungspolitik der EU in mehreren deutschen Städten durchgeführt und seinen Vater gebeten, dass er das nächste, größere Sea-Eye-Rettungsschiff auf den Namen »GHALIB KURDI« tauft. Sodass beide Schiffe zusammen so lange Menschenleben retten werden, bis es nicht mehr nötig ist und wir endlich vor Anker gehen können.

Tima Kurdis Buch »Der Junge am Strand«, das in vielerlei Hinsicht auch das Buch ihres Bruders Abdullah ist, leistet dazu einen unschätzbaren Beitrag. Es ist das aufrüttelnde Zeugnis über die tragische Geschichte einer Familie auf der Flucht, deren Schicksal stellvertretend für das Los von Hundertausenden Flüchtlingen weltweit steht. Es ist ein Weckruf, der die Rechte von Flüchtenden auf ein menschenwürdiges Leben einfordert, getragen von der Vision einer besseren Welt.

HAMBURG, SEPTEMBER 2020

Rettung eines syrischen Kindes im Juni 2019 durch die »ALAN KURDI«.

Prolog

»Ich kann sie von hier aus sehen«, sagte mein Bruder Abdullah. Dann beschrieb er mir, seiner großen Schwester, die weit weg in Kanada in Sicherheit lebte, die Umrisse der Insel. »Sie ist gleich da drüben«, sagte er. »So nah – und doch so fern.«

Mein Bruder war aus Syrien geflohen. Jetzt stand er auf türkischem Boden und blickte auf Kos, die große, sanft abfallende griechische Insel am Horizont. Tagsüber war Kos eine Fata Morgana in mittlerer Entfernung. Nachts funkelten ihre Lichter wie Sterne. Sie schienen so lebendig, so nah, dass man glaubte, sie berühren zu können. Im Sommer 2015 war der Ort, der dort im Meer flimmerte, für Tausende syrischer Flüchtlinge ein Sprungbrett nach Europa und ihre letzte Hoffnung auf eine bessere Zukunft.

Abdullah schickte mir eine sms: »Der Schleuser sagt, dass die Überfahrt morgen stattfinden wird. Hundertprozentig.«

»Sprich mit *Baba*, bevor ihr aufbrecht«, antwortete ich.

Doch dann zog ein heftiges Gewitter auf, mit Windgeschwindigkeiten von bis zu achtzig Stundenkilometern. Das Boot konnte nicht ablegen. Die Überfahrt verzögerte sich. Tagelang.

9. August: »Heute Nacht geht's los.« Und wieder stürmte es.

10. August: »Wir waren am Treffpunkt; der Schleuser hat uns zurückgeschickt.« – »Was ist mit dem Geld? Ist es verloren?« – »Nein. Wir versuchen es heute Nacht noch mal. Sei unbesorgt, Schwester. Geh schlafen.«

Unbesorgt sein – das war unmöglich. Jedes Mal, wenn ich Abdullahs Nachricht las – »Heute Nacht geht's los!« –, stockte mir der Atem. Acht Stunden Zeitverschiebung liegen zwischen der Türkei und meiner Heimat Vancouver. Ich hatte mir angewöhnt, früh ins Bett zu gehen. So wachte ich vor Tagesanbruch auf und konnte mein Handy checken. Um meinen Mann nicht zu stören, der sich nach den Arbeitszeiten richten musste, ließ ich mein Handy abends in der Küche liegen. Morgens eilte ich dann gleich dorthin, um nachzuschauen, ob mir jemand geschrieben hatte. Wann immer mein Handy eine neue Nachricht signalisierte, setzte mein Herz aus. Einen ganzen Monat lang ging das so. Jeden Tag.

Nur vier Kilometer trennten meinen Bruder und die Küste von Kos. So nah und doch so fern. Abdullah war in Bodrum, in der Türkei. Geflohen vor den Terrorgruppen, die unser Land Syrien fest im Griff hatten.

Verarmt und illegal hatten er und seine Familie es zunächst bis Istanbul geschafft, wo sie jedoch kaum genügend zu essen hatten und nur mit Mühe ein Dach über dem Kopf fanden. Immerhin: Sie waren am Leben, trotz der Gleichgültigkeit der vielen Regierungen, die ihre Grenzen dicht gemacht hatten. Die Türkei bildete nun den Korridor auf dem Weg nach Griechenland, dem einzigen Land in der Region, von dem aus die Weiterreise in die wenigen nordeuropäischen Staaten, die noch syrische Flüchtlinge aufnahmen, möglich war. Das Leben im Norden gestaltete sich generell etwas leichter. In Deutschland und Schweden konnten Geflüchtete ganz legal Asyl beantragen und sich niederlassen, eine Chance, die die Türkei und andere Nachbarländer Syriens im Nahen Osten nicht boten.

Doch wie sollte mein Bruder mit seiner Familie die griechische Insel erreichen? Dafür musste er seine Frau Rehanna und die beiden kleinen Söhne Ghalib und Alan unbemerkt über die von der griechischen Polizei und Küstenwache streng kontrollierte Ägäis bringen. Flüchtlinge, die auf dem Mittelmeer aufgegriffen wurden, schickten diese zurück in die Türkei. Die Region war überdies berüchtigt für heftige Winde, die binnen Sekunden über dem Meer auffrischten, manchmal tagelang wehten und das Wasser zu einer reißenden Bestie machten. Abdullah konnte nur hoffen, dass es ihnen gelingen würde, sicher ans andere Ufer zu gelangen. Sie hatten schon etliche Gefahrenzonen durchquert, bis sie schließlich in der Türkei ange-

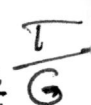

langt waren. Nun glaubten sie fest daran, dass sie die vier Kilometer, die noch vor ihnen lagen, auch noch schaffen würden, um auf der anderen Seite ein neues Leben zu beginnen.

Eine Überfahrt war nur mit der Hilfe von Schleusern möglich. Abdullah hatte keine Wahl, als ihnen zu vertrauen. Ein legaler Transit auf einer der vielen großen Mittelmeerfähren stand außer Frage. Die türkischen Behörden verlangten gültige Papiere für die Ausreise aus der Türkei und die Einreise in die meisten Staaten Europas, einschließlich Griechenlands. Ihre Bedingungen konnten nur reiche Syrer erfüllen, die in der Lage waren, Kontoauszüge, Versicherungspolicen, Passfotos und weitere Dokumente vorzulegen. Zwar hatte Abdullah einen Pass, doch dieser war, wie der der meisten Flüchtlinge, abgelaufen. Der Krieg dauerte schon viele Jahre und es war ihm bislang nicht gelungen, ihn zu verlängern. Rehanna und die Kinder hatten nie einen Pass besessen.

Für teures Geld verkauften Schleuser Plätze in Booten. Dabei war es gleichgültig, wie viel man bezahlte: Es war ihnen nie genug. In der Regel ließen sie deutlich mehr Menschen an Bord, als die zulässige Höchstlast erlaubte. Ihnen ging es nicht um Menschenleben. Ihnen ging es um maximalen Profit.

In jenem Jahr kamen fast eine Million Flüchtlinge auf dem Seeweg via Griechenland nach Europa. Die meisten von ihnen waren Syrer. Im Juni hatte die griechische Küstenwache knapp fünfzigtausend Menschen gerettet, davon ein Viertel Kinder, mehrheitlich unter zwölf Jahren. Fünf Prozent der Flüchtenden waren Babys.

Mein Neffe Ghalib war gerade vier geworden, sein kleiner Bruder Alan war erst 27 Monate alt, als die verzweifelten Eltern sich mit einem Boot auf die gefährliche Reise machten. Was bringt Menschen dazu, diese verwegene Passage zu wagen, das eigene Leben und das ihrer Kinder zu risikieren? Vermutlich kann man das nur verstehen, wenn man selbst auf der Flucht war.

Vier meiner fünf Geschwister hatten sich mit ihren Familien in die Türkei gerettet. Sie besaßen kaum das Nötigste zum Leben. Im Sommer 2015, während der Krieg in Syrien in sein fünftes Jahr ging und kein Ende in Sicht war, wurde ihre Lage immer hoffnungsloser. Wie vielen Flüchtlinge schien ihnen der riskante Seeweg die einzige Lösung. Einige meiner Lieben hatten sich bereits nach Deutschland und Schweden durchgeschlagen, wo es ihnen deutlich besser ging.

17

Besonders hart war es für die Flüchtlingskinder in der Türkei. Die Jüngeren durften nicht in die Schule gehen und liefen Gefahr, den Anschluss zu verpassen. Die Älteren arbeiteten in Sweatshops, damit ihre Eltern finanziell über die Runden kamen. Dieses Schicksal wollte mein Bruder Abdullah seinen beiden Söhnen ersparen. Was er für sie wünschte, war bescheiden: genug zum Essen, ein Dach über dem Kopf, Bildung und medizinische Versorgung. Diese Grundbedürfnisse konnte er in Syrien nicht befriedigen, und in der Türkei war es kaum leichter.

Ich wusste, was für ein Leben meine Schwestern und Brüder führten, seit sie und ihre Familien 2012 aus Damaskus geflohen waren. Ich hatte ihre prekäre Situation in Istanbul mit eigenen Augen gesehen, als ich sie 2014 besuchte. Damals begann ich, Geld zu sparen, um ihnen zu helfen, die Türkei zu verlassen. Ich nahm Kontakt zu den Behörden auf, um für sie in Kanada Asyl zu beantragen. Mein Mann und ich erklärten uns bereit, die Familie meines ältesten Bruders Mohammad privat zu unterstützen, und auch für Abdullah wollten wir die notwendigen Schritte einleiten. Doch alle unseren Bemühungen waren zum Scheitern verurteilt, nicht zuletzt, weil es unmöglich war, die erforderlichen Papiere aus der kriegszerstörten Heimat zu bekommen. Die Unterstützung für zwei Familien konnten wir uns auch finanziell nicht leisten. Im Sommer 2015 hatte ich jede Hoffnung aufgegeben, dass mein jüngerer Bruder und seine Familie in Kanada Zuflucht finden könnten. Ich überlegte, ihm fünftausend Dollar für einen Fluchthelfer zu schicken, damit er, seine Frau und meine beiden kleinen Neffen die Türkei verlassen könnten. Natürlich war ich unsicher, ob es der richtige Weg war. Sollte ich das wirklich tun? Andererseits war seine Lage verzweifelt und für ihn und die Familie auch gefährlich. Schließlich rang ich mich durch, ihre Reise zu bezahlen. Seitdem ist kein Tag vergangen, an dem ich nicht gewünscht hätte, mich anders entschieden zu haben, kein Tag, an dem ich nicht gewünscht hätte, dass meine wunderbare Schwägerin und meine süßen Neffen noch lebten.

Ende Juli schickte Abdullah mir eine SMS aus Istanbul: »Das Geld ist da. Nette Leute, deine Freunde.« Sie hatten ihm die letzte Rate für die Schleuserkosten übergeben. Am nächsten Tag machte er sich mit Rehanna und den Kindern auf den Weg nach Izmir, eine Hafenstadt auf halber Strecke zwischen Istanbul und Bodrum, die ein beliebter Treffpunkt für Flüchtlinge und Schleuser war, die hier problemlos »Kundschaft« fanden: Tausende von Flüchtlingen übernachteten in den Parks und öffentlichen Anlagen der Stadt. Sie versorgten sich gegenseitig mit Kontakten zu den Männern, die ihnen für Geld bei der Flucht behilflich waren, und tauschten Erfahrungen aus. Auch Abdullah ließ sich berichten, und er hörte wenig Ermutigendes. Viele erzählten von albtraumhaften Versuchen, auf winzigen Schlauchbooten das Meer zu überqueren. Mein Bruder und Rehanna waren entsetzt angesichts der Vorstellung, sie sollten in einem Schlauchboot reisen. Sie wollten ein Glasfaserschiff. Abdullah fand einen Fluchthelfer, der ihm allerdings sagte, für ein stabiles Boot würde ihr Geld nicht reichen. Sie sollten sich gute Schwimmwesten kaufen, riet er. Diese wiederum waren nicht einfach aufzutreiben. Ich hatte von Flüchtlingen gehört, die ertrunken waren, weil sich ihre Rettungswesten mit Wasser vollgesogen hatten und so schwer wurden, dass sie die im Meer Treibenden in die Tiefe zogen. Es gab jede Menge minderwertige Ware auf dem Markt. Abdullah wollte nichts falsch machen. Er rief mich von unterwegs an:

»Wie erkenne ich den Unterschied zwischen einer echten Schwimmweste und einer gefälschten?«, fragte er.

»Keine Ahnung. Besorg die teuersten. Wie geht's den Kindern?«

– »Sie sind erkältet. Und Alan bekommt Zähne. Ich habe ihm Beißkekse gekauft.«

Ich erinnere jeden Anruf, jede Nachricht, die Abdullah mir in jenen Tagen schickte. Jede SMS habe ich gespeichert. Zusammen ergeben unsere Korrespondenzen einen detaillierten Bericht über die Ereignisse im Vorfeld der Tragödie. Zugleich sind sie Zeugnis eines Menschenlebens unter extremem Druck. Sie spiegeln unsere Hoffnungen und Ängste in jenen Wochen wider, unsere nagenden Zweifel und Befürchtungen angesichts der riskanten Reise, und natürlich dokumentieren sie unsere ersten Erinnerungen und unser eigenes Leben unmittelbar nachdem das Unfassbare geschah.

11. August: »Sind geblieben.«

Die Tage vergingen, Abdullah weigerte sich beharrlich, ein Schlauchboot zu akzeptieren, und meine Besorgnis wandelte sich in Frustration. Ich drängte ihn, er solle sich entweder auf die Reise begeben oder die Sache abblasen und nach Istanbul zurückkehren. Später, als ich meine eigenen Textnachrichten noch einmal las, hörte ich die nörgelnde Stimme der großen Schwester, die ihren kleinen

Bruder bedrängte: Warte, kehr um, pass auf, na los, trau dich, nun mach schon!

Ich übte so viel Druck auf Abdullah aus, dass er mir schließlich ein Video von den gewaltigen Wellen schickte, die ihn und seine Familie immer wieder von der Überfahrt abhielten. Sie machten mir Angst.

21. August: »Schwerer Seegang. Nicht mitgefahren.«

Meine Antwort am nächsten Morgen: »Wo seid ihr? Was ist los?«

»Unterwegs. Gestern Nacht waren die Wellen zu hoch. Wenn der Oberschleuser seinen Männern sagt, sie sollen nicht raus, dann war's das. Dann fährt keiner.«

25. August: »Heute Nacht!« Das Wetter war perfekt. Sie waren am vereinbarten Ort. Der Schleuser kam, und mindestens vierzig weitere Flüchtlinge, die sich ins Boot zwängen sollten. Abdullah weigerte sich, an Bord zu gehen.

27. August: »Heute ruhige See. Aber der Schleuser hatte nur ein Schlauchboot. Ich nehme kein Schlauchboot.«

Textnachricht am Abend desselben Tages: »Das Meer ist friedlich. Rehannas und mein Herz sagt: Morgen.« Ich rief ihn sofort an. In der Türkei war es bereits der Vormittag des 28. August. Alan lachte im Hintergrund. Der Junge war immer fröhlich. Ghalib aber war nervös. »Tante«, sagte er, »ich habe gerade Opa Shikho angerufen.« Er hatte Rehannas Vater gebeten, ihn abzuholen: »Ich habe gesagt, ich will zurück in mein Zimmer mit den Spielsachen. Opa sagt, sie sind noch da. Ich habe ihn gefragt, ob er nicht kommen und mich nach Hause bringen kann.«

Ein solches Telefongespräch mit dem eigenen Enkel bricht einem das Herz! Wie erklärt man zwei Kindern, dass es ihr Zuhause nicht mehr gibt, dass es nie wieder so sein wird, wie es war? Alan war noch sehr klein. Er sprach noch keine ganzen Sätze. Wenn er etwas haben wollte – eine Banane, ein Stofftier, ein Segelboot am Horizont – zeigte er darauf. Seine Wünsche und Träume konnte er nicht einmal mit Worten ausdrücken. Um die Aufmerksamkeit seines Papas zu wecken, nahm er dessen Gesicht in seine Händchen und blickte ihm tief in die Augen. Dann lachte er oder steckte die Zunge raus. In diesen unsagbar anstrengenden Tagen war das so, als wollte er sagen: »Lächle, Papa. Alles wird gut.«

Oft klangen Abdullahs Textnachrichten geradezu tröstlich. Rückblickend frage ich mich, ob er sich vielleicht selbst Mut machen wollte, dass Freiheit, Rechte und ein würdiges Leben in Reichweite wären, dass auch er eine Heimat finden könnte, und sei es auch nur eine provisorische.

Am nächsten Morgen las ich eine weitere kurze SMS von ihm: »Nicht losgefahren.«

Als Abdullah das nächste Mal schrieb – »*Inschallah* geht es heute Nacht los« – erwartete ich am Folgetag wieder eine Absage: »Nicht gefahren.«

31. August: Kein Wort von Abdullah. Eine lange Serie von SMS endet mit mindestens einem halben Dutzend Fragen von mir: »Wo bist du?«, »Wo seid ihr?«, »Was ist los?«, und der Bitte: »Melde dich!«

Meine Fragen, mein Flehen, meine Textnachrichten blieben ohne Antwort. Sie landeten auf dem Meeresgrund.

* * *

Am 2. September 2015 fanden Rehanna, Ghalib und Alan Kurdi im Mittelmeer den Tod. Seit jenem Tag habe ich mich tausendfach gefragt: »Warum sie? Warum wir?« Ich marterte mich ab dem ersten Moment, in dem ich es wusste. Unablässig. Ich war verzweifelt und tieftraurig. Dann wieder teilte ich aus, in alle Richtungen. Ich wütete gegen die Regierungen, die unzähligen Menschen einen sicheren Hafen versagen oder sich weigern, die Papiere auszustellen, die ihnen ermöglichen, ihr Recht auf die Erfüllung ihrer überlebensnotwendigen Grundbedürfnisse geltend zu machen. Ich konfrontierte die Soldaten, die Rebellen und die IS-Terroristen, die unsere Heimat in Damaskus und Kobane in Blut baden, mit Fragen: »Warum? Wofür kämpft ihr? Öl? Politische Ideologien? Religion? Macht? Vergeltung?« Ich appellierte an die Behörden der Welt, im Nahen Osten, Westeuropa, Amerika und Kanada. »Wir sind keine Tiere. Wir sind Menschen wie ihr. Warum hört ihr nicht auf eure Herzen? Hört auf eure Vernunft und bereitet diesem Krieg ein Ende!« Ich nahm mir die Schlepper und Menschenhändler vor, die von all diesem Elend profitieren: »Warum ist euch Geld wichtiger als ein Menschenleben?«

Immer wieder stellte ich mir die Insel Kos vor, die schroffen Felsen Griechenlands, die Wiege der westlichen Zivilisation, die meine

Brüder und Schwestern von der Küste bei Bodrum aus sehen konnten. Eine kurze Reise nur. Vier Kilometer. Hätte die Insel nicht ein wenig näher sein können? Ich fragte das Meer, ich fragte den Wind: »Warum habt ihr uns unsere Liebsten genommen?« Die Medien fragte ich: »Warum habt ihr das Leid der Flüchtlinge so lange ignoriert? Bis jede Rettung für meine Neffen und meine Schwägerin zu spät kam. Und warum redeten einige von euch auch noch schlecht über Abdullah, nachdem er alles verloren hatte?« Ich rief zu Gott: »Warum?« Manchmal antwortete er nicht. Manchmal stellte er eine Gegenfrage. Manchmal konnte ich antworten. Manchmal blieb ich stumm.

Die heftigste Kritik aber richtete ich gegen mich selbst, gegen eine einfache Frau mittleren Alters, die trotz allem weiterlebte: die Lebensmittel einkaufte, für die Familie kochte und am Ende des Tages ihren Kopf auf das Kissen bettete. Doch nur mein Körper agierte. Mein Kopf war anderswo. In einem grell erleuchteten Verhörzimmer saß ich mir selbst gegenüber. Ich starrte mich an und forderte Antworten: »Warum hast du Abdullah das Geld für den Schleuser geschickt? Warum gabst du ihm nicht mehr, damit er ein sicheres, seetüchtiges Boot hätte nehmen können? Warum bist du nicht nach Bodrum gefahren und hast als Touristin oder Urlauberin ein Motorboot gemietet, um deine Familie übers Meer zu bringen? Warum hast du dich nicht gleich, als der Krieg in Syrien begann, darum bemüht, sie nach Kanada zu holen? Warum warst du so dumm und naiv? So egoistisch?« Verloren trieb ich auf dem Meer. Oder ich sank wie ein Stein – und ertrank.

Irgendwann vor der Tragödie begann meine Familie, von geborgter Zeit zu leben. Wann fing das an? Wie lange ist das her? Als der IS kam und die Heimat meiner Vorfahren in den Würgegriff nahm? Viele Jahre früher, als Rehanna mit Ghalib schwanger war, und die ersten Proteste gegen die Regierung laut wurden? Jahrzehnte zuvor, nachdem ich als junge Frau das Land verlassen und nach Kanada ausgewandert war? Bevor ich geboren wurde?

Wenn du aus einem Alptraum erwachst, streckst du die Hand aus nach deinen Liebsten, suchst Trost, Wärme, Sicherheit. In der Familie diskutieren wir oft über unseren Wachtraum-Alptraum, und die Gespräche führen uns zurück in die Vergangenheit, zu den Erinnerungen, zu unserem früheren Leben als Familie, als Volk. Wir sprechen darüber, wie das Leben vorher war. Vielleicht suchen wir einen Ort, der uns ein Zuhause sein könnte, gleichgültig, ob wir dort oder anderswo schon einmal gelebt haben. Eine menschgemachte Katastrophe zwang uns, die Heimat zu verlassen. Einen kleinen Trost fanden wir im Wissen, dass wir unsere Geschichte tief in uns drinnen mitnahmen.

Ich begann dieses Buch im August 2016, einen Monat vor dem Jahrestag der Tragödie. Abdullah lag auf der Intensivstation eines türkischen Krankenhauses, sein Leben hing am seidenen Faden. Oft fiel er ins Delirium, rief seine Frau und seine Söhne. »Ich muss Kleidung für sie besorgen, Wasser, Lebensmittel«, als würde er immer noch die Überfahrt vorbereiten. Die Ärzte sagten mir, er benötige eine Herz-OP. Die Wahrscheinlichkeit, dass er sterben würde, betrug achtzig Prozent. Als unser Vater das hörte, sagte er: »Wie gern würde ich meinem Sohn mein Herz geben.«

Dann wurde auch unser Vater ins Hospital von Damaskus eingeliefert. Er wollte nicht, dass ich mir Sorgen mache. Ich wusste nicht genau, was ihm fehlte, aber ich bin fest davon überzeugt, dass er krank wurde, weil sein Herz gebrochen war.

Selbst in den Augenblicken tiefster Verzweiflung spürte ich, dass wir, die Lebenden, Glück gehabt hatten, dass wir noch einmal davongekommen waren. Wir hatten viele geliebte Menschen verloren, viel zu viele, und nichts würde sie zurückbringen, doch wir waren am Leben. Uns blieb die Erinnerung, uns blieben zahlreiche zauberhafte Kinder und Enkel, denen wir unsere Geschichte erzählen würden. Es war und ist uns eine Ehre und Pflicht, diese Erinnerungen an die nächste Generation weiterzugeben, sie aufzuschreiben, sie zu teilen – mit unseren Verwandten und mit der ganzen Welt. Ich schreibe dieses Buch, um die Geschichte von Abdullahs Familie zu dokumentieren, ihren Fortbestand zu sichern, damit sie nicht vergessen wird.

»Millionen Flüchtlinge sind in der gleichen verzweifelten Lage wie wir«, sagte mir Abdullah jedes Mal, wenn ich ihn drängte, mehr zu erzählen. Seine Geschichte ist ein Zeugnis. Sie belegt die Erfahrungen von Millionen Flüchtlingen und von den zahlreichen Opfern der Kriege und Genozide überall in der Welt.

Als Sie das Foto des kleinen Jungen sahen, das Bild meines lieben Neffen Alan, gestorben an einem Strand in der Ferne, wurden

Sie Teil unserer Familie. Jetzt teilen Sie unseren Schrecken, unseren Herzschmerz, unseren Schock, unsere Wut. Sie wollen das Kind retten – und wissen, dass es zu spät ist. In Ihrer Trauer strecken Sie die Hand aus. Sie nehmen meine Hand und ziehen mich an sich. Gemeinsam mit meiner Familie stimmen Sie ein in den Trauergesang. Sie retten mich vor dem Ertrinken.

Ich hoffe, dass meine Worte dazu beitragen, uns einander näher zu bringen. Ich hoffe, dass meine Geschichte, so tragisch sie auch ist, die Saat der Hoffnung in Ihr Herz und Ihren Kopf pflanzen kann. Ich wünsche mir, dass meine Geschichte Sie aufweckt, damit Sie gemeinsam mit mir für all jene Menschen die Stimme erheben, die nicht gehört werden. Und für alle Kinder, die uns genommen wurden, bevor sie sprechen konnten.

In Syrien und anderen arabischen Ländern sagen wir zu den Älteren »Tante« und »Onkel«. Das gilt für Fremde wie für Freunde und Familie. Wenn Sie älter sind als ich, dann sind Sie meine Tante, mein Onkel. Sind Sie jünger, bin ich Ihre Tante. Jetzt sind unsere Schicksale miteinander verwoben. Jetzt sind wir alle eine Familie.

Erster Teil

Kapitel 1
Stadt des Jasmin

Überall in Damaskus wächst wilder Jasmin, in jeder Nische, in jeder Ecke. Die Luft ist erfüllt vom süßen Duft der herrlichen Blume. Sie findet sich so häufig in Damaskus, dass wir die Stadt *Yasmin al-Sham* getauft haben: die Stadt des Jasmin.

Mehr als einmal versuchte ich, Jasmin auch in meinem Garten in Vancouver in Kanada zu pflanzen, allerdings mit mäßigem Erfolg. Die Pflanze wuchs, doch ihr Duft erreichte nicht annähernd die Intensität, die ich aus Damaskus kannte. Mein Vater schickte mir eine Blumenzwiebel aus Sham, wie die Damaszener ihre Stadt liebevoll nennen. Im Frühling setzte ich sie aus, im Sommer blühte sie, doch man musste die Nase schon sehr tief in die Blütenblätter stecken, um einen leichten Hauch ihres sonst so starken Aromas zu erhaschen. Einen Winter überlebte das Pflänzchen in weiter Ferne von der ihr vertrauten Erde. Einen kurzen Winter, mehr nicht.

Seit 1992 war ich in Kanada, in Sicherheit. Eine halbe Welt entfernt, in Syrien, begann 2011 der Krieg, der meine Familie aus ihrer Heimat vertrieb. Wie die Blumenzwiebel mussten sie in fremdem Land neue Wurzeln schlagen. Wenn du verstehen willst, wohin du gehst, musst du zuerst verstehen, wo du zuvor warst, heißt es. Bevor ich vom bewegten Leben meiner Geschwister seit ihrer Flucht aus Syrien berichte, möchte ich daher erzählen, woher wir kamen und wie wir früher lebten.

Mein Vater, Ghalib, wurde 1942 geboren, kurz vor Beginn einer neuen Ära in unserem Teil der Welt. Auch in Syrien begann, nach jahrtausendelanger Unterdrückung, eine neue Zeit. Mein Vater war Kurde. Er kam in Hama zur Welt. Wie die meisten Syrer sind viele Kurden Sunniten. Zugleich ist ihr Volk für die größte religiöse Vielfalt der Welt bekannt: Die Kurden praktizieren einen Mix aus religiösen Glaubenssystemen, und ihre Region umspannt die ganz unterschiedlichen Kulturen Syriens, der Türkei, des Irak und des Iran. Ghalibs Vater, mein Großvater, war – wie viele in Hama – Bauer. Meine Großeltern waren arm. Als mein *Baba* geboren wurde, hatte die Familie bereits zwei Töchter und zwei Söhne. Meine Großmutter starb, als mein Vater drei Jahre alt war. In Syrien sagen wir:»Geht die Mutter, fällt die Familie auseinander.« Mein Großvater arbeitete viele Stunden am Tag auf dem Feld. Er kümmerte sich so gut er konnte um seine Kinder. Dennoch waren die Jungen oft hungrig und schmutzig, ihre Kleidung war verschlissen. Immer wieder nahmen sich die Nachbarinnen ihrer an, versorgten sie mit Essen, Schuhen und Anziehsachen, und gelegentlich ließen sie sie duschen.

Als mein Vater sechs Jahre alt war, zog die Familie nach Kobane. In dieser fruchtbaren Zone in der Nähe der türkischen Grenze, östlich des *Nahr al-Furat*, des mächtigen Euphrat, besaßen sie ein Stück Land. Auf seiner Parzelle baute mein Großvater Bulgur an. Er wohnte mit seinen Kindern in einer Einzimmerhütte aus Stroh und Lehm. Sie führten ein typisch bäuerliches Leben, doch es fehlte die Mutter, die sich um sie hätte kümmern können.

Baba und seine Geschwister waren von der Großzügigkeit der Verwandten und Nachbarn abhängig, die genug anbauten, damit alle auch über die Wintermonate etwas zu essen hatten. Mein Vater begleitete seinen älteren Bruder Khalid mit den Schafen auf die Weide und sammelte Wildkräuter, Gräser und Pflanzen. Er lernte schnell und recht bald wusste er, welche Gewächse giftig sind und welche einen Kranken heilen können.

Seine langen Wanderungen auf der Suche nach etwas Essbarem hat *Baba* nie vergessen. Oft lief er den ganzen Tag bergauf und bergab und kehrte doch mit knurrendem Magen ins Dorf zurück. Einmal lagen Schalen von Wassermelonen am Straßenrand. Er hob sie auf und aß sie.»Kinder überlegen nicht, was sie essen. Sie stecken einfach etwas in den Mund, wenn sie hungrig sind«, waren seine Worte, als er davon erzählte. Eine Nachbarin, die gerade ihren Gemüsegarten wässerte, rief ihm zu:»Warte! Iss das nicht!« Sie pflückte eine reife

Tomate vom Strauch und gab sie ihm. »Nimm lieber dies hier«, sagte sie. Die Tomate wog schwer in der Hand meines Vaters. Sie war noch warm von der Sommersonne. Er biss in die Frucht, die so reif war, dass sie in seinem Mund geradezu explodierte und ihr Saft ihm am Kinn hinunterlief. Noch heute schwärmt er von diesem wunderbaren Moment. Er schließt die Augen und erinnert sich an die kräftige Farbe, die Wärme, den Geschmack. Seitdem hat mein Vater Tausende von Tomaten gegessen, doch keine schmeckte so gut wie jene, die die Nachbarin ihm geschenkt hatte, denn sie war erfüllt vom Aroma der menschlichen Güte. Diesen freundlichen Akt behielt er im Sinn und im Herzen, und was er damals lernte, gab er an seine Kinder weiter: »Du musst nicht reich sein, du brauchst kein Geld, um anderen zu helfen«, lehrte er mich. »Du musst nur ein Herz haben.«

Als junger Mann verließ mein Vater Kobane und kehrte nach Hama zurück, wo er arbeiten wollte. Dann leistete er seinen zweijährigen Wehrdienst bei der syrischen Armee. Kurz bevor er entlassen werden sollte, erkrankte er an Malaria. Man brachte ihn in ein Krankenhaus in Damaskus, wo er meine Mutter, Radiya, kennenlernte. Sie betrat sein Krankenzimmer und er behauptet noch heute, dass es Liebe auf den ersten Blick war. Das glaube ich ihm gern. Nach seiner Genesung zog er bei Radiyas Verwandten ein, und dort begann die Romanze meiner Eltern. *Baba* erholte sich und bald waren die beiden verheiratet.

Nach der Hochzeit lebten sie zunächst bei den Schwiegereltern. Sie sparten, um sich ein eigenes Haus zu kaufen. Ihr erster Sohn, mein Bruder Mohammad, kam 1968 auf die Welt. Ein männlicher erster Nachkomme gilt in vielen Gesellschaften und insbesondere in arabischen Kulturen als großes Glück. Der Erstgeborene genießt als künftiger Erbe die größten Privilegien, und alle in der Familie, auch der Vater, werden mit dem Namen des ersten Sohnes angesprochen. Mein Vater war jetzt Abu Mohammad, »der Vater Mohammads«, und meine Mutter Oum Mohammad, »Mohammads Mutter«. Der Name des Erstgeborenen bezeichnet auch die Adresse, die man angibt, wenn jemand nach dem Weg fragt. Wenn ein Besucher zu uns wollte, beschrieb ich ihm also, wie er »das Haus des Vaters von Mohammad Kurdi« findet. Der älteste Sohn hat die wichtigsten Pflichten in der Familie: Er sorgt dafür, dass die Eltern geachtet werden, er kümmert sich um sie – vor allem, wenn sie alt sind – und um seine Geschwister, insbesondere um seine Schwestern, ob denen das gefällt oder nicht.

Bald nach Mohammads Geburt starben die Eltern meiner Mutter. Ihre beiden großen Schwestern waren bereits verheiratet, doch fünf ihrer sechs Brüder, im Alter von vier Jahren bis zum Teenager, waren nun minderjährige Waisen. Meine Eltern nahmen sie bei sich auf und behandelten sie, als wären es ihre Kinder. Mein Vater legte sein Geld mit dem Verdienst der Brüder meiner Mutter zusammen. 1969 kauften meine Eltern ein Haus in Rukn al-Din. Es war nicht irgendein Haus. Es war das höchste Gebäude auf dem Berg Qasiyun. Oft neckten sie sich deshalb. Mein Vater sagte dann: »Ich habe dir ein Spitzenhaus gekauft«, und meine Mutter antwortete: »Irgendwann bekomme ich vom steilen Weg nach Hause einen Herzinfarkt.« Abgesehen von der prominenten Lage war es ein typisch syrischer Flachbau mit Betondach, einstöckig, mit drei Schlafzimmern, einer kleinen Küche und einem Bad, davor ein offener Hof, ein kleiner Garten dahinter.

Ich wurde 1970 geboren. Meine Eltern tauften mich Fatima, was man auf Arabisch »Fatmeh« ausspricht. Als älteste Tochter genoss ich, ebenso wie der erstgeborene Sohn, Privilegien: Zwar war ich verantwortlich für den Haushalt, konnte die Hausarbeit aber an meine jüngeren Schwestern delegieren.

Auf Unterstützung bei meinen Pflichten musste ich auch nicht lange warten. 1973 kam meine Schwester Maha auf die Welt. Maha war still und schüchtern, eine fleißige Schülerin, ganz anders als ich. Sie lernte gern, während ich mich lieber draußen aufhielt, mit Murmeln spielte, Springseil mit den Kindern aus der Nachbarschaft sprang oder mit meinen Freundinnen Jasmin pflückte, den ich zu Halsketten flocht. Wurde ich ins Haus gerufen, um Schularbeiten zu machen, setzte ich mich an den Tisch – und dann starrte ich aus dem Fenster: Der fantastische Blick auf Sham war weitaus reizvoller als der Lernstoff. Was in meinen Schulbüchern stand, interessierte mich wenig, aber ich presste meine Jasminblüten zwischen ihren Seiten, damit sie herrlich dufteten.

Schon in frühem Alter wollte ich Friseurin werden. Meinen ersten Haarschnitt verpasste ich einer großen, lebensechten Puppe mit blauen Augen und langen blonden Haaren, die Maha und mir gemeinsam gehörte. Syrische Mädchen trugen die Haare sehr lang.

Das war modern. Meine eigene Mähne war mir allerdings lästig, und vielleicht erfüllte ich mir selbst einen Wunsch, als ich der Puppe die Haare abschnitt. Ganz kurze Haare! Ich fand das ausgesprochen schick. Maha war anderer Ansicht. Sie heulte wie ein Schlosshund, als sie sah, was ich angerichtet hatte.

Meine Beziehung zu Mohammad war völlig anders geartet. Wir waren beide Erstgeborene. Vielleicht stritten wir deshalb so oft. Unsere Eltern nannten uns immer Tom und Jerry, nach den Cartoonfiguren aus dem Fernsehen.

»Hol mir ein Glas Wasser«, befahl Mohammad zum Beispiel genau in dem Moment, in dem ich mich zu ihm vor den Fernseher setzen und meine Lieblingssendung sehen wollte.

»Hast du keine Beine? Kannst du nicht selbst laufen?«, herrschte ich ihn an. »Ich bin doch nicht deine Dienerin. Geh und hol es dir selber.«

»Ich will nichts von der Sendung verpassen«, gab er zurück, und dann übte er seine Karateschläge an mir. Das tat weh und ich schrie. Darauf stürzte *Baba* ins Zimmer und brüllte: »Ihr zwei seid wie Katz und Hund.« Ohne weiteren Kommentar machte er den Fernseher aus und schickte uns ins Bett.

Damals schliefen wir drei Kinder zusammen auf einer Matratze auf dem Boden. Kaum hatte mein Vater das Zimmer verlassen, begann Mohammad, mich zu treten. Meine arme Schwester Maha fand keinen Schlaf.

1976 wurde Abdullah geboren. Ich war begeistert von meinem kleinen Bruder, obwohl ich fürchtete, dass er wie viele andere Babys sein würde, die dauernd schreien und Rabatz machen. Meine Angst war unbegründet. Abdullah war ein süßes, zufriedenes Kind, wach immer lächelnd oder wie ein Engel schlafend. Von Anfang an hatte er eine enge Bindung zu meiner Mutter. Er konnte kaum laufen, da zeigte er schon auf sie und sagte: »Setz dich, Mama.« Er versuchte, für sie den Boden zu wischen, oder holte sich einen Hocker, damit er ihr helfen konnte, den Abwasch zu machen. Abdullah war der zuverlässige Junge, den sie jederzeit zu Besorgungen losschicken konnte. »Schatz, ich brauche eine Zwiebel und etwas Zucker«, sagte sie zum Beispiel, und Abdullah rannte die Straße hinunter, um bei einer Nachbarin zu klopfen, oder eilte hinter den Gemüsehändlern her, die mit ihren Karren vorbeizogen. Wo immer er vorbeikam, wurde er angesprochen und man hatte eine Kleinigkeit für ihn: »Hier, mein

Süßer, nimm einen Kaugummi«, oder »Schau mal, eine neue Murmel für deine Sammlung«. Alle liebten Abdullah, alle verwöhnten ihn. Er stand ständig im Mittelpunkt und blieb dennoch, trotz aller Zuwendung, fröhlich und freundlich. Auch bei den üblichen Zankereien auf dem Spielplatz oder geschwisterlichen Rivalitäten hielt er die andere Wange hin. Nie war er jemandem böse.

1979 kam meine Schwester Shireen auf die Welt, und 1981 unsere Jüngste, Hivron. Shireen war ruhig und zurückhaltend. Hivron allerdings war ein echtes Trotzköpfchen. Ihren Schnuller gab sie noch lange, nachdem sie aus dem Nuckelalter raus war, nicht her. Hivron war blond, eine absolut begehrte Haarfarbe in Syrien. Alle in der Nachbarschaft waren fasziniert von Hivrons langen blonden Zöpfen. Doch jedes lebhafte kleine Mädchen weiß, wie lästig lange Haare sind. Eines Morgens griff meine kleinste Schwester sich eine Schere, kletterte auf den Waschtisch und schnitt einen ihrer langen Zöpfe kurzerhand ab.

»Was hast du getan?«, schrie meine Mutter entsetzt, als sie die Bescherung sah. »Sieh dir das an!«, sagte sie zu meinem Vater.

Baba schüttelte nur den Kopf. »Wir müssen Onkel Mahmoud rufen«, sagte er. Mahmoud war der Bruder meiner Mutter. Er hatte einen Friseurladen in Rukn al-Din. Mahmoud bemühte sich redlich, Hivrons Haare wieder in Fasson zu bringen. Aber sie waren dann doch sehr kurz.

Vielleicht war ich an Hivrons Aufbegehren nicht ganz unschuldig. Mit zwölf oder dreizehn hatte auch ich mir die Haare kurz geschnitten. Eine Art Shag, so, wie Prinzessin Diana ihn bei ihrer Hochzeit getragen hatte.

»Du siehst aus wie ein Junge«, hatte mein Vater gesagt.

Ich fand es klasse. Seit jenem Tag habe ich meine Haare nie mehr länger als schulterlang getragen.

* * *

Die Familie, in die ich hineinwuchs, war eine ganz normale Mittelschichtsfamilie. Wir lebten wie viele andere. Wir waren nicht reich, doch wir litten keinen Hunger. Wenn sich die Familie vergrößerte, bauten meine Eltern um, bis für alle Platz war. Aus dem Fenster unseres gemeinsamen Zimmers sahen Maha und ich auf die Dächer der

Häuser nebenan. Manche Nachbarn hielten Palmtauben, eine in Sham beliebte Vogelart mit einem zarten, fluffigen Gefieder, das an Rosé-Sekt erinnert. Wenn sie die Käfige öffneten, flogen die Tauben hoch in den Himmel. Man hätte meinen können, sie tanzen. Hörten sie den Pfiff, kehrten sie brav in ihre Käfige zurück. Ich denke gern an die Palmtauben. Ich wünschte, wir alle könnten in der Gewissheit leben, dass es, gleichgültig wohin wir fliegen, immer ein Zuhause geben wird.

Mein Vater, der Experte für Heilpflanzen und Kräuter, ließ sich als Apotheker im Al-Buzuriyah-Souk im Zentrum von Damaskus nieder. Mama war eine begabte Schneiderin mit einem untrüglichen Gespür für aktuelle Trends. Mit ihrer großen, schweren Singer nähte sie für uns hübsche Kleider, oft mehrere Sets miteinander harmonierender Teile. Meine Eltern reisten in andere Länder und brachten elegante Mode aus der Türkei, Italien und sogar Deutschland mit.

In unserem Haus auf dem Berg lebten wir fast wie im Hotel: Es herrschte ein ständiges Kommen und Gehen. Zu unseren vielen Gästen zählten die Verwandten aus Kobane, Hama, Aleppo und Amude, Freunde der Familie aus dem Ausland, und gelegentlich auch Flüchtlinge, in den 1980er-Jahren zum Beispiel einige während des Libanonkriegs mit Israel vertriebene Libanesen. Mein Vater pflegte die Gastfreundschaft, die er selbst als Kind in Armut von den Nachbarinnen in Hama und Kobane erfahren hatte. Nun hatte er ein eigenes Zuhause, und er öffnete die Türen weit für alle, die eine anständige Mahlzeit und einen Platz zum Schlafen brauchten.

»Aber *Baba*«, jammerten Maha und ich gern, wenn Freunde und Familie eingeladen wurden, »wir haben keine Lust mehr, hinter den Leuten herzuräumen und zu putzen.« Unser Vater aber ließ unsere Klagen nicht gelten: »Schließt niemals eure Herzen oder eure Tür vor Menschen in Not. Ladet sie zu euch ein, lasst sie an eurem Tisch Platz nehmen.«

Die Menschen, die uns besuchten, kamen aus ganz Syrien, aus Homs, Daraa, Afrin und Bosra. Sie waren Alawiten, Schiiten, Christen, Palästinenser, Libanesen, Tscherkessen, und manchmal reisten sie auch aus dem Westen an. Wir lernten, jeden zu respektieren, unabhängig von seiner Kultur und Religion. Wir lernten, dass wir unabhängig von unserer Herkunft eins sind. Jeder in der Nachbarschaft war Teil der Familie. Alle sorgten füreinander. Eine unserer Nachbarinnen und beste Freundin meiner Mutter, Emira, war eine libanesische Hebamme. Sie begleitete Hivrons und viele andere Geburten in unserem Viertel. Selbst bei der Arbeit hing eine Zigarette in ihrem Mundwinkel. Emira liebte uns über alles, und vor allem unsere Jüngste hatte sie ins Herz geschlossen. Selbst konnte sie keine Kinder haben. Eines Tages, auf dem Weg zur Arbeit im Krankenhaus, hörte sie ein Baby weinen. Ein winziges Mädchen lag am Mülleimer neben dem Klinikeingang. Sie nahm die Kleine mit hinein, und als niemand kam, um sie abzuholen, adoptierte Emira sie. Sie gab ihr den Namen Samar. Wie Emira, ihre migrantische Mama, passte auch Samar perfekt in unser nachbarschaftliches Patchwork aus guten Menschen.

Tatsächlich waren in unserem Viertel alle großzügig und freundlich. Wenn Mama und ich ins Stadtzentrum zum Einkaufen gingen oder Bekannte in einem anderen Stadtteil besuchen wollten und unterwegs durstig wurden, klopften wir einfach bei irgendjemandem an die Tür. Die Leute öffneten und luden uns ein, ins Haus zu kommen und etwas zu trinken. Wenn Maha und ich an einem heißen Junitag von der Schule heimliefen und bei einem Nachbarn vorbeikamen, der gerade seine Türschwelle wässerte, sagten wir manchmal: »Onkel, wir haben Durst.« Dann reichte er uns den Wasserschlauch, damit wir uns erfrischen und so gestärkt den restlichen Fußmarsch den Berg hinauf fortsetzen konnten.

In dieser multikulturellen Gesellschaft begingen wir auch die Feiertage, kurdische Feste ebenso wie christliche. Eine ganz wichtige Rolle in Syrien spielen die gemeinsamen Mahlzeiten. Insbesondere im Fastenmonat Ramadan, wenn man tagsüber nicht essen darf. Während des Ramadan trafen wir unsere Verwandten noch häufiger als sonst. Jeden Abend lud ein anderer Gastgeber zum *Iftar*, dem täglichen Fastenbrechen. Wir deckten den großen Tisch, servierten das Essen, und Baba sagte: »*Alhamdulillah*, wir danken Gott für dieses Mahl. Möge der Herr nie jemanden in der Welt hungern lassen.«

»Amen«, antworteten wir im Chor.

Im Fastenmonat begann jeder Morgen im wahrsten Sinn des Wortes mit einem Paukenschlag. Noch vor Sonnenaufgang weckte uns die vom Mesaharati geschlagene Trommel. »Wacht auf zum *Suhûr*!«, rief er. Es war der Weckruf für die Morgenspeise, die man vor dem täglichen Fasten zu sich nahm. Wir Kinder liebten den Mesaharati. Wenn wir ihn hörten, sprangen wir aus den Betten, rannten aufs Dach und starrten in die Dunkelheit, um ihn als Erste zu entdecken, sobald er in unsere Straße kam.

In die Zeit des Ramadan fallen auch die Vorbereitungen für das dreitägige *Eid al-Fitr*, das Zuckerfest, das auf die Fastenzeit folgt. *Eid al-Fitr* wird ähnlich gefeiert wie Weihnachten. Man spendet für Menschen in Not, verschenkt Geld und teilt jede Menge köstliche Speisen mit Nachbarn, Freunden und Familie. Für den ersten Festtag kauft man in der Regel auch etwas Neues zum Anziehen. Mama ging mit uns aus diesem Anlass immer in den Al-Hamidiyah-Souk, wo es Kleidung gab, und anschließend in den Al-Buzuriyah-Souk, wo wir feine Gewürze, Nüsse und selbstgemachte Bonbons erstanden. Unterwegs verweilte Mama in der Großen Moschee, um zu beten, während Abdullah und ich im riesigen Innenhof blieben, die bunten Palmtauben fütterten und uns die wunderbaren Süßigkeiten ausmalten, die wir bald essen würden.

Vor Beginn des *Eid* spenden Muslime für Hilfsbedürftige, ein Ritual, das man als *Zakat al-Fitr* bezeichnet. Auch *Baba* gab Geld für die Armen und half notleidenden Nachbarn. Am ersten Morgen des Zuckerfestes selbst trafen dann unsere Verwandten ein. Sie brachten Geldgeschenke für alle. Der Großzügigste war immer Onkel Mahmoud. Er hatte 500 Lira für jeden von uns. Das sind etwa zehn Dollar, eine ganze Menge Geld für ein Kind. Später präsentierten wir uns dann in unseren neuen Sachen und besuchten Feierlichkeiten, die jedes Viertel speziell für die Kinder veranstaltete.

Weihnachten begeisterte uns nicht weniger. Am Weihnachtsabend zogen wir unsere Hausanzüge an, Onkel Mahmoud packte uns in sein Auto und fuhr mit uns ins trubelige Weihnachtsviertel Bab Tuma, wo wir den Lichterglanz bestaunten. Irgendwo entdeckten wir auch immer einen Weihnachtsmann oder *Baba Noel*, der in seinem roten Mantel an einer Ecke stand. »Stopp!«, riefen wir dann. »Wir wollen *Baba Noel* begrüßen.« Wir stiegen aus und stellten uns mitten auf der Straße im Kreis um Sankt Nikolaus. Nachdenklich starrte die kleine Hivron auf seinen langen, weißen Bart. Dann stellte sie sich auf die Zehenspitzen, um ihn anzufassen. Auf dem Rückweg versuchte ich mit allen Mitteln, wach zu bleiben. Meine Augen dürsteten immer nach den funkelnden Lichtern. Meist aber gelang es mir nicht, und am Ende schlief ich fast immer ein.

Ich war zehn, als meine Eltern ihr erstes Auto kauften. Jetzt reisten wir häufiger als früher. Wir besuchten Hama, den Geburtsort meines Vaters, den wir nach dreistündiger Fahrt auf der Autobahn Damaskus–Aleppo erreichten. Die Sommerferien verbrachten wir regelmäßig bei Verwandten im idyllischen Kobane. Wir zogen durch die Felder mit den Schafen von Onkel Khalid, fütterten die Hühner, melkten die Ziegen, produzierten Feta – den wir noch warm aßen – und pflückten köstliche reife Oliven in den Olivenhainen der Region. Nie werde ich den Geschmack des Wassers aus dem altmodischen Brunnen in Kobane vergessen. Es schmeckte süßer und frischer als alles, was ich bis dahin und seitdem gekostet habe.

Der mächtige Euphrat war unser Lieblingsschwimmbad. In Kobane war der Fluss relativ ruhig. Mohammad und Abdullah lernten im Euphrat schwimmen. Ich war zu feige; ich hatte immer schon Angst vor Wasser. Mein Vater lachte, schüttelte den Kopf und sagte zu mir: »Dein Sternzeichen sind die Fische. Du bist ein Kind des Wassers, genau wie dein Bruder Abdullah. Und trotzdem bist du wasserscheu.«

Ich saß lieber am Flussufer und sah meinen Brüdern beim Schwimmen zu, während sich die Familie über ihr Picknick hermachte. In der Ferne sahen wir die Türkei.

»Irgendwann besuche ich Istanbul«, sagte ich zu meinen Geschwistern.

»Mir gefällt es hier«, antwortete Abdullah. Er liebte das Leben auf dem Land. Von Beginn an hatte Kobane einen festen Platz in seinem Herzen.

Die Ferien meiner Jugend verbrachten wir in den fantastischen Badeorten Latakia, Baniyas und Tartus an der syrischen Mittelmeerküste. Immer wieder nahm ich meinen Mut zusammen, um im Meer zu schwimmen. Doch kaum berührte das Wasser meine Knie, hatte ich das Gefühl zu ertrinken. Natürlich war es wenig hilfreich, dass Abdullah die ganze Zeit herumalberte, mich an den Beinen runterzog oder mich ins Wasser schubste.

Was all diese Jahre auszeichnet, waren die Menschen, die Musik und das Lachen, die ständig unser Haus erfüllten. Der Grund für ihre Anwesenheit war nicht nur die Politik der Offenen Tür meines Vaters, sondern auch die Küche meiner Mutter. Ihre Küche war quasi das Nachbarschaftszentrum. Nachbarinnen schauten auf einen Kaffee oder einfach so kurz vorbei, um dann zum Markt zu gehen und einzukaufen.

Der traditionelle arabische *qahwah* wird zubereitet, indem man den gemahlenen Kaffee auf dem Herd in Wasser aufkocht. Meine Eltern liebten Kardamom. Wenn wir beim Markthändler Kaffee kauften, baten wir immer:»Könnten Sie eine Extraportion Kardamom dazulegen, bitte?« Der Verkäufer antwortete:»Natürlich.« Und er fügte hinzu:»Es ist mir ein Vergnügen.«

Die Frauen versammelten sich in der Küche meiner Mutter und warteten darauf, dass der Kaffee gebrüht würde. Sie plauderten über aktuelle Ereignisse und über ihre Träume. Das ist typisch für Syrien und weite Teile des Nahen Ostens: Träume haben eine große Bedeutung und man glaubt, dass sie verraten, was geschehen wird – das Wetter, das politische Klima und Persönliches, von neuen Jobs bis zu anstehenden Hochzeiten, Geburten und Todesfällen. In Syrien liest man gern aus dem Kaffeesatz, ähnlich wie man im Westen Horoskope studiert.

Gleichgültig aus welchem Anlass, sei es die Zusammenkunft der Frauen in der Küche meiner Mutter, ein religiöser Feiertag oder ein Familienfest: Bei uns zu Hause wurde immer geredet, gesungen, getanzt. Wir hörten Musik und – ganz wichtig – wir lachten. Alle Mitglieder meiner Familie hatten Humor, und auch ich lernte lachen, vor allem über mich selbst. Wann und wo auch immer Syrerinnen und Syrer zusammenkommen, werden Witze erzählt. Vielleicht werden sie in anderen Kulturen nicht immer verstanden, doch Lachen ist eine universelle Sprache, eine Brücke zwischen den Kulturen, und wenn die Absicht eine gute ist, geht in der Übersetzung auch nichts verloren.

Der Freitag ist für Muslime, was der Sonntag für die westlichen Kulturen ist. Das muslimische Wochenende beginnt am Donnerstagabend. Wir feierten das bei uns zu Hause immer mit Partys, die begannen, kaum dass wir aus der Schule gekommen waren. Unsere weiblichen Verwandten und Freundinnen besuchten uns mit ihren Kindern, und wir spielten die traditionelle Musik des Orients, der Kurden und der Beduinen. Es dauerte nie lange, bis wir uns erhoben und tanzten. Syrische Frauen wissen, wie man feiert. Sie mischen traditionelle arabische Tanzstile, wie Bauchtanz, Dabke und Volkstänze, die man im Kreis oder in einer Reihe, sich mit dem kleinen Finger unterhakend, tanzt, mit modernen, westlichen Bewegungen.

Abdullah war der Star jeder Party. Er konnte jeden in unserer Familie imitieren und schlüpfte mit Begeisterung in ganz verschiedene Rollen. So wurde er zum Beispiel zum mürrischen, alten, buck-ligen Schäfer, der auf seinen Stock gestützt in unseren Tanzkreis stol-perte. Dann wieder wurde er zu einem jungen Akrobaten, der sich zu einer Volksweise bewegte, oder er tanzte wie ein Russe. Abdullah brachte uns zum Lachen, bis wir nicht mehr konnten.

Abdullah widerfuhren überdies dauernd Missgeschicke. Als kleiner Junge stopfte er sich einmal Bohnen in die Nase und musste ins Krankenhaus gebracht werden, wo man sie wieder rausholte. Spä-ter, wenn er Erledigungen für andere machte, rannte er oft schnel-ler, als ihn die Füße trugen. Einmal stürzte er die steile Treppe vor unserem Haus hinab und schlug mit dem Kopf auf dem Betonboden auf. Wieder musste er ins Hospital, wo er genäht wurde. Bei einem Besuch in Kobane stolperte er rückwärts gegen eine Kerosinlampe, die unter seinem Gewicht zerschellte. Dieses Mal brauchte er zwölf Stiche. Wann auch immer er sich verletzte, sagte meine Mutter: »Dau-ernd passiert ihm etwas, aber er überlebt immer. Dieser Junge genießt *mala'ekah,* den Schutz der Engel.« Meine Mutter mit ihrer Gabe schien da bereits etwas zu sehen, was wir nicht sehen konnten.

Kapitel 2
Heimweh

Unsere Familie wuchs, unser Haus wurde größer. Meine Eltern stockten das Gebäude um eine weitere Etage und eine Dachterrasse auf, von der wir einen noch besseren Blick auf die Stadt hatten. Wir waren gern dort oben, spielten oder saßen mit Freunden und Bekannten zusammen. Im Sommer, wenn es im Haus zu warm wurde oder viele Verwandte zu Besuch waren, schliefen wir bei frischer Luft unter dem Sternenhimmel. Tagsüber hingen wir unsere Kleidung und die Bettlaken auf der Terrasse zum Trocknen auf oder klopften Teppiche aus. Im Radio wurden Songs der libanesischen Sängerin Fairuz gesendet. Abends lauschten wir den Klängen von Umm Kulthum aus Ägypten.

Die beiden zusätzlichen Etagen sollten später Mohammad und Abdullah als Wohnraum dienen. Nach ihrer Hochzeit würden sie mit ihren Familien dort leben. Das ist in Syrien und im Nahen Osten so üblich: Die Töchter ziehen, wenn sie verheiratet sind, in der Regel zur Familie des Mannes. Die Söhne wiederum kümmern sich – meist mit Hilfe ihrer Eltern – um eine Wohnung für ihre Frau und Kinder. Nach wie vor werden Ehen in vielen muslimischen Familien arrangiert. Dabei schließt der Mullah die Ehe nur, wenn die Frau einverstanden ist. Manche Mädchen werden bereits mit vierzehn Jahren verheiratet. In der Regel haben sie dann die neunte Klasse vollendet und ihren Schulabschluss gemacht. Für mich meldete sich kein heiratswilliger Verehrer. Ich galt als das hässliche Entlein der Familie. Im Gegensatz zu meinen Schwestern, die blond und hellhäutig waren und mit haselnussfarbenen beziehungsweise grünen Augen die attraktivsten Schönheitsattribute im Orient aufwiesen, war ich dunkel. Als Jugendliche hatte ich es nicht leicht. Die Jugend ist ja grundsätzlich und in allen Kulturen eine schwierige Lebensphase. In meinem Fall kam hinzu, dass ich nicht einmal hübsch war. Nicht wenige meiner eher traditionell denkenden Verwandten machten sich gnadenlos über mich lustig.

Meine Idole waren damals die Stars aus dem Westen: Ich schwärmte vor allem für Madonna und Prinzessin Diana. Und dann gab es diese elegante Flugbegleiterin in unserer Nachbarschaft, von der ich ebenfalls begeistert war. Mit Mitte zwanzig lebte sie allein und unabhängig und erzählte immer tolle Geschichten über ihre Reisen zu fernen Orten überall in der Welt, von denen sie mir Jeans und andere angesagte Geschenke mitbrachte.

Syrien war in jener Zeit ein säkulares Land. Nur wenige Frauen verschleierten ihr Gesicht, trugen den Niqab oder die Abaya, ein locker fallendes, den ganzen Körper bedeckendes Gewand. In den kleineren Städten sah man generell mehr konservativ gekleidete Frauen, während viele meiner Freundinnen in Sham sogar ohne Hidschab aus dem Haus gingen. Auch ich trug ihn nicht. Mein Vater forderte mich erst auf, den Hidschab zu tragen, als ich in die Pubertät kam und einige unserer Nachbarn ihn darauf ansprachen. Nun sei es an der Zeit, sagte er. Ich aber beklagte mich bei meiner Mutter. »Ich bin noch jung«, argumentierte ich. »Keine meiner Freundinnen trägt den Hidschab. Warum soll ich mir dieses Teil anziehen? Reicht es nicht, ein guter Mensch zu sein?« Mama war eine liberale Frau. »Du musst nicht, wenn du nicht willst«, sagte sie.

Der Besuch der Oberschule war in Syrien in den 1980er-Jahren nicht verpflichtend, und mit dem Abschluss der neunten Klasse konnte man in Damaskus durchaus einen guten Job finden. Viele Jugendliche begnügten sich daher mit dem nationalen Examen am Ende der Pflichtschulzeit. Angesichts der Bedeutung der Prüfung schränkten die Familien der Schulabgänger ihre gesellschaftlichen Aktivitäten während der einmonatigen Prüfungsphase drastisch ein. Gemeinsam sorgte man dafür, dass der künftige Absolvent oder die Absolventin wirklich lernte. So war das jedenfalls normalerweise. Bei uns allerdings nicht. In unserem Haus herrschte weiterhin ein ständiges Kommen und Gehen, sodass ich kaum zum Lernen kam. Gewiss, ich schaute in die Bücher, aber es blieb nicht viel hängen. Meinen Tagträumen widmete ich dagegen viel Zeit: Ich sah mich darin als freie Frau, die durch die Welt reist.

Kein Wunder, dass ich die Abschlussprüfung nicht bestand und das Schuljahr auf der Realschule wiederholen musste. Das machte die Sache nicht leichter, denn dort ging es strenger zu als in der Hauptschule. Mit ihrer hohen Betonmauer, die uns den Blick auf die Welt draußen gänzlich versperrte, erschien sie mir als wahrhaftiges Gefängnis. Auch im zweiten Anlauf scheiterte ich und fand mich zum dritten Mal als Schülerin der neunten Klasse wieder. Meine Eltern waren enttäuscht, doch mir war das damals nicht wichtig. Mama sorgte sich, dass ich nie einen Ehemann fände. Ich dagegen dachte an Mohammad, der die Schule schon nach der achten Klasse verlassen hatte. Er war Friseur geworden und hatte in Dubai und Saudi-Arabien gearbeitet, wo er gut verdiente. Während seiner Zeit am Golf lebte er überdies bescheiden und konnte so eine größere Summe Geld ansparen. Mir schwebte für mich ein ähnliches Leben vor. Könnte ich es nicht genauso machen wie mein großer Bruder? Ich drängelte und quengelte, und schließlich gelang es mir mit Hilfe von Onkel Mahmoud, meine Eltern zu überzeugen: Sie erlaubten mir, als zertifizierte Friseurin teilzeit im Geschäft einer Nachbarin tätig zu werden.

Es war eine fantastische Erfahrung. Ich lernte, meine Haare aufzudrehen und trug nun einen modischen Chelsea Cut. Mit Lockenwicklern zu schlafen war zwar unbequem, doch diese tollen Wellen waren es allemal wert. Im März wurde ich sechzehn und gab eine große Party bei uns im Haus. Ich trug eine Seidenbluse, die je nach Licht in unterschiedlichen Farben schimmerte, einen bunten Bauernrock und einen breiten, gelben Gürtel. Ich sah aus wie Wonder Woman. Nachmittags kamen meine sechs besten Freundinnen, wir legten unsere Lieblingskassetten in den Stereo-Recorder und tanzten im Wohnzimmer. Mein Lieblingssong war »Rasputin« von Boney M. Für meine Freundinnen und mich war es der neueste Hit, obwohl das Stück schon 1978 erschienen war. Es dauerte immer Jahre, bis populäre Popsongs bei uns ankamen. Wir standen auf den Mix aus Disco und folkinspirierten arabischen Beats. Und natürlich auf den coolen Chor. Immer wieder spielten wir das Stück und gröhlten »Rah rah rah ...«, bis wir heiser waren. Nicht, dass wir gewusst hätten, was wir da sangen ...

Ich fühlte mich super: gerade mal sechzehn Jahre alt und schon Friseurin. Bald darauf wechselte ich in den Haarsalon meiner guten Freundin Lina. Wir nannten ihn »Sandra«, Linas Lieblingsname aus dem Westen. Tatsächlich war unser Laden ein kleines Zimmer im Erdgeschoss des Hauses ihrer Familie, in das wir einen Stuhl stellten und einen Spiegel hingen. Was fehlte, war das professionelle Waschbecken. Wenn wir unseren Kundinnen die Haare wuschen, gab es daher immer ein ziemliches Fußbad.

Unsere ersten »Versuchskaninchen« werde ich nie vergessen. Da war zum Beispiel eine Frau, die blonde Highlights in ihre sehr langen, sehr dunklen Haare wollte. »Aber gerne doch, gnädige Frau«, sagten wir, obwohl wir kein richtiges Rezept für den Aufheller hatten. Wir rührten ein Bleichmittel an, setzten ihr eine Kappe auf und färbten die Strähnen. Während der Aufheller einwirkte, bereiteten wir uns einen Mate-Tee mit Zucker, setzten uns zu unserer Kundin und plauderten mit ihr. Offenbar war es ein anregendes Gespräch, denn ihren Haaren schenkten wir kaum noch Beachtung. Irgendwann führten wir sie zum Waschbecken und nahmen die Kappe ab. Zu unserem Entsetzen lösten sich die gebleichten Strähnen von der Kopfhaut. Die Dame sah in den Spiegel und sagte: »Ich sehe kein Blond?« – »Wahrscheinlich war der Aufheller nicht stark genug«, antworteten wir. »Wir versuchen es noch einmal.« Beim zweiten Mal mischten wir deutlich weniger Bleiche in die Farbe, achteten auf die Zeit, und die Highlights waren perfekt. Wie gut, dass sie sehr dichtes Haar hatte. Die Frau verließ unseren Laden als zufriedene Kundin. Kaum war sie außer Reichweite, prusteten Lina und ich los. Unsere angestaute Panik löste sich in Gelächter auf.

Dass ich arbeitete, bedeutete nicht, dass ich mich der Aufsicht meiner Familie hätte entziehen können. Meine Lieben achteten streng auf alles, was ich tat. Vor allem Hivron gerierte sich als Aufpasserin und Spionin. Eines Nachmittags war ich in Linas Salon und wir gaben uns unserer neusten Gewohnheit hin: Wir rauchten Zigaretten, die besonders gut schmeckten, weil wir sie heimlich konsumierten. An jenem Tag war es sehr heiß im Salon, und ich stand auf, um die Tür zu öffnen. Draußen im Schatten lungerte Hivron herum, ihre Augen tellergroß. Sie drohte mir mit dem Finger und sagte: »Erwischt! Du rauchst. Das sage ich Mama.« Dann rannte sie fort. Den Rest des Nachmittags verbrachte ich in nervöser Anspannung. Ich fürchtete, dass meine Mutter mir verbieten würde, bei Lina zu arbeiten, wenn Hivron mich verpetzte. Ich hätte sie umbringen können! Als ich nach Hause kam, rief Mama mich in die Küche. »Rauchst du?«, fragte sie mich. – »Natürlich nicht«, antwortete ich mit zitternden Knien. – »Warum lügst du?«. Ich weiß nicht, warum ich nicht die Wahrheit sagte. Sie gab mir eine Zigarette aus *Babas* Schachtel und forderte mich auf, sie anzuzünden. »Ich rauche nicht«, wiederholte ich. – »Du rauchst«, entgegnete sie. »Ich will nicht, dass du es vor mir verbirgst, und dann erfahre ich es von Hivron oder von den Nachbarinnen. Ich will nicht, dass du etwas hinter meinem Rücken tust, was du sehr wohl vor meinen Augen tun kannst.« Ich gestand alles, und von dem Tag an verheimlichte ich ihr nicht mehr, wenn ich rauchte.

Kurz nach meinem sechzehnten Geburtstag änderte sich mein Leben grundlegend. Meine kleine Schwester Maha bekam einen Heiratsantrag. Sie nahm ihn an und zog nach Kobane, eine Zweitagesreise von Sham entfernt. Bald darauf wurde sie schwanger. Gelegentlich besuchte sie uns zu Hause. Ich vermisste sie sehr. Ihr ganzes Leben lang hatten wir ein Zimmer und ein Bett geteilt. Jetzt erschien mir dieses viel zu groß. Meine Situation war ohnehin verwirrend. Einerseits träumte ich davon, als unabhängige Frau eine grandiose Karriere als Friseurin zu machen. Andererseits wollte ich mich verlieben, wollte heiraten und irgendwann Kinder haben. Mit knapp siebzehn saß ich quasi zwischen allen Stühlen. Ich nahm eine Teilzeitstelle in einem eleganten Damensalon an. Er lag strategisch günstig im Erdgeschoss eines Mehrfamilienhauses, in dem mehrere syrische TV- und Soap-Stars wohnten. Wenn sie von ihren Touren erzählten, hing ich an ihren Lippen. Die Welt gehörte ihnen, schien mir, und genau das wollte ich auch für mich.

Ich war zwanzig, als meine Chance kam. Eines Tages stand eine junge Frau in Linas Friseursalon und musterte mich von oben bis unten. »Sind Sie die Tochter von Abu Mohammad Kurdi?«, fragte sie. Ich nickte. »Ich wohne hier in der Nähe«, fuhr sie fort. »Meine Schwester kennt einen Kurden aus dem Irak, der jetzt in Kanada lebt. Er heißt Sirwan. Er ist für einen Monat hier, und er sucht eine kurdische Braut. Er möchte Ihre Eltern besuchen.« Gemeint war, dass er um meine Hand anhalten wollte. Ich war nicht sicher, was ich davon halten sollte, aber dieser geheimnisvolle Mann, der auf der anderen Seite

der Erde lebte, reizte mich durchaus. Ich dachte an meinen Traum: Ein Leben im Westen hatte ich mir immer gewünscht. Wir vereinbarten einen Termin für den Besuch Sirwans.

Ein paar Tage später stand er vor unserer Tür. Wir folgten dem traditionellen muslimischen Protokoll, das vorsieht, dass die zukünftige Braut erst auftaucht, nachdem sich der Heiratswillige und andere Gäste mit den Eltern im Wohnzimmer niedergelassen haben. Sie kommt auch nur dazu, um arabischen Kaffee zu servieren.

Ich betrat das Zimmer mit einem silbernen Tablett, auf dem ich Kaffee und Gläser mit Wasser servierte, hoffend, dass meine zitternden Hände nicht meine Nervosität verraten würden. Ich versuchte, so viel wie möglich mitzubekommen. Schnell und diskret gelang es mir, einen Blick auf Sirwan zu werfen, bevor ich den Raum wieder verließ. Er war wesentlich älter als ich. Tatsächlich trennen uns elf Jahre. Kaum draußen lauschte ich an der Tür, um zu hören, was drinnen gesagt wurde. Doch mein Herz klopfte so heftig, dass ich kaum etwas verstand. Zum Glück spionierte Hivron an diesem Nachmittag für mich. Immer wieder ging sie ins Wohnzimmer und wenn sie rauskam versorgte sie mich mit Lageberichten.

Baba befragte Sirwan. »Was für eine Ausbildung haben Sie?«, wollte er zum Beispiel wissen. – »Ich habe im Irak Jura studiert, konnte mein Studium aber nicht beenden, bevor wir nach Kanada gingen.«

»Wie wollen Sie für meine älteste Tochter sorgen?« – »Zurzeit bin ich Koch in einem Restaurant. Ich werde uns eine schöne Wohnung suchen. Ich kann ihr ein gutes Leben in Kanada bieten.«

Ehrlich gesagt waren mir die finanziellen Arrangements ziemlich gleichgültig. Es war mir auch egal, ob ich mich unsterblich in meinen künftigen Mann verlieben könnte. Mir ging es um den Traum vom Leben im Westen, der endlich wahr werden würde. Mein Vater bestand darauf, dass wir die Ehe in Damaskus schlössen, und das auch erst, wenn die Einwanderungspapiere vollständig vorlägen. Man hörte nämlich immer wieder Geschichten von Männern, die aus dem Ausland nach Syrien kamen, um eine Syrerin zu heiraten, von der sie sich gleich nach der Hochzeit wieder scheiden ließen, und zwar noch bevor die Frauen ein Recht auf Einbürgerung in ihrer neuen Heimat hatten. Diese Frauen wurden dann wie eine Kiste voller Scherben zurück zu ihren Eltern geschickt. Mein Vater wollte alles tun, um mir dieses Schicksal zu ersparen.

44

Nachdem Sirwan gegangen war, setzte sich meine Mutter zu mir, nahm meine Hand und sagte: »Er scheint ein guter Kerl zu sein. Was hältst du von einem Umzug nach Kanada?« – »Es ist aufregend. Ich möchte unbedingt dorthin«, antwortete ich. »Es ist sehr weit weg«, sagte Mama. Doch sie lächelte und drückte meine Hand, damit ich ihre Besorgnis nicht sähe. Mein Vater kehrte ins Zimmer zurück. »Du bist ein Teil meines Herzens. Du bist etwas Besonderes für mich«, sagte er. »Ich weiß nicht, was die Zukunft dir bringen wird. Dieser Mann kann sich als guter oder schlechter Mann entpuppen. Doch du entscheidest.« Damit begann eine höchst spannende Zeit in meinem Leben.

Wenige Tage später holte Sirwan mich ab, und wir gingen ins jüdische Viertel, um Goldringe zu kaufen. In der Woche darauf feierten wir unsere Verlobung. Ich trug ein pinkfarbenes Prinzessinnenkleid mit glitzernden Perlen, und ich sorgte dafür, dass meine Haare einen schicken Fransenschnitt hatten. Dann folgte das bürokratische Prozedere für mein kanadisches Visum. Das Büro in der kanadischen Botschaft wurde mir bestens vertraut. Die Beamten dort waren ausgesprochen freundlich und nett. »Vancouver ist sehr schön«, machten sie mir Mut.

Nachdem wir die Behördengänge erledigt hatten, kehrte Sirwan für die Hochzeit zurück nach Syrien. Die Trauung organisierten wir auf unserer Dachterrasse. Mein Hochzeitskleid hatte ich selbst entworfen: Eigentlich sollte es wie eine Blüte wirken, aber am Ende sah ich eher aus wie ein Marshmallow. Unsere Hochzeitsnacht verbrachten wir im Sheraton. Wir blieben dort zwei Tage. Am Vorabend unserer Abreise nach Kanada verabschiedeten sich meine Familie und meine Freundinnen von mir mit einer Party bei uns zu Hause.

Die Reise nach Kanada war mein erster Flug. Für diesen Anlass wollte ich bestens gekleidet sein: Ich trug ein elegantes weißes Kostüm, mit maßgeschneidertem Rock und einer Schößchen-Jacke mit Rüschen. Ich fühlte mich ungemein stylisch und erwachsen. Die ganze Familie kam zum Flughafen, um Abschied zu nehmen, und mir wurde langsam klar, dass ich tatsächlich dabei war, meine Familie zu verlassen, ohne zu wissen, wann ich sie wiedersehen würde.

»Ich werde euch unendlich vermissen«, rief ich meinen Geschwistern und vor allem Mama und *Baba* zu, die ich vermutlich hundert Mal küsste und umarmte, bis wir aufgerufen wurden, an Bord zu gehen.

»Melde dich, sobald du angekommen bist«, sagte Mama, ihr Gesicht tränenüberströmt.

»Komm wieder und besuch uns so bald und so oft du kannst«, sagte *Baba* und kämpfte mit den Tränen.

Im Flugzeug weinte ich. Stundenlang und wenig zur Eleganz meines weißen Kostüms passend. Vor der Landung ging ich mich frischmachen. Ich legte neues Makeup auf und dann – ich erröte noch heute bei der Erinnerung an das, was ich tat – setzte ich mir mein Hochzeitsdiadem auf. Als ich aus der Flugzeugtoilette trat, mit dem Diadem im Haar, applaudierten die anderen Passagiere. Anmutig schritt ich durch den Gang. Ich kam mir vor wie eine Prinzessin, auf deren Weg man Rosen gestreut hat.

Nach der Landung wurden wir von Sirwans zahlreichen Freunden begrüßt. Sie hatten uns am Flughafen erwartet, in traditioneller kurdischer Tracht, damit ich mich willkommen fühlen würde. Allerdings sprachen die meisten von ihnen kein Arabisch, sondern nur irakisches Kurdisch, was sich vom syrisch-kurdischen Dialekt unterscheidet. Eine wirkliche Unterhaltung war daher leider nicht möglich.

Mein Mann hatte ein schönes Apartment für uns gemietet. Es befand sich in North Vancouver, einem in den Bergen gelegenen Vorort, gegenüber vom Hafen und dem Stadtzentrum. Ich fand es wundervoll. Die Stadt glitzerte und glänzte, mit ihren Hochhäusern, umgeben von Wasser und grünen Hügeln. Anders als unser Domizil auf dem Berg in Syrien lag mein neues Zuhause am Fuß eines Berges. Es war eine Erdgeschosswohnung mit einem kleinen Hof, von dem aus man ein Stück der Lions Gate Bridge sehen konnte.

Am nächsten Morgen – mein erster in Kanada – sprang ich aus dem Bett, um meine neue Welt zu erkunden. Ich rief meine Eltern an, um ihnen zu sagen, dass ich gut angekommen war. Kaum hörte ich die Stimme meiner Mutter, kamen mir die Tränen. »Versprich mir, dass du jedes Jahr zu Besuch kommst«, bat sie. Ich versprach es. »Ich komme jedes Jahr. Nichts wird mich davon abhalten.« Ich sagte ihr auch, dass ich es nicht abwarten könnte, Mutter zu werden.

Ich verbrachte viel Zeit im Haus einer kurdischen Freundin von Sirwan, die am Rand des Stadtzentrums lebte. Sie war freundlich und gab mir das Gefühl, willkommen zu sein, doch sie sprach nur wenig Arabisch. Sie und ihr Mann hatten sechs Kinder zwischen zwei und dreizehn Jahren. Bald waren sie meine Ersatzfamilie. Jeden Tag war ich bei ihnen, und manchmal übernachtete ich sogar dort. Mein Mann arbeitete lange Schichten im Restaurant, und nach Feierabend ging er oft mit seinen kurdischen Freunden aus. Tatsächlich waren die ersten Jahre in Vancouver nicht einfach. Es fiel mir schwer, Englisch zu lernen, und ich konnte anfangs mit kaum jemandem kommunizieren. Ich hatte Sehnsucht nach meiner Familie: nach dem Kaffee am frühen Morgen mit meiner Mutter, nach meinem Vater, seinen Kräutermischungen und seinen weisen Worten, nach den großen Familienmahlzeiten und dem köstlichen Essen, nach den wöchentlichen Tanzpartys mit meinen Tanten, Schwestern und Cousinen. Ich vermisste Abdullahs Scherze und Geschichten, die uns zum Lachen brachten. Mir blieben nur die kurzen wöchentlichen und immer gehetzten Telefonate. Ich hatte ungeheures Heimweh. *Ghorbah* ist das arabische Wort für dieses Gefühl der Entfremdung, das Gefühl, man hat dir die Wurzeln gekappt, das Gefühl, du hättest ein riesiges Loch im Herzen, das nie mehr gefüllt oder geflickt werden kann.

Bald nach meiner Ankunft in Kanada wurde ich schwanger, was meine *ghorbah* noch steigerte. In den ersten Schwangerschaftsmonaten war mir häufig übel. Obwohl ich hätte zunehmen sollen, verlor ich an Gewicht. Ich aß kaum noch, bis ich die Pommes Frites bei McDonald's entdeckte, die erstaunlicherweise das Einzige waren, was ich bei mir behielt. Vermutlich übertrieb ich nun, denn in den letzten drei Schwangerschaftsmonaten wurde ich richtig dick. Ich hatte auch kaum noch Bewegung – kein tägliches Treppensteigen oder Erklimmen steiler Berge auf dem Heimweg mehr.

Der Herbst kam, und es regnete viel. Ich verbrachte die meiste Zeit im Haus. Das feuchte Wetter Vancouvers zog mir in die Knochen, und die Wolken wie der endlos graue Himmel schlugen mir aufs Gemüt. Der Frühling war eine höchst willkommene Abwechslung. Die mächtigen Ahornbäume und Eichen schmückten sich mit leuchtend grünen Blättern, der Rhododendron und die Tulpen erwachten aus langem Schlaf und explodierten in bunter Farbe. In meinem leuchtend gelben Regenmantel wirkte ich so schwanger, dass es aussah, als würde ich ebenfalls jeden Moment platzen.

Mein Sohn Alan wurde im April 1993 geboren. Wir nannten ihn Alan nach dem Alana-Tal, der alten Heimat meines Mannes im irakischen Kurdistan. Ich fand es wundervoll, Mutter zu sein. Gleichzeitig sehnte ich mich noch mehr nach meiner Familie. Ich wollte meine Mama sehen. Jetzt, wo ich ein eigenes Baby hatte, meinen Sohn, fühlte ich mich ihr noch näher. Meine schönste Erinnerung aus dieser Zeit ist meine erste Heimreise nach Damaskus. Im Sommer 1994 machte ich mich auf den Weg. Meine Lieben in Syrien sollten endlich meinen Sohn Alan kennenlernen.

Kapitel 3
Du bist mein Leben

Das Flugzeug überflog die Bergkette, die Lichter meiner Heimatstadt schienen unter uns auf. Mein Herz klopfte heftig. »Ich kann gar nicht erwarten, dass wir landen und du deine Familie kennenlernst«, sagte ich zu Alan. Die Flugzeugtüren wurden geöffnet, und ich roch es sofort: Jasminduft lag in der Luft. Kaum hatten meine Füße den Asphalt auf dem Rollfeld berührt, wollte ich mich niederwerfen und den Boden küssen. Bei der Zollkontrolle strahlte ich, als der Beamte zu mir sagte: »Herzlich willkommen in Ihrem Land.« Die Wartezeit am Gepäckband erschien mir unendlich lang, wusste ich doch, dass meine Familie mir so nah war. Als ich sie schließlich sah, konnte ich die Freudentränen nicht mehr zurückhalten. Ich stürzte auf sie zu und warf mich in ihre Arme.

Verdutzt nahm Alan hin, dass mehr als ein Dutzend Verwandte ihn herzten und küssten. Wir quetschten uns ins Auto und fuhren los. Der achtzehnjährige Abdullah hatte Alan auf dem Schoß und plapperte in seinem Pidgin-Englisch auf ihn ein. Völlig sinnloses Zeug, das niemand verstand, außer dem kleinen Alan, der mit seinem süßen Stimmchen in seiner eigenen Babysprache antwortete. »Alan bringt mir Englisch bei«, sagte Abdullah auf Arabisch. Sie wurden schnell Freunde.

Als wir Damaskus erreichten, steckte ich den Kopf weit aus dem Wagenfenster. Endlich atmete ich wieder das magische Aroma meiner Stadt: Jasmin und Rosen, Gewürze auf dem Herd, Berge im warmen Licht der Sonne und das süßliche, kühle Nass des Barada-Flusses, der sich durch die ganze Stadt zieht. Zu Hause erfasste mich dann dieser andere betörende Duft – der Zauber des Zuhauses, des Heims der Familie, einzigartig wie ein Fingerabdruck. Ich spürte Liebe und Zusammengehörigkeit. Ich öffnete jede Tür, ging in jedes Zimmer, weidete mich an den Bildern und Fotografien, an den Möbeln, und genoss vor allem den Blick auf die Nachbarschaft. Jedes Fenster war ein Rahmen für ein lebendes Kunstwerk. Meine Liebsten ließen mich nicht eine Sekunde aus den Augen. Sie lachten. Alan hatte gerade Laufen gelernt. Abdullah nahm ihn bei der Hand und führte uns in die Küche:»Teta, deine Großmutter, hat das Lieblingsessen deiner Mama gekocht. Riech mal: *warak inab*, gefüllte Weinblätter.« Danach stiegen wir alle aufs Dach und bewunderten das Panorama.

»Das ist einmalig«, sagte ich. Ich fühlte mich, als schwebte ich auf seidenen Wolken.

Abdullah hatte sich nicht verändert. Er liebte immer noch derbe Scherze. Mein Mitbringsel für ihn bei meinem ersten Besuch in der alten Heimat war ein Furzkissen.

»Lass uns *Baba* einen Streich spielen«, flüsterte er Alan ins Ohr. Sobald sich die Gelegenheit bot, legte er das Kissen auf den Platz unseres Vaters. Erschrocken sprang dieser auf, als es plötzlich laut unter ihm hervortönte. Wir konnten uns kaum halten vor Lachen, als wir sein Gesicht sahen.

Nach sechs wunderbaren Wochen in der Heimat hieß es Abschied nehmen. Alan und ich kehrten nach Vancouver zurück, in unser ungleich tristeres Leben. Es gab zunehmend Spannungen in meiner Ehe. 1996 trennte ich mich von meinem Mann. Es war meine Entscheidung. Er war ein großartiger Vater für Alan und hatte auch versucht, ein guter Ehemann zu sein. Doch unsere Beziehung funktionierte nicht. Mein Vater war empört, als ich ihn anrief und sagte, ich würde mich scheiden lassen.

»Komm sofort zurück nach Damaskus«, befahl er.

»Das geht nicht«, antwortete ich. »Alans Vater möchte nicht, dass ich mit dem Kind so weit fortgehe, und ich gebe meinen Sohn nicht auf.«

Das wollte mein Vater auch nicht. Rückblickend ist mir klar, dass er sich um mich als alleinstehende Mutter sorgte. Damals jedoch verstand ich seine Order als autoritäres Ultimatum. Die Scheidung provozierte einen Riss zwischen mir und meiner Familie, der uns fünf lange Jahre trennte. Die Entfremdung von meinen Liebsten machte mir das Leben als frische Immigrantin noch schwerer. Von Zeit zu Zeit telefonierte ich mit meiner Mutter, doch es waren knappe, wenig entspannte Gespräche.

Ich lebte in einem heruntergekommenen Mietshaus in East Vancouver, zusammen mit mehreren anderen Alleinerziehenden und ihren Kindern. Meine Englischkenntnisse waren nach wie vor dürftig. Trotzdem suchte ich Arbeit. Ich brauchte einen Job. Kurdische Freunde meines Ex-Mannes trugen Zeitungen aus. Sie rieten mir, ich sollte mich beim Verlag bewerben, und tatsächlich bot man mir die Nachtschicht in der Druckerei an. Meine Aufgabe war die Platzierung der Anzeigen im Blatt. Wenn ich nicht zu Hause war, schlief Alan bei Iris, meiner chinesischen Freundin, die ebenfalls ein Kind hatte, oder bei Sirwan. Nun verdiente ich Geld, hatte aber zunächst noch stärker das Gefühl, fremd in einem fremden Land zu sein, als in der Zeit, als ich noch bei meinem Mann gelebt hatte. Ich war einsam, mittellos und müde. Mit meinen Kolleginnen sprach ich kaum. Die meisten waren Einwandererinnen wie ich. Sie kamen von den Philippinen, aus Indien oder Pakistan. Ihr Englisch war nicht besser als meins.

Nacht für Nacht stand ich am Montagetisch und sehnte mich nach dem Ende meiner Schicht. Es drängte mich nach Hause, zu Alan. Ich war für mein Leben gern Mutter, und jede Stunde, die ich von meinem Jungen getrennt verbrachte, erfüllte mich mit Schmerz, Angst und Schuldgefühl.

Eines Nachts überwältigten mich der Stress und die Müdigkeit. Ich begann zu weinen. Meine Tränen tropften auf die Zeitungsseiten, und die Druckerschwärze verwischte. Linda, die Schichtleiterin, sah es. Sie kam zu mir, und ich fürchtete, dass sie mich rausschmeißen würde. Doch sie stellte sich schweigend neben mich und arbeitete an meiner Seite weiter. Am nächsten Abend das Gleiche. Doch dieses Mal brachte sie mir ein neues englisches Wort bei und sagte, das würde sie von nun an immer machen: jede Nacht ein neues Wort.

Fast zwei Jahre lang blieb ich im Werk. Linda wurde eine gute Freundin und meine Verbündete. Manchmal kam sie mich zu Hause besuchen und brachte Spielsachen für Alan mit. Ein anderes Mal zeigte sie uns die Stadt. Bei einem ihrer Besuche erzählte ich ihr, dass ich in Damaskus Friseurin gewesen war.

»Ich brauche einen guten Haarschnitt«, sagte sie. »Kannst du mir die Haare schneiden?« Ich nahm sie mit in mein winziges Badezimmer.

»Wow«, sagte sie, als sie sich im Spiegel sah. »Hast du Zeugnisse?« – »Ich bin in Damaskus zur Schule gegangen und habe dort in einem Haarsalon gearbeitet«, antwortete ich. »Doch ich habe keinen offiziellen Abschluss in Kanada.«

Das sollte ich nachholen, schlug mir Linda vor. Mit ihrer Hilfe bewarb ich mich bei einem Ausbildungszentrum für Friseure in Vancouver, damit ich das nötige Zertifikat bekäme. Nachdem ich ein paar Monate den Einführungskurs besucht hatte, sprach mich eine der Dozentinnen an.

»Sie vergeuden Ihre Zeit und Ihr Geld hier«, sagte sie. »Ich kenne einen Italiener, der eine Mitarbeiterin für seinen Salon sucht. Sprechen Sie mit ihm. Vielleicht stellt er sie ein.«

»Ich habe keinen kanadischen Abschluss«, antwortete ich.

»Mit Ihren Fähigkeiten und Ihrer Erfahrung sollte das kein Problem sein. Rufen Sie ihn an«, empfahl sie und gab mir seine Telefonnummer.

Das war 1998. Ich bekam die Stelle bei ihrem Bekannten in einem schicken Friseursalon in der Robson Street in Vancouver. Die Kundschaft war edel und die Trinkgelder großzügig. Oft fragte man mich, woher ich käme. Wenn ich »Syrien« sagte, wussten die meisten nicht, wo das ist. Nur wenn ich ergänzte »das Land neben dem Libanon«, hatten sie eine Ahnung, wo sie meine Heimat auf der Karte finden könnten. Vielen fiel es auch schwer, meinen Namen – Fatima – auszusprechen. Als mein Chef neue Visitenkarten bestellte, kam er auf die Idee, dass ich mich Tima nennen könnte. Das gefiel mir, und seitdem bin ich für die meisten Englischsprechenden Tima. Mittlerweile nennen mich sogar meine Geschwister so.

Das Team im Salon war eine eingeschworene Gemeinschaft, die mich und meinen Sohn schnell in ihren Kreis aufnahm. Bald waren meine Kolleginnen und ich beste Freundinnen, und ich entwickelte mich zu der unabhängigen Frau aus dem Westen, die ich als Kind immer sein wollte. Ich war beliebt, und manch einen Freitagabend verbrachte ich in netter Gesellschaft in Restaurants und

Cafés. Mir begegneten auch einige Männer, die sich gern mit mir verabredet hätten. Doch sie interessierten mich nicht. Mein Sohn war mein Ein und Alles, und ich wollte mich nie wieder mit jemandem zufriedengeben, den ich nicht liebte, und mich auch nicht auf einen Mann einlassen, der sich nicht ernsthaft und liebevoll meinem Sohn gegenüber verpflichtet fühlte.

Mein Gehalt war passabel und ich sparte einige Jahre, bis ich es mir schließlich 2002 leisten konnte, wieder nach Damaskus zu fliegen. Alan war mittlerweile neun Jahre alt. Diese Heimreise werde ich nie vergessen. Seit ich Syrien verlassen hatte, war meine Familie enorm gewachsen. Ich sah jede Menge fremde Gesichter in der Menge, die uns am Flughafen erwartete. Mohammad hatte Ghouson geheiratet, eine schöne, große, schlanke Frau aus Rukn al-Din. Sie lebten mit ihren zwei kleinen Kindern – ein Mädchen namens Heveen und ein Baby namens Shergo – in der dritten Etage unseres Hauses auf dem Berg. Maha reiste mit ihren sechs Kindern – Rodeen, Adnan, Barehan, Fatima (nach mir benannt), Mahmoud und Yasmeen – aus Kobane an. Meine Schwester Shireen hätte ich fast nicht wiedererkannt. Sie war jetzt 23 Jahre alt und Ehefrau eines Zimmermanns namens Lowee. Die beiden wohnten ganz in der Nähe meines Elternhauses, auf halber Strecke zwischen unserem Domizil am oberen Ende und dem Fuß der steilen Straße, die ins Tal führte. Ihr Heim war perfekt für einen Zwischenstopp mit einem Glas Tee, wenn man sich mit schweren Taschen bepackt auf dem Rückweg vom Lebensmittelmarkt befand. Shireens und Lowees zwei kleine Söhne hießen Yasser und Farzat.

Und dann meine kleine Spionin Hivron. Jetzt war sie zwanzig, eine erwachsene junge Frau. Ahmad, der gleich nebenan wohnte, hatte ein Auge auf sie geworfen. Onkel Mahmoud war skeptisch: »Er ist so jung; er hat nichts. Du bist jung und schön«, warnte er meine Schwester vor ihrem Verehrer. »Du kannst jeden haben.« – Doch Hivron kämpfte für Ahmad: »Ich bin verliebt. Er oder keiner!«, waren ihre Worte. Sie war entschlossen, und wenn Hivron etwas will, dann bekommt sie es auch. Bei unserem Besuch 2002 hatte Hivron drei kleine Kinder, zwei Töchter mit Namen Rawn und Ghoufran und einen Sohn namens Abdulrahman.

Abdullah war längst nicht mehr der tolpatschige, unbekümmerte Junge, den ich von früher erinnerte. Mit 26 Jahren und Bartstoppeln in seinem fein gezeichneten Gesicht war er jetzt ein echter

Mann. Sein freundliches und humorvolles Wesen hatte sich jedoch nicht verändert. Sein breites Lächeln war ansteckend wie eh und je. Abdullah hatte mehrere Länder im Nahen Osten bereist, aber Syrien war ihm das liebste. Jetzt arbeitete er in Mohammads Salon. Noch war er unverheiratet und lebte nach wie vor in der zweiten Etage des Hauses unserer Eltern.

Ein großer Schock für mich war jedoch meine Mutter. Meine schöne, lebhafte Mutter war alt geworden. Sie war erst 51, doch sie wirkte viel älter. Ihr Gesundheitszustand hatte sich über die Jahre dramatisch verschlechtert. Sie litt unter einer schweren Diabetes und hatte, wie viele Mitglieder ihrer Familie, Herzprobleme. Am Flughafen in Damaskus kniete ich vor ihr nieder und küsste ihre geschwollenen Füße. »Vergib mir, dass ich so lange fort war«, schluchzte ich. Doch meine Mutter antwortete auf ihre übliche liebevolle Art: »Du bist ein Teil meines Herzens. Du bist mein Leben.«

Wir fuhren nach Hause, in unser Heim, das immer noch seinen eigenen, uralten Duft verströmte. Meine Mutter war von ihrer Krankheit gezeichnet. Doch das hielt sie nicht davon ab, meine Lieblingsgerichte zu kochen: Dolma mit Rindfleisch, Mahshi (gefüllte Zucchini und Auberginen) und vor allem Kibbeh, eine mit köstlichen Zutaten gefüllte Bulgurteigtasche. Ich aß viel bei diesem Besuch, aber ich trainierte es mir gleich auch wieder ab bei meinen Spaziergängen durch die Stadt, die ich neu kennenlernen wollte. Und natürlich tanzte ich viel bei unseren abendlichen Partys. Ich filmte zahlreiche Stunden dieser Reise mit meiner Videokamera. Die Bilder zeigen uns, wie wir durch die Straßen von Damaskus schlendern, Kaffeepausen einlegen in den Cafés, und wie wir tanzen, immer wieder tanzen. Mohammads Frau Ghouson bewegt sich so anmutig, dass die Kamera ständig auf sie schwenkt. Hivron präsentiert sich stolz mit dem weißen Hausanzug aus Seide, den meine Freundin Iris mir in Vancouver gegeben hatte. Mahas Tochter Fatima ist noch nicht einmal in der Pubertät, und Alan noch ein kleiner Junge, doch er überragt seine Cousine Heveen und seinen Cousin Abdulrahman. Yasser und Shergo sind pummelige Knirpse mit dicken, rosa Bäckchen. Der einzige Unterschied zu der Zeit, in der wir jung waren, ist, dass mehrere von uns jetzt beim Tanzen ihre eigenen Kinder trugen.

Wir hatten eine wunderbare Zeit, doch der sich verschlechternde Gesundheitszustand meiner Mutter warf einen dunklen

Schatten auf meine Wochen in Syrien. Bevor ich nach Vancouver zurückflog, hatten wir ein ernstes Gespräch. Sie hielt meine Hand und sagte:»Versprich mir, dass du dich um Abdullah kümmern und ihm helfen wirst, eine gute Frau zu finden.« Ich wollte das nicht hören.»Du wirst eine Frau für Abdullah finden«, sagte ich. Traurig blickte sie zur Seite. Den gleichen traurigen Blick hatte sie, als ich sie am Flughafen zum Abschied küsste und sagte:»Wir sehen uns nächstes Jahr.« An jenem Tag sah ich sie zum letzten Mal.

* * *

Bald nach meiner Reise erkrankte meine Mutter schwer und wurde bettlägrig. Es folgten viele Monate, die sie abwechselnd im Krankenhaus und zu Hause verbrachte. Meine Geschwister besuchten sie täglich. Abdullah war ihr näher als alle anderen. Er saß permanent an ihrem Bett. Ich litt an jedem Millimeter der zehntausend Kilometer, die uns trennten. Wir telefonierten jeden Tag. Ich nutzte Telefonkarten für Ferngespräche, sodass ich sowohl von der Arbeit als auch von zu Hause anrufen konnte.

Eines Morgens vor der Arbeit erreichte ich niemanden im Haus meiner Eltern. Also rief ich Onkel Mahmoud auf dem Handy an.»Ich kann jetzt nicht. Ich rufe zurück«, sagte er und beendete das Gespräch. Sein Ton verriet nichts, aber ich hatte das schreckliche Gefühl, dass etwas mit meiner Mutter war. Ich war dem Weinen nah. Doch ich riss mich zusammen, drängelte Alan ungeduldig, sich für die Schule fertig zu machen, und fuhr zur Arbeit.

Im Haarsalon hatte ich eine Kundin nach der anderen. Es ergab sich nicht einmal eine zehnminütige Pause. Erst am Nachmittag konnte ich mich in die privaten Räume im hinteren Teil des Geschäfts zurückziehen und brach in Tränen aus. Mein Chef und meine Kollegin fragten, was los sei. Ich gestand ihnen, dass ich mir Sorgen um meine Mutter machte und nicht arbeiten könnte. Sie waren sehr verständnisvoll und erlaubten mir, Onkel Mahmoud noch einmal anzurufen.

»Onkel, sag die Warheit: Was ist los mit Mama?«, schrie ich ins Telefon.

»Wir sind alle in Gottes Hand«, antwortete er.

»Was meinst du? Ist Mama tot?«

»Möge Gott ihrer Seele Frieden geben.«

Ich sank auf den Boden und jammerte laut. »Wartet mit der Beerdigung«, bettelte ich. »Ich will dabei sein. Ich will noch ein letztes Mal ihre Hand halten und ihre Wange küssen. Ich will mich verabschieden.«

»Das geht nicht, Fatima«, sagte Mahmoud sanft. »Komm zur Einjahresfeier an ihrem ersten Todestag.«

Ich wartete keine Sekunde. Ich verließ den Salon und ging nach Hause. Von dort rief ich meine Familie in Damaskus an. *Baba* meldete sich. Im Hintergrund hörte ich jemanden den Koran rezitieren. Ich weiß nicht mehr, ob wir überhaupt sprachen. Ich glaube, wir weinten nur. Irgendwann gab mein Vater das Telefon weiter an Abdullah.

»Wie soll ich weiterleben? Ich fühle mich so verloren«, sagte Abdullah. Ich versuchte, ihn zu trösten, doch das Guthaben auf meiner Telefonkarte war aufgebraucht und die Verbindung wurde unterbrochen.

In Syrien sagen wir, dass Allah zwischen den Toten und den Lebenden eine Mauer errichtet, die im Laufe der Zeit höher wird, damit die Familie ihr Leben fortsetzen kann. Doch das ist leichter gesagt als getan. Nach Mamas Tod fiel Abdullah in eine tiefe Depression. Um meines Vaters willen versuchte er, sie so weit wie möglich zu verbergen, und meine anderen Geschwister bemühten sich nach Kräften, *Baba* nicht allein zu lassen. Mohammads Familie wohnte ja im gleichen Haus wie er, Hivron und Shireen kamen jeden Freitag und verbrachten viele Stunden mit ihm. Doch meine Geschwister hatten auch noch ihr eigenes Leben und viel zu tun. Es war für Abdullah und meinen Vater eine einsame und schwere Zeit: zwei Männer allein in diesem Haus, beide bemüht, tapfer zu sein, wenn sie zusammen waren, und doch jeder für sich um die geliebte Frau und Mutter trauernd.

* * *

Im folgenden Sommer reiste ich nach Sham, um das Grab meiner Mutter zu besuchen und ihr die letzte Ehre zu erweisen. Das Haus war voll anlässlich meines Besuchs, und gleichzeitig war es leer ohne sie. Ein riesiges Loch gerissen mitten in unser Leben. Mein Vater hatte ein großes Foto von Mama rahmen lassen. Es hing so an der Wand, dass er und Abdullah sie bei jeder Mahlzeit sehen konnten. »Probier mal das Kibbeh«, sagte Abdullah dann zu ihr. »Ist aber nicht so lecker wie deines.«

Wenn ein geliebter Mensch stirbt, erwartet man in islamischen Kulturen, dass die Trauernden im Namen des Verstorbenen ein wohltätiges Werk tun und jemandem in Not helfen. Bei meinem Besuch in Sham bestellte ich beim Metzger vor Ort einhundert Hähnchen. Am nächsten Tag sollten die Kinder von Tür zu Tür gehen. Wenn jemand öffnete, würden sie sagen: »Unsere Tante schickt uns mit diesem Hähnchen zu Ihnen. Im Namen der Seele unserer Großmutter.« Die Beschenkten würden in aller Bescheidenheit das Geschenk entgegennehmen und antworten: »Möge die Seele eurer Großmutter in Frieden ruhen.«

Ich besuchte auch den Olivenhain unserer Familie in Kobane. Mein Vater und meine Brüder hatten ihn ein paar Jahre vor dem Tod meiner Mutter gepflanzt. *Baba* sagte damals: »Olivenbäume werden Hunderte von Jahren alt, sie sind winterhart und widerstehen der Trockenheit. Wenn wir Oliven anbauen, kann jeder von uns ein Jahr vom Ertrag leben.« Gewiss, es dauert gute fünf Jahre, bis ein Olivenbaum groß genug ist, um Früchte zu tragen. Doch mein Vater kann, wenn er will, sehr geduldig sein.

Zwischen 2000 und 2010 kehrte ich mindestens jeden zweiten Sommer nach Damaskus zurück. Die Stadt wuchs und veränderte sich, doch oben auf dem Berg, auf unserer Dachterrasse, schien die Zeit stillzustehen. Jeden Morgen weckte mich der Gebetsruf. Jeden Tag lief ich, nachdem ich meinen arabischen *qahwah* – Kaffee – getrunken hatte, ans Fenster, um die Händler und Verkäufer zu hören, die auf der Straße unterwegs waren, während Sham erwachte. Bei meinem Besuch im Sommer 2005 weckte mich überdies jeden Morgen der Klingelton meines Handys. Rocco rief an, ein italienischstämmiger Kanadier, den ich im Jahr zuvor kennengelernt hatte. Wir waren in den vergangenen Monaten mehrmals miteinander ausgegangen. Meine Kolleginnen spielten jeden Sonntag Volleyball am Kits Beach, und irgendwann kam Rocco regelmäßig vorbei. Er war ein ebenso schlechter Volleyballspieler wie ich, aber mein Sohn und er wurden bald Freunde. Alan war erst zwölf, aber weitaus reifer als andere Kinder in seinem Alter. Überdies verfügte er über eine grandiose Menschenkenntnis. Dass er Rocco mochte, war ein gutes Zeichen. Es war verführerisch, als Rocco mich kurz vor meinem Abflug nach Damaskus um ein Rendezvous bat. Doch meine Familie wollte mich lieber mit einem netten Syrer sehen. Meine Schwestern hatten ein paar Kandidaten im Kopf, die ich treffen sollte, wenn ich im Land wäre. Ich sagte Rocco, dass es sein könnte, dass ich vielleicht nicht mehr Single wäre, wenn ich nach Kanada zurückkäme. Doch er gab nicht auf. »Darf ich dich in Syrien anrufen?«, fragte er. Ich sagte, das könne er tun. Rocco arbeitete im Verkauf, und bei unseren täglichen Telefongesprächen erwies sich, dass er ein Meister seines Fachs war. Wir heirateten 2006 in seiner Heimatstadt Toronto. Es war eine große italienische Hochzeit. Leider konnte meine Familie nicht dabei sein. Der Weg nach Kanada war zu weit. Alan führte mich zum Altar, und meine liebe Freundin Iris war meine Brautjungfer. Damit wir einen Hauch von Sham bei der Feier hätten, heuerte ich eine Bauchtänzerin an. Ich vermisste meine Liebsten, doch ich genoss ein Stückchen Heimat während unserer Flitterwochen in Montreal. Die Stadt war der erste Ort in Nordamerika, der mich an Damaskus erinnerte: alte Gebäude, enge, mittelalterlich wirkende Sträßchen, soziales Leben im öffentlichen Raum, Cafés, Bars und all die fantastischen Restaurants, die köstliches Essen aus dem Nahen Osten servierten!

Zurück in Vancouver zogen wir in ein hübsches Terrassenhaus in Coquitlam, mit einer von der Küche aus begehbaren hinteren Veranda und einem Garten, in dem ich Gurken und saftige Biotomaten anbauen konnte. Ich fügte einen Hauch Damaskus hinzu und pflanzte Wein. Die Trauben sollten sich an einem großen Zedernholzspalier emporranken, und ich wollte in ihrem Schatten sitzen, Kaffee trinken und mit meinen Freundinnen plaudern. Rocco und ich planten auch gemeinsame Kinder, doch es sollte nicht sein. Wir versuchten es immer wieder, letztlich sogar mit künstlicher Befruchtung. Vergebens. Ich war verzweifelt und traurig, dass ich keine weiteren Kinder bekommen konnte, doch ich musste es hinnehmen.

Mein Mann war viel unterwegs. Häufige Geschäftsreisen führten ihn quer durch Kanada und auch nach Fernost. 2011 kündigte ich meinen Job im Salon, um Rocco nach Shanghai zu begleiten, wo wir bis 2013 lebten. Zeitlich war ich in jenen Jahren flexibel, und ich genoss unsere zahlreichen Trips zu den exotischsten Orten dieser Welt – Philippinen, Hongkong, Singapur, Bangkok.

Vor unserem Umzug nach Shanghai hatte ich fast jeden Sommer in Syrien verbracht. Manchmal kamen Alan und Rocco mit, andere Male reiste ich allein. Meist blieb ich vier bis sechs Wochen. Zwischen den Besuchen telefonierte ich mindestens einmal wöchentlich mit meinen Lieben. Später kommunizierten wir via Internet und Videocall. Onkel Mahmoud war der Erste, der diese neuen Medien nutzte, und meine Familie meldete sich regelmäßig bei mir, wenn sie bei ihm war.

Bei meinen häufigen Aufenthalten in Damaskus blieb mir nicht verborgen, dass die Stadt von Jahr zu Jahr westlicher und moderner wurde. Mittlerweile gab es Vergnügungsparks und Internet-Cafés, Sushi-Restaurants waren angesagt, und viele trugen ein Handy mit sich. Doch auch die Altstadt lebte weiter und man konnte sich nach wie vor herrlich im Labyrinth ihrer Gassen mit den bezaubernden Schätzen verlieren. Die Orte, die ich in meiner Heimatstadt am meisten liebte, hatten sich nicht verändert. Und immer noch blühte überall wilder Jasmin. In Kaskaden rankte er sich von den Balkonen und auf den Innenhöfen, quoll aus den Blumentöpfen, ergoss sich über die antiken Steinwälle, blühte zwischen den Pflastersteinen.

Meine syrische Familie – überwiegend selbstständige Kaufleute und kleine Gewerbetreibende – genossen, wie auch frühere Generationen, eine Ära der Stabilität, des Wachstums und des zunehmenden Wohlstands. Mohammads Friseursalon florierte, und seine Frau Ghouson bekam zwei weitere Kinder. Shireen hatte jetzt drei Jungen. Maha lebte nach wie vor in Kobane, jetzt mit acht Kindern. Hivron war fünffache Mutter und wohnte noch bei den Schwiegereltern. Sie und ihr Mann hatten sich bei Jarmuk, einem Vorort von Damaskus, überdies ein Sommerhaus gebaut. Meine jugendlichen Nichten und Neffen in Sham organisierten sich Ferienjobs und verdienten genug, um Handys und Sneaker zu kaufen.

Abdullah hatte seine Unterkunft immer noch bei *Baba* in Sham. Er war nun 33 Jahre alt und nach wie vor alleinstehend. Keine Partnerin, die wir vorschlugen, gefiel ihm. Die Frauen, die wir nannten, interessierten ihn nicht. Er wollte selbst wählen. Er ließ sich auch nicht drängen oder sich von seinen liebevollen, doch sehr dominanten, nervenden Schwestern die Entscheidung abnehmen.

Im Spätsommer 2010, kurz nachdem ich von einer meiner Sommerreisen nach Kanada zurückgekehrt war, fuhr Abdullah mit unserem Vater und Mohammad nach Kobane, um sich um den Olivenhain der Familie zu kümmern. Die Bäume trugen schöne, reife

Früchte – nicht allzu viele, doch es war ein Anfang. Diese ersten Ernten brachten unserer Familie tatsächlich etwas Geld ein. Eines Tages arbeitete Abdullah auf der Plantage, als ihm eine junge Frau mit dunklen Haaren auffiel. Ihre Familie rief sie Rehan, das arabische Wort für Basilikum. Andere aber nannten sie Rehanna. Sie war 22 Jahre und sehr schüchtern, doch Abdullah fand schnell heraus, dass sie eine Cousine zweiten Grades war. In Syrien ist es nicht ungewöhnlich, dass man den Cousin oder die Cousine zweiten Grades heiratet. Abdullah verliebte sich in Rehanna.

Im September rief er mich an und verkündete:»Rehanna und ich gehen heute unsere Ringe kaufen.«

Ich freute mich sehr für die beiden. »*Mabrouk*! Glückwunsch! Mama wird sehr glücklich sein«, sagte ich. Ich blickte auf zum Himmel und sagte zu meiner Mutter:»Ich habe deinen Wunsch erfüllt.«

Zur Verlobung von Abdullah und Rehanna konnte ich nicht in Syrien sein. Doch ich rief natürlich an. Ich musste brüllen, damit mein Bruder mich über die lauten kurdischen und Beduinenklänge im Hintergrund hinweg überhaupt verstand. Offenbar feierte die ganze Stadt Kobane.

Einen Monat später kehrte das glückliche Paar nach Sham zurück, wo meine Familie eine kleine, entspannte Hochzeit im eigenen Heim ausrichtete. Meine Geschwister schickten mir einen endlosen Strom von Bildern von Abdullah und seiner schönen Braut. Wenn ich mir heute anschaue, wie die beiden sich ansahen, weiß ich, dass Abdullah eine Seelenverwandte gefunden hatte.

Wiederum einen Monat später rief Abdullah an und sagte:»Rehanna ist schwanger. Ich weiß nicht, wie ich neun Monate Warten durchstehen soll. Das ist viel zu lang. Ich bin so glücklich. Ich kann gar nicht glauben, dass ich Vater werde.«

Kapitel 4
Ghalib

Bei meinem nächsten Besuch in Damaskus im April 2011 lernte ich Rehanna kennen. Ich schloss sie sofort in mein Herz. Sie war ein wenig schüchtern, doch sie lächelte immerzu, und wie Abdullah hatte sie viel Sinn für Humor. Er liebte es, sie zum Lachen zu bringen. Rehanna war im siebten Monat schwanger. Ich freute mich so sehr für die beiden, dass ich ihnen alles mitbringen wollte, was ihr Baby brauchen würde: Strampler, Schuhe, Decken, Lätzchen, Schnuller, Rasseln. Für die Geschenke allein musste ich einen zusätzlichen Koffer packen. Ich begleitete die zukünftigen Eltern zum Ultraschall, bei dem sie erfuhren, dass es ein Junge war. Abdullah war begeistert. Nach der Untersuchung eilten wir sofort zu *Baba*, und mein Bruder überbrachte ihm die gute Nachricht. »*Alf mabrouk*«, sagte er. »Glückwunsch, *Baba*. Du wirst einen Enkel bekommen, und ich werde ihn nach dir Ghalib nennen.«

Am Abend kam die ganze Familie zu uns, und wir feierten. Abdullah scherzte die ganze Zeit, wie immer. Wir kringelten uns vor Lachen. »Hör auf!«, rief Rehanna. »Sonst wird es eine Frühgeburt!« Es war ganz wie früher, wenn wir feierten, mit dem einzigen Unterschied, dass meine Nichten und Neffen jetzt HipHop tanzten. Die *Moves* hatten sie via Satelliten-TV und Internet gelernt.

Es gab Proteste gegen die Regierung. In Daraa wurden mehrere Jugendliche festgenommen, die Parolen gegen das Regime an Hauswände gesprüht hatten. Es gab Berichte über getötete Polizeibeamte und Demonstranten. Das öffentliche Leben in Damaskus schien zunächst nicht beeinträchtigt. Doch als ich im April in Sham eintraf, hatten die Unruhen bereits Latakia, Homs und Hama erreicht und die anfängliche Forderung nach Freiheit und Demokratie mündete bald in den Aufruf, die Regierung zu stürzen.

Wir sahen die Berichte über die Demonstrationen im Fernsehen. »Was wollen die Leute?«, fragte ich unseren Vater. – »Sie sagen, sie wollen Freiheit. Ich weiß nicht genau, was sie damit meinen«, antwortete er.

Wie so oft in diesen ersten Wochen und in der Zeit danach war es schwer, zu entscheiden, wem man glauben sollte. Die zahlreichen Nachrichtensender brachten ganz unterschiedliche Informationen. Vieles erinnerte an reine Kaffeesatzleserei, und wie die Analyse der Lage ausfiel, hing immer vom Standpunkt der Redaktion ab. Einige Leute forderten Wirtschaftsreformen. Anderen ging es eher um politische Erneuerung und demokratische Wahlen. Die steigende Zahl von Hochschulabsolventen zeigte Folgen: Immer mehr akademisch gebildete junge Erwachsene strebten nach der Freiheit des Westens. Angeheizt wurde ihre Leidenschaft vom Arabischen Frühling, der Anfang 2011 in Tunesien und Ägypten begonnen hatte.

Wir waren schockiert, wie schnell sich die Proteste zu massiven Gewaltausbrüchen ausweiteten. Bekämpften sich die Syrer jetzt gegenseitig? Oder waren es nur kleine Gruppen von Extremisten auf beiden Seiten des sich rapide vertiefenden Risses, der sich durch die Gesellschaft zog? Gab es Aufwiegler aus dem Ausland? Welche Rolle spielten die internationalen Mächte in den frühen Tagen und Monaten der Aufstände? Das politische Klima war auch Thema in unserer Familie. Wir waren uns einig: Niemand kann wollen, dass unser friedliches Land durch sektiererische Gewalt auseinanderbricht. Wir alle befürchteten, dass dies die Uhr des Fortschritts zurückdrehen würde.

Bevor ich nach Damaskus flog, hatte Rocco mich bei der kanadischen Botschaft registrieren lassen. Ich hielt das für übertriebene Vorsicht und war überrascht, als mich die Botschaft während meines Aufenthalts in Syrien anrief und mir empfahl, das Land zu verlassen. Es herrschte Frieden in den Straßen von Sham und ich konnte diese Warnung nicht wirklich ernst nehmen.

Was wollten die Syrer in jener Anfangszeit des Aufbegehrens? Es war nicht einfach, das zu entschlüsseln. Es wurde auch nicht klarer in den Folgemonaten, zumal wir uns in Syrien mit öffentlichen Äußerungen traditionell eher zurückhalten. Die Kultur, in die ich hineingeboren wurde, war geprägt von der Idee und Praxis der offenen Tür. Gleichgültig, wie jemand dachte, egal, wer oder was jemand war: Bei uns zu Hause gingen alle ein und aus. Wir bemühten uns stets, unseren Gästen das Gefühl zu geben, willkommen zu sein. Ich bin kein politischer Mensch. Jedenfalls war ich es damals nicht. Für mich galt, wie für die meisten in der Welt: Wenn es meiner Familie, meinen Freundinnen und Kolleginnen gut ging, wenn sie glücklich und gesund waren, freute auch ich mich. Ungeachtet der verschiedenen Riten und Regeln bestimmter Religionen oder Sekten im Land hatte ich überdies immer den Eindruck, dass uns verband, was den Alltag ausmacht: Liebe, Ehe, Kinder, Tod, Arbeit, Wetter, Kultur, Moden, Essen, Trinken, Musik, Tanz, Leid und Lachen.

Abdullah und Rehanna dachten nur an ihren Sohn, der bald geboren werden würde. Rehannas Kleider wurden eng, und ich schlug ihr vor, im Souq Al-Hamidiyah, im Herzen der Altstadt, neue zu kaufen. Zusammen mit meinen Schwestern zogen wir los. In der riesigen Stahlkonstruktion, die sich wie ein gigantischer Brustkorb um die zahlreichen Geschäfte wölbte, schlenderten wir von Shop zu Shop. Rehanna kaufte ein paar leichte Sommerkleider, dann spazierten wir durch den Souk bis zur Umayyaden-Moschee, wo wir uns im großen Innenhof mit seinem gekachelten Mosaik zwischen die Palmtauben setzten.

»Ich werde hineingehen und für eine leichte Geburt beten«, sagte Rehanna. »Bete für uns mit«, sagte Abdullah.

Bald kam Rehanna aus der Moschee und erklärte, sie habe Hunger. »Du kannst keinen Hunger haben. Wir haben gerade gegessen«, sagte Abdullah. »Mein Junge braucht wohl etwas zu essen«, entschuldigte sie sich.

»Gehen wir ins Beit Jeddi, das Haus meines Großvaters«, schlug ich vor.

Rehanna musste herzlich lachen, als wir vor dem berühmten Restaurant in einem alten, prächtigen ehemaligen Herrenhaus standen. Ihr dicker Bauch bebte; sie hielt immer die Hand vor den Mund, wenn sie lachte. »Ich dachte, wir gehen zum Haus deines Großvaters«, kicherte sie.

Wir setzten uns an einen Tisch im Hof, unter einen duftenden Baldachin aus Rosen und Jasminblüten, und aßen *Mashawi*, einen

Grillteller, und *Ful,* würzige, über Feuer gekochte Favabohnen. Ich bestellte viel zu viel, und Abdullah sagte:»Wir alle futtern heute für zwei.«

Der Abend war so friedlich, dass es mich überraschte, als erneut jemand von der kanadischen Botschaft anrief. Zehn Tage später würde ich ohnehin nach Vancouver zurückfliegen.

»Wir weisen kanadische Bürgerinnen und Bürger an, das Land zu verlassen«, sagte die Dame von der Botschaft.

»Schließt die Botschaft oder der Flughafen?«, fragte ich.

»Nein«, antwortete sie.

»Dann bleibe ich.«

Doch ich erschrak, als mich Onkel Waleed am frühen Morgen des 14. Mai 2011 zum Flughafen fuhr. Man hielt uns an diversen militärischen Checkpoints an, und jedes Mal mussten wir unsere Papiere vorzeigen.

»Was ist los?«, fragte Onkel Waleed die Beamten bei jedem Stopp.

»Reine Routine«, lautete die Antwort.

»*Inschallah* wird sich die Lage bald entspannen, Fatima«, sagte mein Onkel.

Wir glaubten, alles würde gut.

* * *

Im Juli 2011, wenige Wochen vor dem errechneten Geburtstermin, zogen Rehanna und Abdullah von Damaskus nach Kobane. Sie begründeten es nicht nur mit der»allgemeinen Situation in Syrien«, sondern auch mit Rehannas Erinnerungen an ihre Kindheit und Jugend. Sie war in der Kleinstadt aufgewachsen, als Älteste von acht Schwestern und Brüdern, und hatte eine sehr enge Beziehung zu ihrem Vater, der sich bei allen Entscheidungen, die die Familie betrafen, auf sie stützte. Wie viele Schwangere wünschte sie sich außerdem, dass ihr Baby in die Großfamilie hineingeboren würde. Dazu kam, dass in Kobane nach wie vor Frieden herrschte, während die Lage in anderen Landesteilen zunehmend kritisch wurde. Dann erfuhr Rehanna, dass sie einen Kaiserschnitt haben müsste. Da Abdullah für seine Frau die bestmögliche medizinische Versorgung wollte, fuhren sie nach Manbidsch, eine Autostunde südwestlich von Kobane gelegen. Meine

Schwester Maha und Rehannas Eltern begleiteten sie. Ich schickte Geld für die Operation. Trotz diverser Komplikationen bei der Entbindung ging am Ende alles gut, und am 8. Juli kam Abdullahs und Rehannas erster Sohn Ghalib zur Welt.

Am nächsten Tag rief ich Abdullah an.

»*Alhamdulillah*. Gottseidank, Rehanna und das Baby sind wohlauf. Der Kleine ist winzig. Und ich bin jetzt Vater«, berichtete er stolz. »Maha sagt, Ghalib sehe aus wie ich.«

Der Klang seiner Stimme überraschte mich. Sie tönte tief, voll und ganz ruhig, und gleichzeitig vermittelte sie das große Privileg und die Verantwortung der Vaterschaft.

»Glückwunsch, Bruder! Glückwunsch!«, sagte ich. »Ich rufe *Baba* an und melde ihm die gute Nachricht.«

»Sag ihm, wir haben einen kleinen Ghaliboo«, gab Abdullah mir auf. Ghaliboo war der Kosename unseres Vaters.

Baba war überglücklich: »*Alhamdulillah!* Ich kann es kaum erwarten, den neuen Ghalib in der Familie kennenzulernen. Abdullah ist so großherzig, dass er seinem Sohn meinen Namen gibt. Ich bin sicher, er wird ein wunderbarer Vater sein. Seit neun Monaten redet er über nichts anderes als über das Kind.«

Es war eine weitere Offenbarung für mich, als ich ein paar Tage später, nach der Rückkehr der Familie nach Kobane, Abdullah mit seinem Sohn sprechen hörte: »*Habibi*«, sagte er, »rede mit deiner *Ammeh*, Tante Fatima.« Er sprach in diesem zauberhaften neuen Tonfall, den ein liebender Vater seinem Baby vorbehält. Ich selbst hatte bereits mehrmals das Privileg genossen, Tante zu werden. Dieses Mal war es aber etwas Besonderes, denn nun hatte ich mein Versprechen gegenüber meiner Mutter, Abdullah zu helfen, eine Familie zu gründen, endlich eingelöst.

In seinen ersten beiden Lebensjahren war Ghalib ein Schreikind, wie auch ich es gewesen war. Niemand wusste, was ihm fehlte, doch was immer es war, es gab sich, als er laufen lernte. Rehanna und meine Schwester Maha kamen sich in dieser Zeit sehr nah. Jeden Mittag besuchte Rehanna mit Ghalib ihre Schwägerin, und gemeinsam bereiteten sie die größte Mahlzeit des Tages. Als Ghalib sprechen konnte, wurde Maha für ihn seine *Teta*, seine Oma, obwohl meine Schwester noch sehr jung war. Mit ihren rosigen Wangen wirkte sie keineswegs, als wäre sie die Großmutter des Kleinen. Abends fanden sich Rehanna, Abdullah und Baby Ghalib häufig auf Mahas Dachgarten ein. Sie tranken Tee und ließen den Tag Revue passieren.

Rehannas Vater und Brüder schufen eine schlichte Wohnung in Betonbauweise für die junge Familie. Sie war ein Anbau an ihr eigenes Heim und bot Rehanna und Abdullah eine gewisse Privatsphäre. Im vorderen Bereich eröffnete Abdullah einen Friseursalon, obwohl es schwer sein würde, in Kobane Kundschaft zu gewinnen. Mein Bruder machte sich Sorgen, weil er keine Arbeit hatte, doch Rehanna wusste stets, wie sie ihren Mann beruhigen konnte.

»Wenn Gott will, berührst du den Sand, und er wird zu Gold. Nur Geduld, es wird schon werden«, tröstete sie ihn immer wieder.

Rehanna stickte gern, und mit ihrer Nähmaschine zauberte sie feine Muster in Stoffe. Sie war begabt, und ihre Freundinnen und Nachbarinnen beauftragten sie mit der Anfertigung von Ornamenten für Decken, Kissenhüllen und Bettüberwürfe.

»Rehanna war ein unkomplizierter Mensch«, beschrieb Maha sie gern. »Oft sagte sie: ›Wir haben Tomaten, scharfe Paprika und Brot. Was brauchen wir mehr?‹« In vielerlei Hinsicht erinnerte Rehanna an unseren *Baba*. Sie fühlte sich reich, wenn sie bei ihrer Familie sein konnte und das hatte, was sie zum Leben brauchte.

Rehannas Optimismus zum Trotz gelang es Abdullah dennoch nicht, aus Sand Geld zu machen, um die Rechnungen zu bezahlen. Bald nach Ghalibs Geburt zog die kleine Familie daher zurück nach Damaskus, wo sie unter der Woche wohnte, damit Abdullah ausreichend Kundschaft finden und Geld verdienen konnte. Sie taten sich allerdings schwer mit der Entscheidung, denn das Reisen innerhalb Syriens wurde zunehmend gefährlicher.

Am Vorabend des Ramadan im Juli 2011 verloren Hunderte Menschen in Hama ihr Leben, als sie in eine militärische Auseinandersetzung zwischen Regierungstruppen und Rebellen gerieten. Anschließend flohen viele in die Großstädte Damaskus und Aleppo, wo sie hofften, Arbeit zu bekommen und in Sicherheit leben zu können. Doch schon bald waren die Rebellen überall, und die Kämpfe weiteten sich von der Provinz Idlib im Nordwesten bis in die Urlaubsregion Latakia am Mittelmeer und in die Vororte von Damaskus aus. Ab Oktober hörte man die Leute das Wort aussprechen, das bis dahin niemand in Syrien in den Mund genommen hatte: Bürgerkrieg.

Über den Lautsprecher der lokalen Moschee in Rukn al-Din riefen die Rebellen alle Männer zwischen achtzehn und vierzig Jahren auf, sich ihnen anzuschließen. Wie viele andere Zivilisten wollte sich jedoch keiner meiner Angehörigen auf die eine oder andere Seite schlagen. »Es ist der totale Wahnsinn hier«, berichtete mir Abdullah am Telefon. »Beide Seiten fordern, dass wir ein Gewehr nehmen und es auf unsere Freunde und Nachbarn richten. Ich will aber nicht mein Leben und das Leben meiner Familie riskieren. Du weißt ja nicht einmal, für oder gegen wen oder was du kämpfst. *Inschallah* wird das Leben in seine alte, friedliche Bahn zurückfinden. Zurzeit scheint das jedoch mit jedem Tag mehr ein ferner Traum zu sein.«

In den Straßen unseres Viertels in Rukn al-Din richteten Rebellengruppen ihr Hauptquartier ein, während die Regierung die Spitze des Bergs Qasiyun übernahm. Meine Familie und ihre Nachbarn standen im wahrsten Sinn des Wortes im Kreuzfeuer der immer wieder aufflammenden Schlachten.

Eines Morgens, nach einer nahezu schlaflosen Nacht im permanenten Lärm der Gefechte in der Ferne, besuchte Rehanna mit dem kleinen Ghalib Hivron. »Ich bringe rasch die Kinder ins Bett«, sagte Hivron, nachdem auch Rehanna ihr Baby hingelegt hatte. Hivron machte Tee, und die beiden Frauen unterhielten sich leise. Plötzlich zischte eine Rakete so laut, dass alle hochschreckten.

»Oh mein Gott, Schwester! Schießen sie in unsere Richtung?«, fragte Hivron und rannte ans Fenster. Ghalib begann zu schreien, die anderen Kinder suchten Schutz bei ihren Müttern oder krochen unter ihre Decken. Alle hörten das Pfeifen und warteten auf den schrecklichen Knall der Explosion. Niemand wusste, wie nah die Bombe einschlagen würde. Fünf Sekunden. Zehn. Dann schließlich – in großer Distanz – die Detonation.

Hivron rastete aus. Sie riss das Fenster auf und schrie: »Hört auf, ihr Tiere! Denkt ihr gar nicht an die Kinder? Wir sind euren blutigen Krieg leid. Wofür kämpft ihr denn?« Sie schrie ins Leere, bis Ahmad, ihr Mann, aus seinem Zimmer kam und sagte: »Psst. Spinnst du? Mach das Fenster zu!«

Nach diesem Zwischenfall packte Abdullah den restlichen Besitz seiner Familie zusammen und brachte Rehanna und Ghalib zurück nach Kobane. Von da an pendelte er allein zur Arbeit nach Sham, wo er bei *Baba* wohnte.

»Du würdest unser Viertel und die ganze Stadt nicht wieder-
erkennen«, klagte Abdullah in einem unserer täglichen Telefonate.
»Bewaffnete Männer, die ich noch nie gesehen habe, stoppen mich
auf der Straße und fragen: ›Wer bist du? Woher kommst du? Wen
unterstützt du? Bashar oder die Rebellen?‹ Du weißt nicht, auf welcher Seite sie stehen. Du kannst nicht fragen: ›Woher kommt ihr?‹
Wir zeigen unsere Ausweise und beantworten ihre Fragen. Es ist zu
gefährlich geworden für Rehanna und Ghalib. Zum Glück ist Kobane
noch sicher.«

»Es ist ein Alptraum«, erzählte mir auch Hivron. »Du hast keine
Ahnung, was dich im nächsten Augenblick erwartet. Du gehst zum
Markt, und wenn du zurückkehrst, siehst du fremde Männer mit
Maschinengewehren an der Straßenecke, die von dir wissen wollen,
wer du bist. Ich fordere sie dann immer auf, mir zu sagen, wer sie
sind. Manchmal antworten sie nicht einmal. Sie schauen dich an, als
wärst du aus Stein.«

2012 spitzte sich der Konflikt dramatisch zu. Mohammads
zwölfjähriger Sohn Shergo geriet in eine Demonstration und wurde
Zeuge, wie ein Schulfreund eine Kugel in den Nacken bekam. Er brach
tot zusammen, erschossen von einem Polizisten. Shergo rannte zu
Mohammads und Abdullahs Frisiersalon. Sie ließen die Rolläden
herunter, bis es auf den Straßen ruhiger wurde und sie wagen konnten, nach Hause zu gehen. Immer häufiger kam es zu Kämpfen zwischen Rebellen und dem Militär in der Nähe von Abdullahs Geschäft
in Rukn al-Din. Keine Tageszeit war mehr sicher. In unserem Viertel
und in vielen anderen Distrikten begannen bewaffnete Banden Häuser zu überfallen und deren Bewohner zu kidnappen. Die Regierung
behauptete, es handele sich um Rebellen, während diese dem Regime
die Verantwortung zuschoben. Der Konflikt war viel zu eskaliert,
als dass man ihn friedlich hätte beilegen können. Es kam zu ersten
Kampfhandlungen auch in Duma und Jarmuk.

Immer wieder erschütterten die Schockwellen der Bombarde-
ments die Mauern und Fundamente der Häuser meiner Eltern und
meiner Geschwister. Mohammads Kleinste waren drei und fünf
Jahre alt. Hivrons fünf Kinder waren zwischen vier und vierzehn.
Die kleine Maya war das Nesthäkchen. Shireens Jungen waren acht,
zehn und dreizehn Jahre alt. Manchmal mussten sie aus ihren in den
Grundfesten bebenden Häusern in den Stadtpark fliehen. Dort waren

sie zwar auch nicht sicher, doch zumindest würden sie nicht unter einstürzenden Mauern begraben werden. »Das Militär reagiert auf jede öffentliche Versammlung von Menschen paranoid«, erzählte mir Hivron. »Ich mag mir nicht ausmalen, was passiert, wenn sie uns für Regierungsgegner halten. Die Rebellen dagegen könnten annehmen, dass wir Anhänger des Regimes sind. Wie auch immer man es dreht: Wir sind eine Zielscheibe. Gefangene mitten in einer völlig verrückten Situation.« Stellen Sie sich vor, dass sich Ihre Stadt plötzlich in eine Todeszone verwandelt. Stellen Sie sich vor, Sie hätten Angst, ihre Kinder in die Schule zu schicken. Angst, zur Arbeit zu fahren und zurück nach Hause. Angst, die einfachsten Dinge zu erledigen. Stellen Sie sich vor, wie es wäre, wenn Ihre freundlichen Nachbarn plötzlich zu Feinden würden. Für meine Familie wurde es zunehmend schwieriger, die elementarsten Dinge – Lebensmittel einkaufen, Propangas besorgen – zu erledigen. Die Preise stiegen – ebenso wie die Arbeitslosenrate – auf das Dreifache, und die Regierung rationierte das Propangas. Jede Familie erhielt nur noch eine Tankfüllung im Monat, für zunächst sechshundert Lira. Bald kostete sie das Doppelte und schließlich das Dreifache.

Regelmäßig fiel in der Stadt der Strom aus. Das reine Überleben wurde zum Problem. Es wurde immer schwieriger, sich den Kämpfen zu entziehen. Banden unklarer oder zweifelhafter Ausrichtung köderten Jungen und Männer mit Versprechen: »Kämpft für uns, und wir bezahlen euch. So könnt ihr eure Familie ernähren.« Oder schlimmer noch: »Kämpft für uns oder wir erschießen euch und brennen euer Haus nieder.« Brutale Entführungen waren an der Tagesordnung. Auf der Straße war niemand mehr sicher. Doch man konnte sich auch nicht mehr darauf verlassen, dass keine Gefahr drohte, wenn man zu Hause blieb. Selbst ein noch so kurzes Gespräch mit einem Rebellen oder einem Vertreter des Regimes konnte von der jeweils anderen Seite als Sympathisieren mit dem Feind ausgelegt werden. Gegenüber Nachbarn und Freunden hegte man zunehmend Misstrauen, immer mehr Menschen »verschwanden«: Eines Tages kehrten auch zwei Brüder Ghousons nicht mehr nach Hause zurück. Die Familie wusste nicht, ob die Geheimpolizei oder die Rebellen die beiden Zwanzigjährigen verschleppt hatten, ob sie lebten oder schon tot waren. Ghouson weiß es bis heute nicht.

Einmal spielten Hivrons dreizehnjähriger Sohn Abdulrahman und Shergo, Mohammads Zwölfjähriger, Fußball in der Nähe der Wohnung der Eltern, als ein Selbstmordattentäter seine Sprengstoffladung zündete. Die Granatsplitter – sowie Fleisch und Knochen des Mörders – regneten auf meine Neffen nieder. Hivron brachte die beiden Jungen zur Behandlung ins Krankenhaus. Sie bluteten und standen unter Schock. Sicherheitsbeamte nahmen sie ins Verhör.

»Plötzlich ist es gefährlich geworden, draußen Fußball zu spielen«, sagte Abdullah. »Du kannst niemandem mehr trauen und kannst dich auf nichts mehr verlassen.«

»Vielleicht solltest du nach Kobane umziehen. Zumindest vorübergehend«, flehte ich *Baba* am Telefon an.

»*Hay Souria. Bilad al-Sham*. Das ist Syrien. Unsere Stadt existiert seit Tausenden von Jahren«, lautete seine Antwort. »Sie ist die älteste Stadt der Welt.«

»Aber das ganze Land zerfällt«, rief ich.

»Unser Land ist die Wiege der Zivilisation«, entgegnete er. »Es hat viele Kriege hinter sich, viele Besatzer, viele ethnische und sektiererische Konflikte, in denen die verschiedenen Seiten versuchten, Nachbarn und Freunde und Familien gegeneinander aufzuwiegeln.« Egal, was ich sagte: *Baba* ließ sich nicht überzeugen. Er blieb. Er war sicher, dass die Stadt überleben würde. Doch angesichts der Kämpfe, die ständig und in so großer Nähe des Hauses meiner Familie ausbrachen, dachte ich nicht in erster Linie an das Überleben von Sham.

Kapitel 5
Friss oder werde gefressen

Mitte Juli 2012 waren über eine Million Syrerinnen und Syrer aus ihrer Heimat geflohen. Die meisten Vertriebenen suchten in weniger gefährlichen Gegenden des Landes Zuflucht. Doch viele Regionen waren zu Gefahrenzonen geworden. Hunderte verschiedener Rebellengruppen kontrollierten Städte und Dörfer und kämpften gegen Assads Truppen. Einige Gebiete nannten sie »befreit«. Das sollte heißen »frei vom Regime«. Faktisch bedeutete es jedoch häufig »frei« von Lebensmitteln, Wasser, Strom, Schulen, Krankenhäusern und Schutzräumen. Die Frauen in den Städten, in denen nun die Kleidungsvorschriften des IS galten, waren »befreit« von der Freiheit, ohne den Gesichtsschleier Khimar und die knöchellange Abaya aus dem Haus gehen zu dürfen. Schiiten, Alawiten, Kurden, Armenier und alle anderen ethnischen oder religiösen Gruppe erlebten es als »Befreiung« vom Recht, im eigenen Land leben zu dürfen, wenn sie nicht bereit waren, ihr kulturelles Vermächtnis oder ihren Glauben aufzugeben. Für säkulare oder ethnisch und religiös tolerante sunnitische Muslime war es die »Befreiung« von liberalen Idealen.

In Syrien herrschte Bürgerkrieg. Die Menschen mussten Partei ergreifen oder ihr Land verlassen. Viele Familien flohen in Nachbarstaaten: im Westen in den Libanon, im Süden nach Jordanien oder in Richtung Norden in die Türkei beziehungsweise in die nordöstlich gelegene Republik Kurdistan. In der Nähe der Grenzen entstanden Flüchtlingslager, doch viele zogen auf der Suche nach Arbeit weiter in die Großstädte, nach Beirut oder Istanbul. Mit Ankunft der Flüchtlingstrecks wurden im Libanon und in der Türkei allerdings keine Arbeitserlaubnisse mehr erteilt. Den Geflüchteten blieb nur der informelle Sektor – eine weitere Erschwernis ihres Lebens.

Abdullah wohnte in Kobane, doch um Geld zu verdienen musste er sich regelmäßig auf den gefährlichen Weg nach Sham machen. Die Autobahn von Aleppo nach Damaskus führte durch mehrere von verschiedenen Rebellengruppen kontrollierte Zonen. Eines Tages – Abdullah war auf dem Heimweg nach Kobane – stoppte ihn eine Gruppe Langbärtiger in der Nähe von Aleppo.

»Du bist Kurde«, brüllten sie. »Kurden sind *kafir*. Ihr seid keine wahren Muslime.« Sie sprachen Arabisch mit ausländischem Akzent. Sie wurden noch wütender, als sie eine Schachtel Zigaretten bei ihm entdeckten: Zigaretten waren für sie *haram*, verboten. Sie beschuldigten ihn, ein Peschmerga zu sein.

»Was ist dein Auftrag?« schrien sie. »Woher bekommst du deine Waffen? Von wem?«

»*Wallah*, ich schwöre bei Gott, ich habe keine Ahnung, wovon ihr redet«, antwortete Abdullah. »Ja, ich bin Kurde, aber ich wuchs in Sham auf. Ich gehöre keiner Gruppe an.«

Sie glaubten ihm nicht und schleppten ihn in ein offenbar leer stehendes Haus in der Nähe. Dort stießen sie ihn in einen Raum, in dem vier Gefangene wie Rinderhälften an Seilen von der Decke hingen. Sie fesselten Abdullah auf die gleiche Weise. Aus anderen Zimmern hörte er Männer wimmern oder vor Schmerz schreien. Die Luft stank nach Schweiß, Urin und Blut. Es war unerträglich. Mein Bruder musste sich übergeben. Von Zeit zu Zeit tauchte jemand auf, um ihn zu schlagen und zu foltern: Weil er Kurde war, weil er Zigaretten bei sich trug, die *haram* waren, weil er wagte, einzuschlafen.

»Sag uns, wo sich deine Kameraden verstecken und wo ihr eure Waffen lagert«, befahlen sie ihm.

»*Minshan Allah*! Um Gottes Willen, ich bin kein Kombattant. Ich bin ein Barbier, mit einer Frau und einem kleinen Sohn«, sagte Abdullah.

»Wir werden jeden Kurden töten«, erinnerten die Terroristen ihn immer wieder.

Nach etlichen Tagen der Schläge und Folter verlor Abdullah die Hoffnung, seine Familie je wiederzusehen. Mehr als eine Woche war vergangen. Ein weiteres Mal betraten die Terroristen den Raum, in dem sie die Gefangenen hielten. Sie hatten Zangen in der Hand, öffneten Abdullahs Mund rissen ihm die Zähne aus. Einen nach dem anderen. Er wurde vor Schmerz bewusstlos, erwachte aber immer wieder und litt weiter. Endlich hörten sie auf. Nur die Stümpfe einiger tief im Kiefer wurzelnder Backenzähne waren ihm geblieben. Es war eine Tortur, die sich kein zivilisierter Mensch vorstellen kann. Kurze Zeit später stellten seine Peiniger fest, dass sie den falschen Mann mitgenommen hatten. Sie warfen ihn aus dem Haus und drohten, dass er und seine Familie es bereuen würden, wenn er irgendjemandem verriete, was geschehen war.

Es war tiefste Nacht. Abdullah stolperte die Straße entlang. Er lief viele Stunden, bis endlich ein Auto auftauchte. Der Fahrer, ein Zivilist, hatte Mitleid und fuhr ihn bis kurz vor Kobane. Rehanna schrie laut auf, als sie ihn sah. »Psst«, flüsterte er. Abdullah war so traumatisiert, dass er nicht wagte, anderen als seinen nächsten Angehörigen zu erzählen, was er erlebt hatte. Er war verletzt, doch erleichtert, am Leben und wieder zu Hause bei seiner Familie zu sein. Ein Arzt verschrieb ihm Antibiotika. Eine richtige zahnärztliche Behandlung konnte er sich nicht leisten. Die verbliebenen Zahnstümpfe waren nutzlos. Das Essen schluckte er oft im Ganzen. Sein Mund war eine einzige entzündete Wunde. Die Abzesse heilten nicht. Er verlor so viel Gewicht, dass er zuletzt nur noch Haut und Knochen war.

Dennoch dachte Abdullah an nichts anderes als an die Arbeit, die er brauchte, um seine Familie zu ernähren. Allerdings wollte er nicht mehr zwischen Damaskus und Kobane pendeln. So beschloss er, Frau und Kind zurückzulassen und in die Türkei zu gehen.

Anfangs blieb Abdullah in den türkischen Städten nahe der syrischen Grenze. Er nahm jeden Job an, den er bekommen konnte, verdiente sein Geld in Lagerhäusern oder lud Gemüse von LKWs ab. Sein Körper war immer noch geschwächt, sein Mund in einem schrecklichen Zustand. Doch er tat alles, um seiner Familie den Unterhalt zu sichern. Mein kleiner Bruder war nicht der Einzige, der dieses schwierige Leben führte. Viele Syrer suchten Arbeit, viele Arbeitgeber beuteten sie aus. Um die 7,50 Dollar konnte man pro Tag verdienen. Als Abdullah keine Beschäftigung mehr in den Grenzstädten fand, zog er nach Istanbul weiter, eine Tagesreise per Bus von der

Grenze entfernt. Dort hielt er sich mit Gelegenheitsjobs auf Baustellen über Wasser, teilte sich ein Zimmer mit zehn anderen Männern, die meisten von ihnen kurdische Flüchtlinge, die ebenfalls zwischen Nordsyrien und ihrem Arbeitsplatz in der Türkei pendelten. Alle paar Monate fuhr er, wenn irgend möglich, nach Hause, und wann immer einer der anderen Flüchtlinge nach Kobane reiste, schickte er Geld und Lebensmittel und was er sonst noch für seine Familie auftreiben konnte.

Im März 2013 erreichte die Zahl der offiziell gemeldeten syrischen Flüchtlinge 1,1 Millionen. Das entspricht der Einwohnerzahl von Damaskus zu der Zeit, als ich ein Kind war. Vermutlich waren jedoch weitaus mehr Syrerinnen und Syrer auf der Flucht. Flüchtende ohne gültigen Reisepass, die nur illegal in ein anderes Land einreisen konnten, sowie diejenigen, die über die grüne – meist die türkische – Grenze ins Ausland gingen, wurden nicht erfasst. Über vierhunderttausend Menschen hielten sich in den Flüchtlingslagern in der Türkei, in Jordanien, Ägypten und Kurdistan auf. Der Strom der Neuankömmlinge aus Syrien riss jedoch nicht ab, und nicht alle Camps verfügten über ausreichende sanitäre Anlagen und medizinische Versorgung. Die Flüchtlinge litten unter Krankheiten und Parasiten ebenso wie an den unsichtbaren Wunden ihrer Traumata, vom anstrengenden Leben im Krieg angefangen bis zur Entwürdigung und Erniedrigung, die mit der Vertreibung einhergehen. Wer offiziell als Flüchtling registriert war, bekam keine Arbeitserlaubnis. Das Verlassen und Betreten der Lager war entweder nur eingeschränkt möglich oder gänzlich verboten.

* * *

Derweil wurde das Leben für meine Schwestern Hivron und Shireen und für unseren alten Vater in Damakus zunehmend gefährlicher. Niemand wusste, was die Zukunft bringen würde. Im Frühjahr 2013 gaben sich die mordenden Terroristen mit den langen Bärten einen Namen: IS. Sie hatten bereits zahlreiche Rebellengruppen infiltriert und gerierten sich nun als Besatzer der Städte in Nordsyrien. Ihre Feinde bekämpften sie im ganzen Land.

»Es sind so viele nach Sham geflohen, dass wir unsere Nachbarn nicht mehr kennen«, erzählten mir meine Verwandten am Telefon.

Viele Bewohner von Sham hatten ihre gesamten Ersparnisse aufgebraucht, ihren Goldschmuck weit unter Wert verkauft und alles, was sie hatten, zu Geld gemacht, um genug zum Essen zu haben, genug Gas zum Kochen und genug Diesel, um zu heizen. Ich schickte Geld für Lebensmittel, doch die Preise waren astronomisch. Wie viele andere musste auch meine Familie ihre Möbel verbrennen, um zu kochen und um es warm zu haben.

Der Krieg verändert die Menschen. Nicht wenige versuchten, das Leiden der anderen zum eigenen Vorteil zu nutzen: Sie stahlen Wertsachen und Autos, plünderten Geschäfte, entführten, töteten, vergewaltigten. Nichts war mehr *haram*. Geld und Macht waren das Einzige, was zählte. Die Leute sagten: »Friss oder werde gefressen.« Es gab nur noch wenige, denen meine Familie trauen konnte.

Oft hörte ich Gewehrschüsse im Hintergrund, wenn ich mit *Baba* und meinen Schwestern telefonierte. Die Behörden hatten die Schulen zwar nicht geschlossen, doch die Lehrer kamen nur noch unregelmäßig zum Unterricht, und es war generell viel zu riskant, die Kinder überhaupt noch irgendwohin gehen zu lassen. Der Anblick und der Klang der Waffen wurden zur Routine. Bomben explodierten, die Druckwellen töteten ganze Schwärme von Palmtauben, deren Kadaver massenhaft vom Himmel fielen.

Doch der Großzügigkeit unseres Vaters konnte der Krieg nichts anhaben. Einmal sah er eine Familie mit kleinen Kindern, die im Park lebten. Sie taten ihm leid, und er lud sie in sein Haus ein. Bald ließen sie andere Verwandte zu sich kommen. *Babas* Haus wurde wieder zum gut belegten Hotel, das ich in meiner Kindheit gekannt hatte. Allerdings waren die Gäste jetzt Fremde. Schließlich musste *Baba* doch einen Schlussstrich ziehen und mehrere seiner neuen Mitbewohner bitten, zu gehen. Dennoch schloss er weder sein Herz noch seine Tür ganz. Er nahm die junge Witwe Duaa mit ihrem kleinen Sohn Yousse auf. Der Kleine war mit einer schweren Lernbehinderung geboren. Für mich war es tröstlich zu wissen, dass *Baba* nun eine Frau und ein Baby im Haus hatte und dass er trotz der Zerstörung um ihn herum weiter versuchte, einen Ort zu schaffen, an dem es Liebe gäbe.

Zweiter Teil

Kapitel 6
Alan

Kobane war Rehannas Heimat, der Ort, an den sie 2011 für Ghalibs Geburt zurückkehrte, die Stadt, in die sie 2012 flüchtete, als die Kämpfe und Selbstmordattentate das Leben in Damaskus zu gefährlich machten, und in der sie blieb, während ihr Mann nach Istanbul pendelte, um den Lebensunterhalt zu verdienen. Kobane war Rehannas sicherer Hafen. Für Abdullah verging kein Tag in der Türkei, an dem er nicht an seine Frau und seinen Sohn dachte. Rehanna war mit Alan schwanger, und Abdullah wünschte sich nichts sehnlicher, als endlich wieder bei ihr zu sein. Er kehrte zurück, bevor Alan auf die Welt kam. Wenige Tage vor der Geburt telefonierten wir.»Ich platze bald«, sagte Rehanna und lachte ihr ansteckendes Lachen. Ich nannte sie mittlerweile *Farhana*, das arabische Wort für »fröhlich lachend«.

»Es ist so heiß, und dieses Äffchen in mir tritt mich die ganze Zeit. Wenn Abdullah sein Ohr auf meinen Bauch legt, muss ich mich immer rechtzeitig wegdrehen, damit er nicht getreten wird.«

»Was hast du heute gemacht?«, fragte ich sie.

»Wir haben nach dem Olivenhain deines Vaters geschaut«, erzählte sie.»Die Oliven sind riesig. Wie ich. Ich wünschte, du könntest sie sehen. Ich mache ein Foto und schicke es *Baba*. Er wird stolz sein.«

Alan kam nicht am errechneten Geburtstermin zur Welt.»Das Äffchen kommt nicht raus. Dabei kann ich es kaum erwarten«, meldete Abdullah in einer SMS.

Endlich setzten die Wehen ein. Abdullah rief Rehannas Mutter und meine Schwester Maha an, und sie eilten mit Rehanna ins Krankenhaus. Die Bedingungen dort hatten sich drastisch verschlechtert, seit im Umland von Kobane gekämpft wurde. Nur einer der diensthabenden Ärzte in der Klinik konnte einen Kaiserschnitt machen. Es gab Komplikationen.

»Rehanna hatte fast einen Herzstillstand. Sie musste reanimiert werden«, berichtete Abdullah, als ich anrief, um zu erfahren, wie es lief. »Sie hat sehr viel Blut verloren, und im Krankenhaus war ihre Blutgruppe knapp. Doch zum Glück ging alles glatt. *Alhamdulillah.*«

Der muslimischen Tradition folgend, blieb Abdullah im Wartebereich der Klinik, betete, ging auf und ab und nervte Maha mit Fragen, wann auch immer sie aus dem Entbindungszimmer kam. »Maha, finde heraus, was los ist«, forderte er. Endlich verkündete sie: »*Alf mabrouk!* Mein Glückwunsch! Es ist wieder ein Junge.«

Abdullah und Rehannas zweiter Sohn, Alan, wurde am 6. Juni 2013 geboren, am Rande des einen und im Epizentrum eines weiteren Kriegsgebiets. Der Kreislauf des Lebens macht selbst im Krieg nicht halt. Ich sprach mit dem stolzen Vater. Beglückt hielt er sein Baby im Arm: »*Habib albi,* er ist so klein. Er ist schön wie ein leuchtender Mond. Sag' was zu deiner *Ammeh*«, forderte er den Kleinen auf und hielt ihm das Telefon ans Ohr.

»Hallo, mein Süßer, ich kann nicht erwarten, dich zu sehen«, anwortete ich gerührt. – »Fatima, ich schwöre, er lächelt dich an«, setzte Abdullah unser Gespräch fort. – »Wie geht es Rehanna«, wollte ich wissen. – »Alles in Ordnung, es geht ihr gut.«

Abdullah schickte ein Foto des süßen Kindes. Alan hatte so helles Haar, dass ich mir einen Scherz nicht verkneifen konnte: »Ihr seid beide so dunkel. Woher hast du diesen Jungen? *Mashallah,* er sieht aus wie ein Engel.«

Ein paar Wochen später nahm Abdullah beide Kinder mit in ein Internet-Café und wir skypten. Endlich konnte ich Alan sehen, während ich mit ihm sprach. Er war winzig und schlief ganz friedlich auf dem Arm seines Papas. »Dieser Junge ist ein Engel. Er schläft traumhaft gut, und wenn er wach ist, ist er glücklich und zufrieden«, erzählte mein Bruder begeistert. »Ich habe noch nie ein Neugeborenes so häufig lächeln gesehen.«

Ghalib lächelte nicht. Er war alles andere als beeindruckt vom Nachwuchs in der Familie.»Wie schön, du hast ein Brüderchen!«, ermunterte ich ihn, mit mir zu reden. –»Er ist ein Esel. Ich mag ihn nicht«, antwortete er. Er sah seinen Vater an:»Bring' ihn dorthin zurück, wo du ihn hergeholt hast. Wie viel hat er gekostet?« –»Einen Lira«, scherzte Abdullah. Ghalib überlegte.»Okay«, sagte er schließlich.»Dann los, lass uns ihn eintauschen.« Unser Lachen weckte Alan, der begann, wie ein Täubchen zu gurren.

»Hast du schon einen Namen für den Kleinen?«, fragte ich Abdullah. –»Ich traue mich kaum, aber ich würde ihn gern nach deinem Sohn nennen. Darf er Alan heißen? Es ist ein wunderschöner kurdischer Name. Rehanna gefällt er auch.«

Natürlich war ich einverstanden:»Es ist mir eine Ehre.«

Nach Alans Geburt blieb Rehanna, trotz der Härten des Kriegsalltags, gut gelaunt und optimistisch. Wenn es kein Wasser und nichts zu essen gab oder der Strom ausfiel, sagte sie:»Das ist der perfekte Moment, um zu den Sternen hochzuschauen und sich am Licht des Mondes zu erfreuen. Er leuchtet wie eine riesige Kerze.« Wenn sie Feuerholz nehmen mussten, um zu kochen, witzelte sie:»Wir leben halt in der Steinzeit.«

»Sie war jung und verliebt«, sagte Maha kürzlich, als wir, wie so oft, traurig über unsere viel zu früh gestorbene Rehanna und die Jungs sprachen.»Sie vergötterte Abdullah. Immer wieder sprach sie ihm Mut zu: ›Mach dir keine Sorgen. Irgendwann endet der Krieg, und alles wird gut.‹«

»Sie war eine wunderbare Ehefrau und eine liebevolle Mutter. Nie beklagte sie sich über irgendetwas. Sie hoffte auf eine bessere Zukunft«, beschreibt Abdullah sie noch heute.

Bald nach Alans Geburt musste mein Bruder zurück zu seinem Job in Istanbul. Er sparte jeden Cent, um die Familie so schnell wie möglich nachzuholen. Der Abschied – wenn auch nur auf Zeit – war für alle schmerzhaft.»Ghalib hielt meine Hand ganz fest«, erinnerte Abdullah sich.»Er hob die andere Hand hoch zu Allah und sagte mit lauter Stimme: ›Möge Gott uns mehr schenken.‹ Wenn ich in den Bus stieg, winkte er und rief: ›Bring Bananen mit, wenn du zurückkommst, Papa.‹ Das gab mir die Kraft, durchzuhalten.«

Die Gewalt im Land nahm zu. Der Syrienkrieg hatte viele Städte in den westlichen und südlichen Provinzen in Schutt und

Asche gelegt. Auch Hama, den Geburtsort meines Vaters. In anderen Landesteilen bekämpften sich die syrische Armee und Rebellentruppen, doch noch war Kobane ein relativ ruhiger und sicherer Ort. Im August 2013 töteten IS und die al-Nusra-Front viele Menschen, darunter Frauen und Kinder, bei einem Massaker in der Provinz Aleppo. Es folgten Terrorangriffe auf Städte und Dörfer in der Nähe von Kobane. Tausende Zivilisten mussten fliehen. Manche suchten in Aleppo-Stadt Zuflucht, andere versteckten sich in Kobane. Wieder andere setzten sich über die nahegelegene Grenze in die Türkei ab. Wer in der Region blieb, riskierte, entführt, für Lösegeld festgehalten, gefoltert und geköpft zu werden. Die Gerüchte über verstärkte Kampfhandlungen in der Region von Aleppo, in Idlib im Westen und Homs im Süden machten Reisen nach Damaskus zu einem lebensgefährlichen Abenteuer. Die Terroristen hatten Kobane umzingelt.

* * *

Wenige Monate nach Alans Geburt machten sich Rehanna und die Kinder auf den Weg zu Abdullah in die Türkei. Der Terror herrschte jetzt überall in der Region. Ein Schleuser sollte sie sicher über die Grenze bringen. Sie folgten ihm im Gänsemarsch. Die ganze Strecke war vermint. »Bleibt zusammen«, erinnerte sie der Fluchthelfer immer wieder. »Lauft genau hinter mir.« Irgendwann trat ein kleines Mädchen aus der Reihe. Eine Landmine explodierte und riss ihr die Beine ab. Rehanna und ihre Söhne hatten Glück. Sie kamen sicher durch die Gefahrenzone.

In Istanbul fand Abdullah eine Wohnung für die ganze Familie für 400 Lira im Monat. Er arbeitete unermüdlich und verdiente 650 Lira, doch schon bald reichte das nicht mehr, um Miete und Essen zu bezahlen. Dennoch blieb er, denn hier waren seine Lieben sicher vor der täglichen Gewalt des Krieges.

Daheim in Syrien kam der Herbst, der kalte Winter würde bald folgen, und ein Ende der schrecklichen Kämpfe war nicht in Sicht. Meine Geschwister mussten sich der Entscheidung stellen, vor der auch Rehanna gestanden hatte: in Syrien bleiben und das eigene Leben sowie das Leben der Kinder riskieren oder in die sichere Türkei fliehen. Familie, Freunde und Bekannte – sie alle lebten in permanenter Angst. Jeden Morgen, wenn sie aufbrachen, um etwas zum Essen zu organisieren, fragten sie sich:»Wird mein Haus noch stehen, wenn ich zurückkehre? Werden meine Kinder einen weiteren Tag überleben? Werde ich umkommen und sie als Waisen zurücklassen?«Jeden Abend, jede Nacht herrschten Angst und Unsicherheit:»Werde ich morgen aufwachen? Und wenn ja, was wird mich erwarten?«

Mohammads und Ghousons sechsköpfige Familie beschloss, nach Kobane und dann weiter in die Türkei zu fliehen. Ihr zwölfjähriger Sohn Shergo hatte einen Leistenbruch, und in der Türkei würde er operiert werden können. Doch mittlerweile war der Landweg für Männer sehr gefährlich geworden, und für Kinder war er noch gefährlicher. Mohammads ältere Tochter Heveen war damals vierzehn, Ranim, die jüngere, war sechs, Rezan, der kleine Sohn, war vier. Die Familie passierte zahllose Checkpoints und begegnete immer wieder Terroristen, die über die türkische Grenze nach Syrien strömten. Obwohl viele von ihnen nicht einmal selbst Syrer waren, attackierten sie syrische Flüchtlinge und beschimpften sie als»Treulose«und »Landesverräter«. Die kurdische Miliz sperrte alle Zugangsstraßen nach Kobane. Die Einwohner der Stadt brauchten Passierscheine, um sie verlassen zu dürfen.

Ghouson ließ sich jedoch nicht einschüchtern. Sie war eine Powerfrau und ebenso hartnäckig wie meine jüngste Schwester Hivron. Ghouson hätte alles getan, um ihre Kinder zu schützen.»Was würden Sie denn tun, wenn Ihr Sohn stirbt?«, fragte sie jeden, der sich ihr in den Weg stellte. Sie gab nicht auf und verbrachte einen ganzen Tag auf dem Amt, bis sie die Ausreisepapiere in der Hand hatte.

Mit dem Passierschein der kurdischen YPG-Miliz besaß Mohammads Familie die Genehmigung, Kobane zu verlassen. Nun stand ihnen der gefährliche Transit in die Türkei bevor. Kurz vor der Grenze stellte sich ihnen eine Rebellengruppe in den Weg. Sie schlugen Mohammad und beschuldigten ihn, ein kurdischer *kafir* zu sein, ein Kombattant, der sein Land verrate. Dann drückten sie Shergo ein Gewehr in die Hand und befahlen ihm, seinen Vater zu erschießen.

»*Minshan Allah*, bitte nicht«, flehte Ghouson und fiel auf die Knie.»Wir sind einfache Menschen, die in die Türkei wollen, wo unser Sohn operiert werden kann.«Sie betete, bis die Terroristen Shergo die Waffe abnahmen. Mohammad musste beweisen, dass er ein Muslim ist, indem er eine Zeile aus dem Koran zitierte. Schließlich ließen die Rebellen ihn mit seiner Familie ziehen.

»Mohammad konnte kaum noch laufen«, berichtete Ghouson mir später. Doch sie mussten noch die Grenze passieren, zwischen türkischer Polizei und Schleusern, durch eine landminenverseuchte, von Stacheldraht durchzogene Zone kriechend. Stundenlang versteckten sie sich in einem Regenwasserkanal, zusammen mit vielen anderen verzweifelten Flüchtlingen. Als ein Mann von einem Skorpion gestochen wurde und sein Arm abgebunden werden musste, damit das tödliche Gift nicht zu seinem Herz fließen konnte, wollten Mohammad und Ghouson mit den vier Kindern nicht länger warten. Sie entdeckten eine Lücke im Stacheldrahtzaun. Doch jedes Mal, wenn es einer Gruppe gelang, die Grenzanlagen zu überwinden, schossen türkische Grenzposten in die Luft, um den Flüchtenden Angst einzujagen und sie von der illegalen Einreise abzuhalten. Mohammad, Ghouson und die Kinder aber gaben nicht auf. Selbst nicht, als sich der vierjährige Rezan am Stacheldraht schnitt und vor Schmerz aufschrie. Ghouson musste ihm den Mund zuhalten, um nicht die Aufmerksamkeit der Patrouillen zu erregen. Als eine weitere Gruppe Syrer das Feld überquerte, rannten auch sie los. Allerdings bewegten sie sich in entgegengesetzter Richtung. Sie hörten Schüsse und liefen weiter. Schließlich erreichten sie einen Bauernhof. Die Besitzer, ein älteres Paar, hatten Mitleid und boten ihnen an, sich in der Scheune zu verstecken, bis die Grenzer abgezogen wären. Mein Bruder und seine Familie versteckten sich unter dem Heu, zwischen Schafen und Ziegen, hielten die Luft an und horchten, ob sich die türkische Polizei näherte. Endlos langsam verging die Zeit. Später kamen die Besitzer der Scheune noch einmal zu ihnen und brachten Verbandsmaterial für Rezans und Mohammads Verletzungen sowie Wasser, Brot und Marmelade.

Der kleine Rezan erzählte mir später, wie er jene Stunden erlebt hatte: »Tantchen, wir hatten zwei Tage lang nichts zu essen und nichts zu trinken. Ich hatte Bauchschmerzen, weil es immer nur Brot und Marmelade gab.« Und seine Mutter ergänzte: »Ich bete jeden Tag für dieses freundliche Paar. Sie retteten unser Leben.«

Schließlich erreichten auch Mohammad, Ghouson und ihre Kinder Istanbul. Seitdem blickten sie nicht mehr zurück, nur selten gestatteten sie sich, für einen flüchtigen Moment von der alten Heimat zu träumen. Die beiden Jüngsten, Ranim und Rezan, wissen kaum mehr etwas von Syrien, und wenn sie sich erinnern, dann an

84

Unruhen und Gewalt. Die erste Zeit kamen sie bei Freunden von Ghouson unter, doch schon bald mussten sie sich eine eigene Wohnung suchen. Mohammad litt nach wie vor unter den Folgen der brutalen Behandlung durch die Terroristen, doch Unterstützung zu finden erwies sich als schwer. Der UNHCR – die Agentur der Vereinten Nationen, die Flüchtlingen eigentlich Hilfe bieten soll – war von der Zahl der aus Syrien fliehenden Menschen so überfordert, dass sie Mohammads Familie immer wieder abwies, wenn diese versuchte, sich registrieren zu lassen. Nach einem Monat fand mein Bruder schließlich Arbeit in einem Lagerhaus, wo er LKWs be- und entlud. Ein Türke, den er dort kennenlernte, bot ihm auch eine Wohnung an. Diese erwies sich allerdings bald als zu teuer, und schon nach wenigen Monaten mussten sie wieder umziehen.

In Damaskus plante mittlerweile auch Hivron ihre Flucht in die Türkei. Sie hatte fünf Kinder, darunter ein Sohn im Teenageralter und drei kleine Töchter zwischen sechs und zwölf Jahren. Ihre älteste Tochter Rawan blieb zurück, als Hivron schließlich Sham in Richtung Türkei verließ. Rawan war bereits verheiratet und lebte bei ihrer Schwiegermutter, einer Witwe im Rollstuhl. Der Abschied tat allen sehr weh. »Pass gut auf dich auf«, sagte Hivron zu ihrer Tochter. Niemand wusste, ob und wann sie sich wiedersehen würden.

Auf der Flucht durch Syrien übernachteten meine Schwester und ihre Kinder bei Verwandten und Freunden in Städten und Dörfern. Kurz nach Rehanna, Ghalib und Alan erreichten auch sie die Türkei. Sie hatten Glück: Eine Wohnung im Haus, in dem auch Abdullah wohnte, war freigeworden und sie zogen in die Etage über ihm. Beide Familien lebten nun in der Fremde, doch wenigstens waren sie sich nah.

Zu jener Zeit war Rehannas Baby drei Monate alt. »Ich halte Alan im Arm«, sagte Hivron, als ich sie kurz nach ihrer Ankunft anrief. »Er schläft so himmlisch. *Mashallah.* Du müsstest den Kleinen mal sehen. Er bringt Licht in dein Leben. Gleich wenn er aufwacht, lächelt er. Und kaum ist er gestillt, schläft er wieder. Glückliche Rehanna! Ich wünschte, meine Kinder wären so gewesen. Obwohl – dann hätte ich vielleicht noch mehr Kinder gewollt. Insofern ist es gut, dass sie nicht so waren«, scherzte sie.

Ghalib ging es nicht so gut. Er litt unter einer schmerzhaften, juckenden Hautreizung. Ein Arzt verschrieb ihm eine teure Salbe.

Die kleine Tube kostete fünf Lira, reichte maximal für zwei Anwendungen und half kaum. Manchmal hatte die Apothekerin Mitleid mit dem Jungen und schenkte Abdullah eine Packung der kostbaren Creme. Die Gesellschaft seiner drei Cousinen war eine willkommene Abwechslung für Ghalib, und Hivrons einziger Sohn, Abdulrahman, erwies sich als geduldiger und liebevoller Babysitter für seine jüngeren Schwestern und die Jungs.

Geldknappheit war ein großes Problem für alle meine Angehörigen auf der Flucht. Sie fürchteten insbesondere, die Miete nicht mehr zahlen zu können. Ich tat, was mir möglich war, um sie zu unterstützen. Ab 2013 arbeitete ich wieder Vollzeit in einem Friseursalon. Meine Gehaltsschecks schickte ich meinen Geschwistern. Auch Rocco half. Er steuerte den Löwenanteil der Summen bei, die ich ihnen überwies. Der Küchenplan meiner Lieben in Istanbul beschränkte sich auf Eintopf und Reis. Doch solange sie ein Dach über dem Kopf hatten, ließ sich die Eintönigkeit der Mahlzeiten ertragen. Hivron zeigte Rehanna außerdem, wie sie preiswert nahrhafte Babyspeisen für Alan zubereiten konnte, indem sie Milch mit Maisstärke und Zucker mischte.

»Habt ihr Windeln?«, fragte ich Rehanna eines Tages.

»Wegwerfwindeln sind zu teuer. Ich nehme Stoffwindeln und umhülle sie mit Plastik.« Rehanna beklagte sich nie. Auch mein kleiner Bruder ertrug alles schweigend. Einmal, als wir telefonierten, rief er plötzlich laut: »Oha! Die Armen haben einen Schatz gefunden.« Er meinte Hivrons Kinder, die eine ausrangierte Couch auf der Straße entdeckt hatten und sie nun nach Hause schleppten.

Abdullah arbeitete damals in einem Sweatshop für Frauenkleidung. Doch sein Lohn und meine Geldsendungen reichten hinten und vorne nicht. Nach drei Monaten in der neuen Wohnung konnte er die Miete nicht mehr bezahlen und der Vermieter setzte ihn mitsamt seiner Familie vor die Tür. Zu Hivron konnten sie nicht. In deren Apartment war kaum Platz für die eigene sechsköpfige Familie. Außerdem hätte der Vermieter auch ihr gekündigt, wenn Abdullah mit Frau und Söhnen bei ihr eingezogen wäre. Rehanna hatte keine Wahl: Sie musste mit den Kindern über den Winter nach Kobane zurück. So reiste sie gegen den Strom der vielen Syrerinnen und Syrer, die im Ausland Zuflucht suchten. Derweil berichteten Medien und Hilfsorganisationen, dass die aus Syrien Fliehenden so verzweifelt versuchten, dem Krieg zu entkommen, dass sie bereit waren, auf von

Schleusern vermittelten Booten das Mittelmeer zu überqueren, um in Europa Asyl zu beantragen. Viele ertranken auf dem gefährlichen Seeweg nach Griechenland oder Italien. Für Abdullah und Rehanna war die Überfahrt per Boot keine Option. Mein Bruder suchte weiter nach einer anderen Wohnung in Istanbul, damit die Familie wieder zusammen sein könnte. Es war ein harter Kampf, Tag für Tag, doch er gab die Hoffnung nicht auf.

* * *

Für Rehanna und die Kinder war das Leben in Kobane in diesem Winter weitaus härter als voher. Jetzt herrschte auch hier Krieg, und die Wasser- und Stromversorgung der Stadt war immer wieder unterbrochen. Im Sommer 2014 wurde es noch schlimmer, und auf den Straßen wütete die Gewalt. Ein Cousin meines Vaters starb durch einen Selbstmordanschlag auf dem Weg zum Einkaufen. Der Alltag in Kobane wurde immer riskanter. Vor dem Krieg arbeitete Mahas Mann Ghalib im Autohandel meines Onkels in Aleppo. Im Sommer half er bei der Verwaltung der Getreide- und Olivenfelder, die sein Vater ihm vermacht hatte. Als Aleppo zu gefährlich wurde, konnte er sein Geld nur noch in einem Werkzeugladen verdienen, den er in der eigenen Wohnung in Kobane betrieb. Adnan, Mahas Ältester, hatte im Libanon eine Stelle als Klempner und Elektriker. Als die Reisen dorthin zu gefährlich wurden, half er seinem Vater im Geschäft. Nun hofften sie gemeinsam auf Aufträge.

Einmal saßen Vater und Sohn vor ihrem Laden, als Maha sie zum Abendessen ins Haus rief. Sie gingen hinein. Kurz darauf hörte man eine Detonation. Ein Attentäter hatte ganz in der Nähe seinen Sprengstoffgürtel gezündet. »Wären sie noch draußen gewesen, würden sie jetzt nicht mehr leben«, erzählte Maha mir später. »Wie gut, dass ich sie rechtzeitig gerufen habe.«

Seit Kriegsbeginn war Kobane für junge Männer genauso gefährlich, wie es Damaskus zu Beginn des Krieges gewesen war. Die kämpfenden Gruppen brauchten Rekruten. Die Lage der Frauen war noch prekärer. Ihnen drohten Vergewaltigung, Sexsklaverei und Zwangsehe. Maha und Ghalib wussten, dass sie ihre Familie aus der Stadt herausbringen mussten, bevor es zu spät war. Allerdings würden sie nicht gemeinsam fliehen können.

Adnan und seinen achtzehnjährigen Bruder Mahmoud schickten sie auf dem Landweg in die knapp einhundert Kilometer östlich von Istanbul gelegene türkische Hafenstadt Izmit. Freundinnen von Maha hatten sich nach ihrer Flucht aus Syrien dort niedergelassen. Der Rest der Familie machte sich kurz darauf ebenfalls in Richtung Türkei auf. Ihr schönes Heim und den Garten in Kobane, den sie so liebte, gab Maha nur ungern auf. Sie war traurig. Würde sie ihn jemals wiedersehen? Würde sie jemals zurückkehren?

»Als ich Mamas Nähmaschine sah, brach ich zusammen«, gestand sie mir später. »Mama hatte sie mir gegeben, als sie krank war. ›Du sollst sie haben‹, sagte sie. ›Aber versprich mir, dass du sie pflegst und eines Tages einer deiner Töchter vermachst.‹ Es kam mir vor, als würde ich mein Versprechen brechen.«

Am meisten Angst hatte meine Schwester vor dem Grenzübertritt. Die Zone wurde vom IS kontrolliert und war brandgefährlich. Immer häufiger hörte man von jungen Mädchen und Frauen, die von Terroristen entführt wurden. Maha wollte kein Risiko eingehen und heuerte einen Fluchthelfer an, der sie fahren sollte. Ihre Töchter zogen Niqabs an, damit die Gesichter bedeckt waren.

»Wir bekommen keine Luft«, jammerten die Mädchen.

»Seid still, schaut nach unten«, befahl Maha, während sich ihr Wagen langsam dem Kontrollposten näherte.

»Wohin wollen Sie?«, fragte der Wachposten den Fahrer.

»Ich bringe die Familie an die türkische Grenze«, antwortete dieser.

Maha und die Kinder schwiegen und vermieden jeden Blickkontakt. Der Wachposten blickte sie lange und streng an. Schließlich sagte er: »Okay. Fahren Sie weiter«, und winkte sie durch.

In Izmit trafen Maha und Ghalib ihre beiden Söhne wieder. Mit viel Glück fanden sie eine Wohnung für 300 Lira pro Monat. Küche und Bad waren in miserablem Zustand, aber es gab vier Schlafzimmer und einen Balkon. Von der dritten Etage aus sahen sie auch etwas von der Umgebung. Möbel hatten sie nicht, doch was sie Brauchbares auf der Straße fanden, nahmen sie mit. Adnan hielt sich mit Klempner- und Elektrikerarbeiten über Wasser, die Schwiegersöhne schufteten auf dem Bau. Abends kehrten sie immer erst lange nach Einbruch der Dunkelheit zurück. Kaum hatten sie die Wohnung betreten, ließen sie sich auf die Matratze fallen. »Ihr seid total dreckig. Geht erst einmal duschen!«, rief Maha dann. Doch selbst Duschen war Arbeit: Das Wasser musste zuvor auf dem Herd erhitzt werden. »Wir sind zu müde«, antworteten die Männer, und binnen Minuten schliefen sie tief und fest.

Ich unterstützte meine Geschwister weiter finanziell, damit Maha, Mohammad und Hivron ihre Miete zahlen konnten, und manchmal überwies ich etwas mehr für Medikamente oder minimalen »Luxus« wie einen Wasserkocher, damit sie gelegentlich auch warm duschen konnten. Allerdings ließ sich der Geldtransfer nicht auf offiziellen Wegen, über Banken oder Western Union, abwickeln, denn um Geld in Empfang nehmen zu können, brauchte man einen gültigen Pass. Das war ein echtes Hindernis: Um zu helfen, musste ich türkischen Nachbarn oder Freunden, die in ihr Land reisen wollten, Bargeld mitgeben.

* * *

Auch Hivron suchte Arbeit in Istanbul. Sie fragte andere Syrerinnen, ob diese einen Tipp hätten. Jemand gab ihr die Adresse eines Mannes, der vielleicht einen Job für sie hätte. Zusammen mit ihren Töchtern ging Hivron sofort zu ihm. Er saß auf seiner Veranda und blickte ihr entgegen. »*Salam ya akhee*«, begrüßte meine Schwester ihn. »Haben Sie Arbeit für mich?«

»Aber ja«, antwortete er. Er taxierte Hivron und die beiden Mädchen. »Kommen Sie morgen wieder und bringen Sie die Kinder mit.«

Hivron konnte ihr Glück kaum fassen. Es schien, als habe sie eine Stelle und gleichzeitig eine Kinderbetreuung gefunden.

»Am nächsten Morgen ging ich wieder zu ihm. Ein Minibus fuhr vor, und ein Dutzend kleine Kinder stieg aus«, erinnerte sich Hivron. »Ich fragte mich, ob ich in einem Kindergarten arbeiten sollte. Wir folgten den Kleinen ins Haus, stiegen die Treppen hinunter und landeten in einem kalten, dunklen Keller. Auf dem schwarzen Fliesenboden, neben ein paar Maschinen, die Socken ausspuckten, saßen vierzig Kinder, manche erst drei Jahre alt, und schnitten mit Scheren die aus den Strümpfen hervorstehenden Fädchen ab.«

Der Mann, mit dem Hivron am Vortag gesprochen hatte, stellte sich neben sie und sagte: »Ihr könnt jetzt anfangen. Die anderen zeigen euch, wie man die Strümpfe säumt.«

89

»Dieser Kerl wollte, dass meine Töchter in seinem Sweat-shop arbeiten«, empörte sich meine Schwester. »Ich war entsetzt und wütend, aber zu geschockt, um zu protestieren. Ich begann zu arbeiten und sagte den Mädchen, sie sollten das ebenfalls tun. Kaum hatte der Mann den Keller verlassen, sprach ich die hungrigen und schmutzigen Kinder an. Die meisten waren Syrer. Ein Junge erzählte, er sei aus Aleppo und habe seinen Vater verloren. Ein anderer sagte: ›Meine Mama ist krank zu Hause, und wir müssen die Miete zahlen.‹ Ich beschloss, zu schweigen – und der Sache nachzugehen.«

Einige Zeit später kehrte der Mann zurück. Er brachte einen Topf mit Reis – das Mittagessen. »Die Kleinen stürzten sich auf das Essen wie eine Meute verhungernder Hündchen. Danach kehrten sie wie Roboter zurück an ihre Arbeit.«

Hivron hatte genug gesehen. »Was für ein Mensch sind Sie, der Kindern so etwas antut? Das ist *haram*«, sagte sie zu dem Mann. »Es ist unmenschlich. Ich werde Sie anzeigen.« Sie nahm ihre Töchter und ging nach Hause. Später berichtete sie Ahmad, was sie erlebt hatte. Gemeinsam beschlossen sie, dass das Risiko einer Anzeige bei der Polizei zu groß sei. Sie würden eine Ausweisung riskieren. Doch ihre Wut blieb. Ahmad ging zum Sweatshop und sagte dem Betreiber des Ladens seine Meinung.

Hivron fand schließlich eine Stelle in einem Imbiss, der Grill-hähnchen verkaufte. Den ganzen Tag lief ihr das Wasser im Mund zusammen, und ihr Magen knurrte. Zum Feierabend wurden die Essensreste normalerweise weggeworfen, obwohl sie noch genieß-bar waren. Hivron nahm oft etwas für ihre Familie mit. Eines Abends erwischte der Chef sie, als sie etwas davon einpackte.

»Von den Hähnchen werden Sie krank«, warnte er sie.

»Das Risiko gehe ich ein«, war ihre Antwort.

Das Leben in der Fremde war ein Schock für meine Angehöri-gen ebenso wie für die vielen anderen syrischen Flüchtlinge. Wenn dein Alltag völlig auf den Kopf gestellt wird, wenn du gezwungen bist, aus deiner Heimat zu fliehen und zurückzulassen, was dir lieb und teuer ist, tust du alles, um zu überleben. Die meisten Flüchtlings-frauen hatten in Syrien nie gearbeitet. Jetzt hatten sie keine andere Wahl. Hivron wollte, dass ihre Kinder zur Schule gehen. Doch sie erlebte, was auch Mohammad und viele andere Syrer im Exil bereits erfahren hatten: Keine Schule nahm sie auf. Hivron ging zu allen

Schulen in der Nähe ihrer Wohnung und hörte immer dasselbe: »Unsere Klassenzimmer sind voll. Versuchen Sie es nächstes Jahr wieder.« Schließlich nahm ihr Sohn Abdulrahman einen Job als Hilfskellner in einem Restaurant an. Er arbeitete nachts und verdiente 25 bis 40 türkische Lira pro Schicht; knapp fünfzehn kanadische Dollar für fast zwölf Stunden Arbeit. Ihre junge Tochter wollte Hivron lieber zu Hause lassen. Sie sorgte sich um ihre Sicherheit. Immer wieder hörte man Horrorstorys von Mädchen, die verkauft oder entführt wurden, um verheiratet zu werden oder als Sklavin zu dienen. Überall. Nicht nur in der Türkei, auch im Libanon, in Jordanien und in Syrien.

Die jüngeren Kinder hatten keine Beschäftigung. Nichts zu tun, den ganzen Tag lang, wenig Spielzeug und noch weniger Bücher, die überdies türkischsprachig waren. Bis sie selbst alt genug waren, um Geld zu verdienen, mussten die Größeren auf die Kleineren aufpassen, während die Eltern arbeiten gingen. Mohammads Ältere, Heveen und Shergo, kamen manchmal erst nach einer Achtzehnstundenschicht aus der Textilfabrik. Sechs Tage die Woche. Shergo musste mit einer industriellen Bügelmaschine Kleidung bügeln. Regelmäßig verbrannte er sich die Hände. Heveens Vorgesetzter bedrohte die Arbeiterinnen mit einem Kleiderbügel. Heveen hatte so große Angst, Probleme zu bekommen, dass sie sich stundenlang verkniff, auf die Toilette zu gehen, damit sie nicht bestraft oder schlimmer noch entlassen würde.

Meine Familie war der unmittelbaren Gewalt in Syrien entkommen. In der Türkei war sie zunächst in Sicherheit. Doch es stellten sich neue Probleme, und ihre Reise war noch lange nicht zu Ende.

Kapitel 7
Das hat der Krieg uns angetan

Die Not der Flüchtlinge in der Türkei war groß. Viele konnten nicht einmal ihre elementarsten Bedürfnisse befriedigen. Doch in Syrien war die Lage noch schlimmer, und Abdullah wollte Rehanna und die Kinder unbedingt zu sich nach Istanbul holen. Allerdings musste ihre Flucht klug und umsichtig geplant werden, denn der IS hatte die Region fest im Griff. Abdullah arbeitete nach wie vor im Sweatshop und sparte, so gut er konnte, um für seine Familie eine Wohnung mieten zu können, sobald sie einträfe. Er fragte seinen Chef sogar, ob er in der Fabrik übernachten dürfte, um kein Geld für ein Zimmer auszugeben. Der Chef hatte Mitleid und willigte ein. Die freien Samstage verbrachte Abdullah mit der Suche nach einer Bleibe, um seiner Frau und seinen Söhnen rasch ein Dach über dem Kopf bieten zu können. Doch immer mehr Menschen flohen in die Türkei, und es wurde zunehmend schwieriger, eine Unterkunft zu finden.

Ich realisierte erst wirklich, wie groß die Not der Flüchtlinge war, als ich sie mit eigenen Augen sah. Seit mehr als drei Jahren waren wir nicht mehr zusammengekommen, und ich sehnte mich nicht nur nach einem Wiedersehen mit meinen Geschwistern und ihren Familien, sondern nach einer persönlichen Begegnung mit meinen Neffen Ghalib und Alan. Mitte August 2014 reiste ich für fünf Wochen in die Türkei. Eigentlich wollte ich auch für unseren Vater einen Flug buchen, doch er hatte keinen Pass und beschloss, die wesentlich gefährlichere Fahrt per Bus auf sich zu nehmen.

»Das ist viel zu riskant, *Baba*. Überall sind Kontrollpunkte, überall sind Rebellengruppen und Terroristen«, warnte ich ihn, als er mir seinen Plan offenbarte. »Was sollen die Rebellen schon mit mir anfangen?«, gab er zurück. »Ich bin ein alter Mann.« Er fragte meine Geschwister, was sie sich aus der alten Heimat am meisten wünschten. Sie waren sich einig: Am liebsten hätten sie syrischen Kaffee und Baklava. Viel Geld konnte *Baba* nicht ausgeben, doch er brachte jedem ein Stück von der köstlichen Süßigkeit mit. Am Abend vor seiner Abreise rief ich ihn an und wiederholte, dass ich mir große Sorgen machte. Erneut wiegelte er ab: »Allah hat schon aufgeschrieben, wann jeder von uns stirbt.«

Unser Vater nahm die angeblich sicherste Route, den Landweg über die Grenzstadt Afrin, östlich von Kobane. Er hatte ein Handy dabei, doch auf seinem Weg lagen diverse Zonen ohne Funknetz, in denen niemand von uns ihn erreichen konnte. Sein Bus stoppte an zahlreichen Checkpoints, manche unter der Kontrolle der Rebellen, andere in der Hand von Regierungstruppen oder Terroristen, die regelmäßig an Bord des Reisebusses kamen, mit dem unser Vater unterwegs war, und die Passagiere verhörten. Einige Männer wurden an den Haaren aus dem Fahrzeug gezerrt. Doch mit seiner Prognose hatte *Baba* Recht: Von ihm, dem alten Mann, nahm niemand Notiz. Er kam wohlbehalten in der Türkei an.

Wenige Tage später landete auch ich in Istanbul. *Baba*, Mohammad und Abdullah holten mich am Flughafen ab. Sie waren alt geworden. Selbst Abdullahs Lächeln schien das eines Greises. Ich sollte bald wissen, warum.

Zunächst fuhren wir zu Mohammads Wohnung. Es war schon nach Mitternacht, doch seine Kinder wollten mich unbedingt sehen. Wir saßen bis zum frühen Morgen zusammen und redeten. In den folgenden wenigen Wochen stiegen *Baba* und ich reihum bei meinen Geschwistern ab. Wir blieben jeweils ein paar Tage, dann zogen wir weiter. Ich erschrak, als ich sah, wie sehr meine jüngeren Schwestern gealtert waren. Maha war 41, Hivron erst 34, doch der Krieg forderte seinen Tribut. Mehr als drei Jahre waren seit meinem letzten Besuch vergangen, und meine Nichten und Neffen waren groß geworden. Sie wirkten gereift. Selbst die Kleinsten hatten diesen wissenden und wehmütigen Blick, den man nicht in Kinderaugen sehen möchte. Und sie waren unglaublich dünn. Mahas Tochter

Fatima war im achten Monat schwanger, doch ihr Babybauch war nur eine winzige Kugel.

Ich blickte in die Gesichter meiner Lieben und schämte mich so sehr, dass ich nicht mehr Geld geschickt hatte. Ich fühlte mich schuldig, wenn ich sie umarmte und mich an ihren spitzen Knochen stieß. Ich hatte in all den Jahren so viel Geld überwiesen, wie mir möglich war, und doch reichte es hinten und vorne nicht. Gesagt hat es mir keiner, weder meine Brüder noch meine Schwester. Sie waren zu stolz, und insbesondere Abdullah wollte nie um Unterstützung bitten.

Ein paar Dinge hatten sich gleichwohl nicht geändert. Als wir uns das erste Mal bei Mohammad hinsetzten, um ein traditionelles, leichtes Mahl zu uns zu nehmen – *Labneh*, Oliven, Gurke und Pita – war es fast wie früher. Abdullah schien sein altes Selbst wiedergefunden zu haben, zog Grimassen und tat so – jedenfalls glaubte ich das –, als wäre er ein zahnloser Greis.

»*Baba*, ich möchte Gurke essen. Leihst du mir dein Gebiss?«, murmelte er, und wir lachten uns halbtot. Doch auch nach der Komödie, die er uns vorgespielt hatte, grinste Abdullah zahnlos.

»Was ist mit deinen Zähnen passiert?«, fragte ich ihn. Er scherzte weiter, um meine Frage nicht beantworten zu müssen. Erst als die Kinder rausgingen, um zu spielen, berichtete er mir von seiner schrecklichen Begegnung mit den Terroristen.

Das war nur eine von vielen Horrorgeschichten, die ich in jener ersten langen Nacht in Istanbul in all ihren Details hörte. Meine Brüder, meine Schwägerinnen und mein Vater erzählten vom Elend, in dem sie, wie viele andere Flüchtlinge, nun lebten. Der Morgen dämmerte schon, als wir ins Bett gingen. Mohammad hatte zwei Schlafzimmer, doch nur eine Matratze. Abdullah, *Baba* und ich schliefen auf Teppichen. Ich machte kaum ein Auge zu. Immer wieder fragte ich mich, wie das alles hatte geschehen können und ob meine Familie je wieder nach Hause zurückkehren würde. Morgens taten mir alle Knochen weh. Gewiss hatte auch *Baba* Schmerzen, doch er beklagte sich nicht. Abdullah schwieg ebenfalls. Ich duschte rasch, jedenfalls glaubte ich, dass es rasch war. Als ich jedoch das Badezimmer verließ, stand Mohammad vor der Tür und deutete auf eine unsichtbare Uhr an seinem Handgelenk.

»Wir werden eine fette Wasserrechnung bekommen«, lachte er.

Den nächsten Schock bekam ich, als ich mit Ghouson und Shergo zum Markt ging, um Lebensmittel für das Nachmittagsmahl zu kaufen. Unterwegs stoppte Ghouson an einem Müllcontainer: »Sieh nur, die Matratze. Sie sieht gut aus und ist sauber«, rief sie aus. »Spinnst du?«, fragte ich sie. Ghouson war Sauberkeitsfanatikerin, ebenso wie Mohammad. »Es ist eine gute Matratze«, wiederholte sie. »Shergo, wir nehmen sie mit. Sie ist nicht schwer.«

Zurück in der Wohnung schrubbten und bleichten Ghouson und Heveen den Bezug ihres Fundstücks und legten es anschließend zum Trocknen in die Sonne. Die Kinder waren begeistert, dass sie sich nun eine eigene Matratze teilen konnten.

Wie muss sich unser Vater gefühlt haben, als er sah, wie armselig seine Kinder lebten? Es wurde noch schlimmer, als wir zu Hivron weiterzogen. Ihre Wohnung befand sich in der dritten Etage eines ausgebrannten Hauses. Normalerweise sollte eine solche Ruine gar nicht vermietet werden, doch auch hier wollte ein Gangster die Not und Verzweiflung der Flüchtlinge zu Geld machen. Ich hatte Angst, unter den Trümmern eines einstürzenden Gebäudes begraben zu werden, als *Baba* und ich die Treppen zu Hivrons Unterkunft hochstiegen. Wohin ich auch sah, überall lag verkohltes und verrottetes Holz. Auch in der winzigen Einzimmerwohnung, in der meine Schwester hauste. Die Kinder nächtigten auf Schaumstoffkissen im Wohnzimmer.

Mein Schwager Ahmad bestand darauf, dass Hivron und ich zusammen auf der einzigen Matratze schlafen sollten. Sie bedeckte den gesamten Boden des Schlafzimmers. Auf dem Dach des Hauses befand sich eine Gemeinschaftsterrasse für alle Bewohner. Es war extrem warm in der Wohnung, und *Baba* bot an, dort oben zu übernachten. »Das ist ja wie in Sham«, sagte er und griff sich ein Schaumstoffkissen. Abdulrahman und Ahmad schlossen sich ihm an. Der Lärm draußen war unerträglich. Für mich war es eine weitere durchwachte Nacht.

Am nächsten Morgen sagte ich zu Hivron: »Vielleicht sollte ich unseren Vater zurück in Mohammads Wohnung bringen.« Hivron sah mich bedrückt an: »Du schämst dich dafür, wie ich wohne. Du denkst, ich bin ein dreckiger Flüchtling.« Sie begann, zu weinen. »Das hat der Krieg aus uns gemacht.«

»Aber nein, *habibti,* mein Herzblatt. Weine nicht«, sagte ich und zog sie an mich. »Ich weiß, du tust dein Bestes. Ich bin sehr stolz auf dich. Natürlich bleiben wir. Vergiss, was ich gesagt habe.«

»Es ist nicht immer so schlimm«, erklärte sie und trocknete ihre Tränen. »Manchmal bekomme ich passable Trinkgelder im Hotel. Die saudischen Touristen geben am meisten. Einmal hinterließ mir eine Frau eine ganze Tasche mit ihren Kleidern. Ich zeige sie dir.« Sie öffnete einen Koffer, zog ein paar Designerklamotten hervor und warf sie aufs Bett.

»Weißt du noch, wie wir immer neue Kleidung und Schuhe zum *Eid* bekamen?«, fragte ich. »Wir stellten die Schuhe am Vorabend unter das Bett und breiteten unsere Anziehsachen aus.«

»Und wir konnten vor Aufregung nicht schlafen. Wir konnten es nicht erwarten, sie anzuziehen.« Wir mussten beide zugleich lachen und weinen.

* * *

Unser Vater sprach wenig bei den Besuchen in den Behausungen seiner Kinder. Er muss viele Tränen geschluckt haben beim Gedanken an unser altes Leben in Damaskus, an das Haus unserer Familie und das große Netz der Liebe und gegenseitiger Hilfe, das er mit so viel Mühe geknüpft hatte. Gleichzeitig war es ihm natürlich das Wichtigste, dass alle seine Kinder und Enkel lebten, und er freute sich sehr, dass wir zum ersten Mal seit langer Zeit wieder zusammen waren. Viel zu lange hatten wir darauf warten müssen. Leider fehlten ein paar: Shireen hielt sich mit ihren Kindern noch in Damaskus auf, Rehanna und ihre Söhne lebten immer noch in Kobane. Dabei hatte Abdullah große Sehnsucht nach seiner Familie, und Baba wollte endlich seinen jüngsten Enkel Alan kennenlernen. Die tapfere Fassade, die unser Vater uns präsentierte, bekam Risse, als wir beide eines frühen Morgens Hivrons Wohnung verließen, um irgendwo einen anständigen Kaffee zu trinken. Ich sagte ihm, dass wir bei Starbucks gleich um die Ecke guten Kaffee bekommen könnten. Dort bestellte ich ihm einen Espresso.

»Was ist das?«, fragte er nach dem ersten Schluck und verzog das Gesicht. »*Hay moo qahwah*. Das ist kein Kaffee. Es braucht mehr als Zucker, um daraus etwas Genießbares zu machen.« Für unseren Vater ist Kaffee eine ernsthafte Angelegenheit. Doch mir war klar, dass sich seine Bemerkung nicht nur auf das Getränk bezog.

»Ich wünschte, du würdest in Istanbul bleiben«, sagte ich. »Wir haben große Angst um dich in Sham, so weit entfernt von uns allen.

Du könntest bei jedem deiner Kinder wohnen. Oder ich bezahle dir eine eigene Wohnung.«

»Die Bürde, die du und deine Geschwister tragen müsst, ist schon schwer genug. Da muss man sich nicht noch zusätzlich in Ausgaben für einen alten Mann stürzen. Ich kehre nach Hause zurück. *Beddi mout bil Sham,* ich werde in Sham sterben. Oder wo auch immer, wenn Gott beschließt, dass meine Zeit gekommen ist.«

Darüber wollte ich nicht nachdenken. »*Inschallah al umar altaweel.* So Gott will, hast du ein langes Leben«, sagte ich. Doch mir dämmerte langsam, dass das Leben der Flüchtlinge in vielerlei Hinsicht nicht weniger brutal ist als das Leben im Kriegsgebiet.

»Behalte wenigstens mein altes iPhone«, drängelte ich. »Dann können wir alle über Whatsapp miteinander in Verbindung bleiben.«

Baba behandelte das Telefon wie ein Wesen von einem anderen Stern. Er wusste nicht einmal, wie er ein Gespräch annehmen sollte. Dennoch konnte Abdullah sich einen Scherz nicht verkneifen. Das war wenig hilfreich. Er rief unseren Vater mit verstellter Stimme an und tat so, als sei er einer von seinen Freunden in Sham. Wir saßen im Nebenzimmer und verkniffen uns das Lachen. Irgendwann kicherten wir doch, und *Baba* merkte, was los war. »Ihr und euer technischer Schnickschnack: Lasst mich damit doch in Ruhe!«, wetterte er.

Wenn Abdullah sonnabends nicht arbeiten musste, begleitete er unseren Vater und mich zum Flohmarkt, wo ich Kleidung und Spielsachen für meine Neffen kaufte. Einmal sah er eine Bouzouki, die eiförmige Laute aus dem Nahen Osten: »Ghalib würde für sein Leben gern darauf spielen«, erzählte er uns. »Die Jungen lieben kurdische Musik.« Ich kaufte die Bouzouki für die Kinder. Und Kleidung. Ich half Abdullah, etwas Schönes auszusuchen; für Alan ein rotes T-Shirt, kurze Jeans und schwarze Turnschuhe. Ich ahnte nicht, welche Bedeutung diese Sachen einst haben würden.

* * *

In den fünf Wochen in Istanbul lernte ich, die Welt mit den Augen eines Flüchtlings zu sehen. Irgendwohin hat es dich verschlagen, irgendwo bist du, doch du hast das Gefühl, dass das Leben ohne dich weitergeht. Du bist ein Phantom in einer Welt, die nicht deine ist. Ich entdeckte Palmtauben in Istanbul, ganze Schwärme, wie in Sham.

Sie sammelten sich auf dem Taksim-Platz, wo die Passanten sie fütterten. Doch mir kam es vor, als sähe ich diese Vögel durch ein Teleskop, als wäre ich unendlich weit weg. Das Gefühl der Entfremdung ist Flüchtlingen sehr vertraut. Das lernte ich schnell in den zahllosen Gesprächen, die ich mit Syrerinnen und Syrern im Exil immer wieder führte. Viele von ihnen lebten auf der Straße oder in Parks. Manche mussten ihre Kinder betteln schicken, um etwas zum Essen kaufen zu können. Andere handelten mit Papiertaschentüchern oder sangen Lieder, um ein paar Münzen zu verdienen. Das war nicht nur in der Türkei so. Im Libanon, in Jordanien, in Ägypten ging es syrischen Flüchtlingen nicht anders. Überall dieselben Probleme. Ihre Not beschränkte sich nicht auf Istanbul, und die Schuld an ihrem Leid trugen weder die Stadt noch die Türkei, und schon gar nicht die zahlreichen hilfsbereiten Bürgerinnen und Bürger des Landes. Die Regierung hatte jede Menge drängende Probleme zu lösen. Die Türkinnen und Türken hatten, wie die Menschen überall, eigene Sorgen und kümmerten sich zunächst um sich selbst. Nicht sie schrieben die restriktiven Asylgesetze, und auch sie mussten die Konsequenzen der großen Flüchtlingsströme bewältigen. Dennoch waren viele von ihnen sehr gut zu meinen Geschwistern.

Als ich Maha in Izmit besuchte, stellte ich mit Entsetzen fest, dass sie kaum Möbel besaß.

»Warum bittest du nicht deine Nachbarn um Hilfe?«, fragte ich.

»Ich schäme mich, Schwester«, antwortete sie.

Ich überredete sie, ins Café im Erdgeschoss ihres Wohnhauses zu gehen, um zu schauen, ob man ihr dort vielleicht helfen könnte. Maha erläuterte dem Besitzer des Cafés, dass sie aus Syrien geflohen sei, jetzt über dem Café wohne und dringend Möbel brauche.

»Ich werde mich umhören«, versprach der Mann.

Ein paar Stunden später hielt ein mit Möbeln beladener Transporter vor Mahas Tür.

Die türkischen Nachbarn waren auch beim beim Opferfest *Eid al-Adha* sehr großzügig. Meine Geschwister konnten sich die traditionelle Gabe von Fleisch für die Armen und Notleidenden nicht leisten. Sie hatten nicht einmal Geld, um für sich selbst Fleisch zu kaufen. Ihren Nachbarn blieb das nicht verborgen, und als *Eid* nahte, erhielten alle meine Geschwister Geschenke.

»Brachten sie euch Lamm, wie in Syrien?«, fragte ich Hivron.

»Hier bringen sie Rindfleisch. Es war sehr zart und köstlich. Doch es machte uns einmal mehr bewusst, wie drastisch sich unser Leben durch den Krieg verändert hatte. Weißt du noch? Einst waren wir diejenigen, die Menschen in Not halfen.« Der Krieg zerstört Leben und hinterlässt tiefe Wunden, die schwer vernarben. Wunden im Fleisch und Wunden im Kopf. Er raubt dir den Stolz und die Würde. Und er nimmt denen am meisten, die am wenigsten haben.

Einmal, an einem Samstag, machten wir ein Picknick, wie früher als Kinder in Sham. Wir gingen in den Park, legten eine Decke auf die Wiese und grillten Kebab. Als wir den Tee zubereiten wollten, merkten wir, dass wir den Zucker vergessen hatten. Eine andere Familie hatte sich neben uns niedergelassen. Wir schickten den kleinen Rezan rüber, um sie um ein paar Löffel Zucker zu bitten. Frustriert kam er zurück. Die Leute hatten ihn weggescheucht wie einen Bettler. Die Vorurteile gegen syrische Flüchtlinge wurden noch offensichtlicher, als ich versuchte, eine Wohnung für Abdullahs Familie zu finden. Ich durchkämmte jede Straße auf der Suche nach dem Schild »Zu vermieten« und musste immer wieder darunter lesen: »Keine Syrer!«.

Abdullah verzweifelte langsam. Er fürchtete, keine Unterkunft für Rehanna und die Kinder zu finden. »In den vergangenen Monaten konnte ich nicht mehr nach Hause«, gestand er mir. Gleichzeitig wurde die Lage in Kobane von Tag zu Tag schlimmer. Die Terroristen rückten immer näher. Sie bombardierten bereits die Orte im Umland und schreckten dort auch vor Hinrichtungen nicht zurück. Es waren nicht mehr kleine Scharmützel oder Selbstmordattentäter, die die Bürgerinnen und Bürger in Kobane bedrohten: Es herrschte Krieg. Immer mehr Menschen wagten die Flucht in die Türkei.

Während ich in Istanbul war, spitzte sich die Krise zu. Sie erreichte ihren Höhepunkt mit der Belagerung Kobanes durch den IS Mitte September 2014. IS-Panzer überrollten zahllose Dörfer, IS-Kämpfer vergewaltigten, mordeten, verstümmelten und köpften unschuldige Zivilisten auf ihrem Weg in die Stadt. Bis zu fünftausend Mann starke IS-Truppen eroberten Hunderte von Orten in der Umgebung. Kobane war von drei Seiten eingeschlossen. Im Fernsehen sahen wir die Bilder der Flüchtenden und die Menschenmassen an der Grenze zur Türkei. Wir waren fassungslos.

Abdullah rief Rehanna an: »Was passiert bei euch? Du musst raus, so schnell du kannst«, forderte er sie auf.

»Ich habe Angst«, entgegnete Rehanna. »Wir fahren in den nächsten Stunden.« Eilig packte sie ein paar Sachen. Im Hintergrund lachte der immer fröhliche Alan.

Zusammen mit Tausenden anderen aus Kobane und den umliegenden Dörfern machte sich Rehanna auf den Weg. Die Menschen flohen, um ihr Leben zu retten. Derweil verfolgten wir nervös und ängstlich die Nachrichten über die Belagerung. Weil das Fernsehen nur Sendungen in türkischer Sprache brachte, holte ich mein iPad, auf dem wir auch arabische und Nachrichten aus dem Westen sehen konnten.

»Ich habe Angst um Rehanna und die Kinder«, sagte Abdullah. »Ich muss sie da rausholen.«

»Mach keinen Blödsinn«, beruhigte unser Vater ihn. »Rehannas Vater und ihre Brüder sind bei ihr. Sie werden deine Frau und die Kinder sicher über die Grenze bringen. Hab Geduld. Oder fahre an die Grenze und warte dort auf sie.«

Abdullah bat seinen Chef, ihm ein paar Tage freizugeben, doch es war zu viel zu tun, und seinen Job wollte mein Bruder natürlich nicht riskieren. Schließlich brauchte er das Geld, um für Rehanna und die Jungen eine Wohnung mieten zu können. Immer wieder versuchte er, sie per Handy zu erreichen. Doch sie konnte unterwegs den Akku ihres Smartphones nicht aufladen. Wenn sie überhaupt miteinander sprachen, dann nur ganz kurz.

»Leuten, denen du begegnest, darfst du nicht in die Augen schauen. Die Terroristen sind wie wilde Tiere«, berichtete Rehanna ihrem Mann. Zahllosen weiteren Risiken musste sie sich stellen, etliche Checkpoints passieren, und vor allem drohte Gefahr durch Landminen.

Einmal stolperte Rehanna, während sie Alan auf dem Arm hatte, der Kleine fiel und stürzte auf den Kopf. Danach musste sie ihn stundenlang wachhalten, weil sie nicht wusste, ob er eine Gehirnerschütterung hatte. Sie trug ihn, und ihre Arme schmerzten. Beide Jungen waren hungrig und durstig. An der Grenze trafen sie Tausende verzweifelte syrische Flüchtlinge. »Öffnet die Grenze!«, baten sie. Und »Gebt uns Wasser!«. Die Grenze blieb zu, doch irgendwann warfen die türkischen Grenzer Wasserflaschen über den Zaun.

Mein Rückflug von Istanbul nach Vancouver war für den 20. September gebucht, aber ich wollte eigentlich nicht abreisen, ohne Ghalib und Alan noch gesehen zu haben. Doch die Zeit raste, und Rehanna harrte mit den Kindern immer noch an der Grenze aus. Nichts deutete darauf hin, dass sie sie bald passieren könnten. Am 19. September – der IS war bereits fünfzehn Kilometer vor Kobane – öffnete die Türkei endlich die Schlagbäume. Rehanna, Ghalib und Alan waren unter den sechzigtausend Syrerinnen und Syrern, die einreisen durften. Die meisten Mitglieder ihrer Familie blieben in der Nähe der Grenze, denn sie wollten so bald wie möglich nach Kobane zurück.

Während ich das Flugzeug bestieg, das mich wieder nach Kanada bringen würde, bestiegen Rehanna, Ghalib und Alan den Bus, um ihre Tagesreise nach Istanbul anzutreten. Wir verpassten uns um wenige Stunden. Ich hätte umbuchen sollen, aber ich hatte schon so viel Geld ausgegeben, um meinen Geschwistern die Miete zu bezahlen und andere, notwendige Dinge zu kaufen. Es ist in Ordnung, sagte ich mir. Sie sind jetzt in Sicherheit. Und du wirst sie bei deinem Besuch im nächsten Sommer sehen.

Kaum zurück in Vancouver rief ich Abdullah an.

»Ich bin überglücklich«, sagte er. »Meine Familie ist bei mir. Wir sind zusammen. Nur das zählt.«

»Hast du eine Wohnung gefunden?«, fragte ich.

»Noch nicht. Wir suchen noch. Gott wird uns nicht vergessen. Im Moment wohnen wir bei Freunden von Rehanna.« Später erfuhr ich, dass sie in Wirklichkeit ihr provisorisches Lager bei Mohammad und Hivron aufgeschlagen hatten. Es war klar, dass dies nur für kurze Zeit möglich sein würde, denn wenn der Vermieter Wind davon bekam, würde er meinen Geschwistern kündigen. Doch an wen sollte Abdullah sich wenden? Er hatte niemanden, außer seinem Chef, den er schließlich fragte, ob er mit seiner Familie in der Textilfabrik übernachten könnte. »Nur für kurze Zeit, ich verspreche es. Nur, bis wir etwas gefunden haben.«

Der Chef hatte Mitleid und ließ Abdullah, Rehanna und die Kinder neben den Waschräumen und der Küche der Arbeiter schlafen. Seine Frau organisierte Schaumstoffmatratzen und Kissen. Stoffreste, die sie in der Werkshalle fanden, nutzten sie als Decken. Frühmorgens rollten sie ihre Betten zusammen und verstauten ihre persönliche

Habe. Während Abdullah arbeitete, verbrachten Rehanna und die Jungen den Tag in einem nahegelegenen Park. Um 19 Uhr hatte Abdullah Feierabend, holte seine Familie dort ab und brachte sie zurück in die Fabrik. Nach einer Woche berichtete eine Nachbarin Ghouson von einer Wohnung, die sie eventuell vermieten würde.

»Ich besitze ein Studio im Nachbarhaus«, sagte sie. »Es ist noch im Bau, aber es hat eine türkische Toilette, einen Wasserhahn und Strom. Ich nutze es zurzeit als Lagerraum, aber ich würde es Ihnen überlassen, wenn Sie es aufräumen und in Ordnung halten.«

Dankbar nahm Abdullah das Angebot an. Zusammen mit Mohammad beseitigte er den Müll. Als Rehanna und die Kinder einzogen, gab es bereits ein Sofa mit einer karierten Decke, einen Bettrahmen, ein kaputtes Fernsehgerät, einen Wasseranschluss, der aus der Wand ragte, und die türkische Toilette, das heißt Fliesen mit einem Loch in der Mitte. Die Beschreibung »nicht wirklich ideal« wäre für dieses »Studio« noch schmeichelhaft, doch Abdullah und Rehanna war das egal. Sie hatten ihr eigenes Nest und die ganze Familie war endlich unter einem Dach vereint.

Abdullah besorgte ein aufblasbares Kinderschwimmbecken und stellte es unter den Wasserhahn. So hatten die Kleinen einen Platz zum Spielen und zum Baden. Er hielt die Augen offen nach Sperrmüll auf den Straßen Istanbuls. Bald fand er eine akzeptable Matratze und ein paar Spielsachen: ein Dreirad, einen Mülllaster, kleine Plastikautos und Plüschtiere. Er kaufte einen Propangaskocher mit Brenner, wie man ihn beim Camping verwendet, und ließ den kaputten Fernseher reparieren, damit Ghalib und Alan Zeichentrickfilme schauen könnten. Ich freute mich über die Videos, die mir mein Bruder von seiner Familie im neuen Heim schickte. Ein Film zeigt die Kinder beim Bad in ihrer aufblasbaren »Badewanne«. Alan sitzt in der einen Ecke und plantscht fröhlich lachend im Wasser, während Ghalib mit den Worten »Beweg dich, Alan, beweg dich« Kreise um den kleinen Bruder zieht. »Vorsicht Ghalib, pass auf deinen Bruder auf«, ermahnt Abdullah ihn. Alan plantscht unbeirrt weiter. Dieser Junge liebte das Wasser!

In einem anderen Video sieht man Ghalib die Bouzouki spielen, die ich im Basar gekauft hatte. »Shamame« von Ibrahim Tatlises war sein Lieblingslied, und wenn es ertönte, mussten sich alle an den Händen fassen und wie kurdische Tänzer im Kreis drehen. Im Bild sieht man Alan, fröhlich hüpfend und in die Händchen klatschend. Wie er sich freut! Er kann den Text des Liedes noch nicht mitsingen, doch *mame* kräht er laut, wenn die anderen den Refrain anstimmen. Auch Rehanna sang gerne. »Wir sind eine Musikerfamilie«, sagte sie immer. »Wer eine Stimme hat, braucht keine Instrumente.« Hätte man in einem solchen Moment, wie das Video ihn festhielt, vor der Tür der kleinen Wohnung dieser glücklichen Familie gestanden, die Augen geschlossen und zugehört, wäre einem nie der Gedanke gekommen, dass hier arme Flüchtlinge wohnten, die kaum genug zum Überleben hatten.

»Wann kommst du uns besuchen, *Ammeh*, Tantchen?«, fragte Ghalib, als wir wieder einmal skypten.

»*Inschallah, habibi.* Ich hoffe, bald. Oder du kommst nach Kanada. Es ist wunderschön hier.«

»Habt ihr Süßigkeiten in Kanada, Tante? Ich liebe Nougat.«

»Haben wir. Aber die besten Süßigkeiten gibt es in Sham, im Souq Al-Buzuriyah.«

»Der würde Ghalib und Alan gefallen«, mischte sich Abdullah ein. »Erinnerst du dich noch, wie sie dort vor unseren Augen Süßigkeiten zubereiteten? Uns lief das Wasser im Mund zusammen, während wir darauf warteten, dass wir sie endlich kosten durften.«

»Mir läuft das Wasser im Munde zusammen, wenn ich nur an die Läden denke«, seufzte ich. »Hoffentlich kommen wir eines Tages mit deinen Söhnen und *Baba* dorthin.«

Abdullahs Weg zur Textilfabrik war weit. Er brauchte zwei Stunden pro Strecke. Morgens weckten ihn die Kinder. Sie umarmten und küssten ihn. Das gab ihm die Kraft für einen neuen, unendlich langen Arbeitstag. Kaum schloss er abends die Wohnungstür auf, war sein Elend vergessen.

Eines Morgens hörten sie draußen ein Kätzchen miauen. Sie öffneten. Schwarzweiß und mager saß es vor ihnen und schaute sie an. Fröhlich streckte der kleine Alan die Hand nach dem Tier aus.

»Sie scheint hungrig zu sein. Dürfen wir sie füttern?«, fragte Ghalib.

Abdullah ließ die Katze ins Haus und gab ihr etwas vom Frühstück. Danach rollte sich das Tier auf der Couch zusammen und schlief ein. *Pisikeh*, benannt nach dem kurdischen Wort für »Katze«, wurde das fünfte Familienmitglied.

»Gibst du der Katze Milch oder Katzenfutter?«, fragte ich Rehanna bei einem unserer nachmittäglichen Telefonate.

»Sie bekommt, was wir essen«, lachte meine Schwägerin.

»Und was esst ihr heute?«, bohrte ich neugierig weiter.

»Linseneintopf mit Reis.«

»Wie machst du das mit nur einer Flamme?«

Wieder lachte Rehanna: »Das dauert ein bisschen länger, ist aber kein Problem. Die Jungs lieben Reis mit Joghurt. Also mache ich täglich auch einen Topf davon.«

»Vielleicht kannst du eines Tages einen echten Herd kaufen.«

Ihre Antwort war »typisch Rehanna« und bezeichnend für ihren unerschütterlichen Optimismus. Sie glaubte fest daran, eines Tages wieder in Syrien zu sein: »Wozu brauche ich einen neuen Herd?«, sagte sie. »Ich habe schon einen schönen in Kobane.«

* * *

Abdullahs Familie war erst im letzten Moment geflohen. Es war gerade noch rechtzeitig gewesen. Andere hatten zu lange gewartet. Ab Anfang Oktober 2014 kontrollierte der IS den größten Teil der Stadt. In den folgenden Monaten dauerte der möderische Straßenkampf an, doch die Alliierten – irakische Kurden, türkische Kurden und die US-Truppen – gewannen Schritt für Schritt an Boden. Im Januar 2015 eroberten sie die Kontrolle über Kobane weitgehend zurück, am Ende des Monats kapitulierte der IS und floh, nicht ohne zu schwören, dass er wiederkommen und Rache nehmen würde. Das war nicht gelogen. Im Juni 2015 erlebte die Stadt einen weiteren massiven Angriff. Fünfzehn Mitglieder unserer Familie verloren während der Ramadan-Offensive des IS im Juni 2015 ihr Leben. Ich sah Fotos von Menschen, die vom IS geköpft worden waren. Zu ihnen zählte Mary, eine Cousine meines Vaters. Eines Morgens hörte sie Lärm vor ihrem Haus. Es war noch früh, doch sie wollte nachsehen, was los war. Die Terroristen erwarteten sie mit Macheten. Mary schrie, und ihre Schreie weckten die beiden Söhne, die ebenfalls aus dem Haus eilten. Alle drei wurden geköpft. Andere Verwandte aus Aleppo, die sich in Kobane in Sicherheit bringen wollten, erlitten ein ähnliches Schicksal. Einer starb durch die Bombe eines Selbstmordattentäters. Sein Leichnam war völlig entstellt. Man konnte ihn nur noch durch den Ring an seinem Finger identifizieren.

»Rehanna ist völlig fertig«, schilderte Abdullah die Situation, als ich ihn in Istanbul anrief. »Was sind das bloß für Männer, die Kinder abschlachten und Unschuldige töten? Das ist Sünde, das ist *haram*. Wo bleibt die Moral? Es gibt keinen Glauben, keine Religion mehr. Nur noch die Gier nach Macht und Geld.«

Kobane und die umliegenden Dörfer wurden während der Belagerung und in der Folgezeit völlig zerstört. Nichts blieb von der Infrastruktur, ohne die eine Stadt nicht existieren kann. Bomben und die Kugeln der Scharfschützen trafen auch das Haus von Rehannas Familie, doch wie durch ein Wunder blieb es stehen. Andere Häuser und Geschäfte wurden dem Erdboden gleichgemacht. Mahas Heim fiel den Kämpfen ebenso zum Opfer wie der Anbau, den sie für ihre Söhne und deren zukünftige Familien hatte errichten lassen. Ihr Traum von einer Rückkehr nach Hause – irgendwann, wann auch immer – blieb am Ende tatsächlich nur ein Traum; eine Fantasie, die nur noch in ihrem Kopf fortlebte.

»Sie haben uns alles genommen, was wir besaßen«, klagte meine Schwester mir. »Bestimmt auch Mamas Nähmaschine.«

Babas fruchtbare Olivenbäume in Kobane waren ebenfalls verschwunden. Wir hörten, dass der IS unser Familienerbe, den Hain, den unser Vater einst von seinem Vater übernommen hatte, vernichtet und unser kleines Anwesen niedergebrannt hatte. Mein Vater beschrieb seine Gefühle, als er das erfuhr: »Mir ist, als hätte mir jemand das Herz aus der Brust gerissen.« Dann aber fuhr er fort: »Doch Bäume kann man neu pflanzen.«

Kapitel 8
»Inschallah« wird alles gut

[handschriftliche Notiz: Jy Jw Unv. ?]

Meine Reise in die Türkei hatte mich verändert. Kaum war ich im September 2014 zurück in Vancouver, bemühte ich mich um Asyl für meine Geschwister in Kanada. Das Antragsverfahren war allerdings extrem kompliziert und bürokratisch. Seit Juli 2013 hatte die kanadische Regierung nur 1.002 syrischen Flüchtlingen eine Aufenthaltserlaubnis erteilt. Zwar gab es ein vages Versprechen von Premierminister Stephen Harper, in den kommenden Jahren weitere 11.000 Syrerinnen und Syrer aufzunehmen, in der Praxis schienen er und sein Kabinett dem Elend der Flüchtlinge gegenüber jedoch gleichgültig.

Ich war entschlossen, meine beiden Brüder mit ihren Familien nach Kanada zu holen. Mohammads Frau Ghouson war schwanger, und ihre vier schulpflichtigen Kinder hatten bereits mehrere Unterrichtsjahre verpasst. Shergo und Heveen arbeiteten nach wie vor in der Textilfabrik; ihre Jugendjahre hatte man ihnen geraubt, und es stand zu erwarten, dass ihr Leben als junge Erwachsene nicht weniger trist und hoffnungslos werden würde. Sie waren klug, anständig, und sie arbeiteten hart. Genau wie ihre Eltern. Shergo wuchs zu einem attraktiven jungen Mann heran, und Heveen war eine schöne junge Frau. Die Blicke der Männer, die eine attraktive Syrerin heiraten wollten, folgten ihr, wo auch immer sie hinging, obwohl sie jedes Mal, wenn sie das Haus verließ, den Hidschab über ihre langen Locken zog.

Ich hätte gern alle meine Geschwister aus ihrer Not errettet, doch die Einreise von fünf Familien konnten wir nicht finanzieren.

Die Garantiesumme für eine sechsköpfige Familie betrug bereits 28.000 Dollar. Zuflucht in Kanada fand in der Regel nur, wer einen privaten Bürgen nannte. Einige wenige Flüchtlinge wurden darüberhinaus vom Staat gesponsert. Neben der genannten Patenschaft brauchten die Flüchtlinge eine Genehmigung der kanadischen und der türkischen Regierung sowie des UNHCR. Die Bearbeitung der entsprechenden Anträge dauerte quälend lang.

Shireens Mann verdiente, wie Hivrons Mann, Geld mit dem Verkauf von Falafel in Sham. Auch Mahas Mann konnte arbeiten. Ihre Kinder waren erwachsen und konnten zum Unterhalt der Familie beitragen. Also versuchte ich zunächst, meinen beiden Brüdern zu helfen. Sollten sie Asyl in Kanada bekommen, würde Mohammads Familie bei mir wohnen, und meine Schwägerin Anna in Toronto sollte Abdullah und die Seinen bei sich aufnehmen.

»Ich wäre Anna mein Leben lang dankbar«, sagte Abdullah, als ich ihm meine Pläne erläuterte.

Roccos Schwester war in jeder Hinsicht eine große Hilfe. Ich hatte keine Ahnung vom Einwanderungsverfahren. Ich wusste nicht einmal, wo ich anfangen sollte. Anna recherchierte, was wir tun müssten. Sie rief mich regelmäßig an, wenn sie neue Informationen hatte und erklärte mir, wie es nun weiterging. Es erschien uns am besten, einen der vielen *Sponsorship Agreement Holders* in Kanada einzuschalten. SAHs organisieren Patenschaften, die Geflüchteten die Niederlassung im Land ermöglichen. Meist handelt es sich um religiöse Gruppen unterschiedlicher Konfessionen, von Anglikanern bis zu Muslimen, oder um gemeinnützige Vereine diverser Communitys, denen man die Anträge und das Geld für die Bürgschaft schickt, damit sie die entsprechenden Verfahren in die Wege leiten. Drei Monate lang waren wir mit verschiedenen Gruppen in Toronto und Vancouver im Gespräch. Drei Monate lang, jeden einzelnen Tag. Mit Hilfe meiner Nachbarin Kitt füllte ich die notwendigen Formulare aus. Für die Anträge mussten wir detaillierte Informationen über alle Mitglieder von Mohammads und Abdullahs Familien zusammenstellen, wir brauchten Unterlagen aus der Zeit des Militärdienstes meiner Brüder und Listen mit den Namen aller Schulen, die sie besucht hatten. Benötigt wurden weiterhin eigens gefertigte Passfotos sowie die Originale ihrer Personaldokumente. Meine Brüder schickten mir, was auch immer wir anforderten. Schließlich wollte der kanadische Staat für jedes Familienmitglied noch eine gültige Aufenthaltserlaubnis der Türkei sehen, die sogenannte *mavi kimlik*. Ein solches Papier stellt die Türkei nur für EU-Bürger, nicht jedoch für Flüchtlinge aus. Diese sowie Nicht-EU-Bürger erhielten von den türkischen Behörden nur die sogenannte *yabancı*, und meinen Geschwistern war diese Karte bei ihrer Ankunft im Land ausgehändigt worden. Für die kanadischen Ämter war das jedoch irrelevant, denn ihnen galten syrische Flüchtlinge in der Türkei als »Illegale«, die das Land weder legal verlassen konnten noch Anspruch auf eine Arbeitserlaubnis oder humanitäre Hilfe hatten.

Ein weiteres Problem waren die Personaldokumente: Kanada wollte von jedem Familienmitglied den Reisepass sehen, doch nur Hivron besaß ein gültiges Dokument. Maha und ihre Familie, Rehanna, Ghalib, Alan und mehrere meiner jüngeren Nichten und Neffen hatten nie einen Pass gehabt, und die syrischen Botschaften stellten einen solchen für Flüchtlinge im Ausland nicht aus. Für Millionen Menschen, die Syrien verlassen mussten, waren fehlende Papiere eines der größten Hindernisse auf der Flucht.

Mohammad und Abdullah gaben weit mehr Geld, als sie sich eigentlich leisten konnten, aus, um die kanadischen Bedingungen für eine Asylgewährung zu erfüllen. Die Anträge mussten beispielsweise mit Originalunterschriften versehen werden: Ich schickte sie also nach Istanbul, wo meine Brüder sie unterzeichneten, um sie mir wieder zurückzusenden. Zu Hause in Vancouver machte ich alle wahnsinnig mit meiner ständigen Bitte, dieses oder jenes noch zu tun, zu organisieren, zu erledigen, damit wir den bürokratischen Anforderungen Genüge leisteten. Immer wenn ich dachte, dass wir nun alles erledigt hätten, stellte ich fest, dass noch etwas zu tun war. Oder ich merkte, dass doch noch ein Papier fehlte.

»Sie stellen uns die Dokumente für Kanada nicht aus«, resignierte Abdullah irgendwann. »Anna, Kitt und du, ihr tut alles, um uns zu helfen. Doch die Welt sieht uns anscheinend nur dann als Menschen, wenn wir die richtigen Papiere haben. Und diese zu bekommen ist unmöglich.«

Ich wollte dennoch nicht aufgeben. Entschlossen versuchte ich es weiter, hielt den Kontakt zu den SAHs, bat gefühlt jede einzelne Kirchengemeinde in Kanada um Hilfe. Tag für Tag flehte ich um Unterstützung, doch für jeden Schritt, den ich vorankam, ging es zehn Schritte zurück. Es war mit die schlimmste Zeit meines Lebens. Immer wieder wies man mich ab: »Es tut uns leid, nur die wenigsten Flüchtlinge erfüllen die Kriterien der Regierung. Wir können nichts für Ihre Familie tun.« Dabei ging es nicht einmal um finanzielle Unterstützung. Im Gegensatz zu dem, was manche Kritiker der Flüchtlingshilfe behaupteten, waren wir keineswegs daran interessiert, das System »abzuzocken«. Vielmehr hatten Rocco und ich uns verpflichtet, die staatlich geforderten 28.000 Dollar für eine private Patenschaft für Mohammads Familie voll und ganz allein aufzubringen.

Schließlich reichten wir einen Antrag für Mohammad ein und planten, das Gleiche für Abdullah zu tun, wenn ich genug Geld für einen zweiten Antrag gespart hätte. Ich wusste, dass die Unterlagen unvollständig waren, doch die bürokratischen Hürden hatten mich so verärgert und frustriert, dass ich die erdrückenden Bedingungen der staatlichen Stellen am Ende schlicht ignorierte.

Eine Alternative zur Vorlage des Ausreisevisums oder eines gültigen Passes war die Einreise mit einem offiziellen UNHCR-Dokument. Doch das Papier des Flüchtlingshochkommissars der Vereinten Nationen zu bekommen erwies sich ebenfalls als unmöglich. Mohammad hatte sich bereits 2013 beim UNHCR registrieren lassen. Seit 2014 bemühten sich auch Abdullah und Hivron mehrfach um den Ausweis. Geduldig warteten sie stundenlang in der endlosen Schlange der Geflüchteten vor dem UN-Büro und erreichten irgendwann die Spitze, um dann abgewiesen zu werden, da die Sprechzeit zu Ende sei.

Ich schickte E-Mails an die UN-Vertretung in Ankara, schilderte die prekäre Lage von Mohammads und Abdullahs Familien, beschrieb die fehlende Beschulung, die Sklavenarbeit, die zahlreichen Gesundheitsprobleme – Ghousons schwierige Schwangerschaft, Ghalibs Hautkrankheit, die Abzesse in Abdullahs Mund – und ihre insgesamt verzweifelte Situation in Istanbul. Eine Antwort blieb aus. Als Ghouson eine Fehlgeburt hatte, schrieb ich erneut. Ich bat darum, dass jemand meine Brüder anrufen und einen Weg finden möge, um ihnen zu helfen.

Meine Familie hatte jedoch wenig Hoffnung, dass tatsächlich ein UN-Vertreter anrufen würde. Mittlerweile hatten sie von zahllosen Geflüchteten gehört, die beim Versuch, an das UNHCR-Papier zu kommen, gescheitert waren. Eine andere Stelle, an die sie sich hätten wenden können, gab es nicht.

Im Dezember war für Abdullah in der Textilfabrik weniger zu tun und er hatte keine Wahl, als jeden verfügbaren Job auf dem Bau anzunehmen. Manche Tage schuftete er bis zu zwölf Stunden, damit das Geld reichte. Oft war der Weg zur Arbeit endlos weit und er saß lange im Bus. Er verließ das Haus, noch bevor die Kinder wach waren, und kehrte heim, wenn sie bereits wieder schliefen. Schließlich meldete sich tatsächlich jemand aus dem UN-Büro. Abdullah schilderte ihm seine Not, und der freundliche Herr am Telefon hatte Mitleid. »Wie können wir Sie unterstützen?«, sagte er. »Wohin wollen Sie? Deutschland? Schweden?« Abdullah traute seinen Ohren nicht. »Es ist egal, wohin. Hauptsache, uns wird geholfen, meine Kinder werden medizinisch versorgt und haben eine bessere Zukunft.«

Zwei Wochen später sollte Abdullah den Mann im UN-Büro in Istanbul aufsuchen. Nach dem Telefonat mit ihm war er voller Hoffnung, ja geradezu enthusiastisch: »Tima, ich weiß, du willst uns nach Kanada holen. Aber deine Regierung will uns offensichtlich nicht im Land haben. Jetzt haben wir vielleicht eine Chance, nach Europa zu gehen. Die müssen wir nutzen.«

Pünktlich fanden sich Abdullah und Ghalib zum Termin beim UNHCR in Istanbul ein. Doch dann ließ man sie den ganzen Tag zusammen mit vielen anderen verzweifelten Flüchtlingen vor der Tür warten, bis eine Angestellte herauskam und der Menge mitteilte, dass das Amt nun schließe: »Kommen Sie morgen wieder.«

»Ich habe einen Termin«, rief Abdullah ihr zu. Die UN-Mitarbeiterin winkte ihn in ein Büro. Sie sah den abgemagerten Vater und sein dünnes Söhnchen, sah Ghalibs schlimme Haut, hörte seinen schrecklichen Husten. Sie versprach zu helfen. Sie könne zwar keine UNHCR-Genehmigung ausstellen, denn dies sei ein langwieriger Prozess, an dem neben dem Flüchtlingshochkommissar auch die türkische Regierung beteiligt sei, doch sie würde Abdullahs Akte an die Zentrale in Ankara schicken. Sie gab ihm einen neuen Termin – über ein Jahr später. In diesem Winter bekam auch Hivron ihren ersten Termin für ein Gespräch beim UNHCR. Sie sollte am 27. September 2016, in mehr als eineinhalb Jahren, vorsprechen. Die einzige Soforthilfe, die die UNO-Mitarbeiterin in Istanbul anbot, war die Adresse eines Hautarztes für Ghalib und die Anschrift eines Ladens, in dem

Lebensmittelspenden verteilt würden. Am nächsten Tag gab Abdullah die letzten Münzen in seiner Tasche aus, um zur Tafel zu fahren. »Es war wie im Ameisenhaufen«, beschrieb er mir die unzähligen wartenden Flüchtlinge dort. Bis zur Essensausgabe schaffte er es an diesem Tag nicht; er musste mit leeren Händen abziehen. Am nächsten Morgen fuhr er abermals viele Stunden, um es erneut zu versuchen. Wieder die gleiche Tortur. Nach vielen Stunden stand mein Bruder endlich ganz vorne in der Schlange. Seine Ausdauer wurde belohnt – mit einem Päckchen Spaghetti, einer Tüte Linsen und etwas Zucker.

»Warmes Essen bekommen Sie bei einer anderen Tafel«, informierte ihn eine Mitarbeiterin. Abdullah zog weiter zur nächsten Adresse, wo er sich wiederum in eine lange Schlange geduldig wartender, hungriger Menschen einreihte. Stunden später, nach einem verlorenen Arbeitstag und dem Kauf des Fahrscheins für den Bus von dem wenigen Geld, das er besaß, stand Abdullah auch hier irgendwann ganz vorne, wo man ihm einen Teller Spaghetti mit Tomatensauce in die Hand drückte.

»*Alhamdulillah* für das Essen«, dachte mein Bruder.

* * *

Am letzten Tag des Jahres 2015 hatten Anna und ich sämtliche Möglichkeiten des Asyls in Kanada erkundet. Doch nach wie vor fehlten uns drei unverzichtbare Dokumente, die die Regierung unseres Landes forderte. Insofern war Feiern das Letzte, was mir für den Silvesterabend vorschwebte. Dagegen hätte ich alles gegeben, um wieder in Sham zu sein, wo ich das Ende des alten und den Beginn eines neuen Jahres zusammen mit meiner Familie bei einem Festmahl begehen würde, das wir traditionell mit einem Gebet einleiteten: »Gott segne alle Menschen in der Welt. Möge er uns auch in den nächsten hundert Jahren an diesem Tisch zusammenkommen lassen.« Als wir noch Kinder waren, eilten wir nach dem Essen immer rasch aufs Dach, wo wir laut die letzten Sekunden bis Mitternacht zählten und das Feuerwerk bewunderten, das den Himmel erleuchtete. Doch jetzt lag die Jasminstadt wegen der Stromsperren in völliger Dunkelheit. Es war ein ungewöhnlich kalter Winter, und das Einzige, was Licht an den Nachthimmel warf, waren Granaten und Raketen. *Baba* sprach nicht darüber, wenn wir telefonierten. Doch in jener Nacht fühlte er sich einsam und leer.

»Die Menschen verlieren die Hoffnung, dass dieser Krieg irgendwann enden wird«, sagte er. »Doch so Gott will, werden wir eines Tages dieses zerstörte Land wieder aufbauen, und meine Enkel können eine Zukunft in Syrien finden. Ich freue mich, dass ich die Kinder manchmal per Video sehen kann, aber es ist nicht dasselbe wie persönliche Nähe. Ich verpasse so viel. Selbst bei Abdullah, der ununterbrochen von seinen Söhnen erzählt. Kaum bin ich am Telefon, sagt er: ›Baba, sprich mit Ghalib‹, und reicht dem Kleinen das Handy, der mit mir auf Kurdisch plaudert. Ich kann Abdullah gar nicht fragen, wie es ihm geht. Er sagt nur: ›Ich bin glücklich, denn ich bin bei den Kindern. Du solltest mal sehen, wie Ghalib die Bouzouki spielt. Und Alan versteht alles, was ich auf Arabisch sage. Rehanna spricht mit ihm Kurdisch, und Türkisch versteht er auch.‹ Ich habe noch nie einen Vater erlebt, dem seine Kinder so wichtig sind. Deine Mutter wäre unglaublich stolz.«

Ich telefonierte mit *Baba* und es fühlte sich an, als hätte ich meine Familie hundert Jahre nicht gesehen. War wirklich schon so viel Zeit vergangen seit den Festen in unserer Kindheit? Heute konnten sich meine Geschwister nicht einmal mehr eine anständige Mahlzeit leisten.

»Plant ihr etwas Besonderes für Silvester?«, fragte ich Abdullah, als ich ihn abends anrief.

»Für Rehanna und Ghalib habe ich eine besondere Leckerei: Ölsardinen«, antwortete mein kleiner Bruder.

»Ich gäbe alles für Mamas *Kibbeh*.«

»Erinnere mich nicht daran! Mir läuft das Wasser im Mund zusammen, wenn ich nur daran denke«, seufzte Abdullah. »Aber keine Sorge, Schwester. *Inschallah,* alles wird gut! Genieß das Zusammensein mit deinen Lieben.«

Ich versuchte, Abdullahs Rat zu beherzigen. Rocco überredete mich, die Party unserer Nachbarn zu besuchen. Ich ging mit, doch ich dachte nur an meine Familie. Unseren Freunden berichtete ich, dass die »Group of Five« die einzige Lösung sei, die uns bliebe: Ein privates Sponsoring durch fünf Personen war unsere letzte Option. Allerdings bezweifelte ich, dass es klappen würde.

»Wo soll ich fünf Bürgen finden?«, fragte ich.

»Mit mir kannst du rechnen«, erklärte meine Lieblingsnachbarin Kitt. Eine andere Nachbarin schloss sich an. Auch Rocco sagte, er wäre dabei. Mit mir selbst waren wir schon vier. Nun fehlte nur noch eine Freiwillige, und unsere G5 wäre komplett.

Wenige Tage später, bei der Arbeit im Friseursalon, erzählte ich meiner Freundin und Kundin Claire von unserem Plan.

»Mike und ich würden deiner Familie sehr gern helfen«, sagte Claire. »Rechne mit uns. Wir sind eure Nummer fünf.«

Ich war begeistert. In ganz kurzer Zeit hatte ich meine Rettungscrew zusammen. Gleichwohl blieb viel zu tun. Die G5 erforderte noch mehr Papierkram als alle Rettungsversuche, die wir bisher für Mohammad, Abdullah und ihre Familien unternommen hatten. Ein weiteres Mal konnte ich auf Kitt zählen, ohne deren Hilfe ich gewiss bei den vielen Formularen längst aufgegeben hätte. Und aufgeben wollte ich keinesfalls, denn die G5 schien – trotz des gigantischen bürokratischen Aufwands – eine reale Möglichkeit für meine Lieben, den Krieg zu überleben. Wir beschlossen, zunächst eine Patenschaft für Mohammads Familie zu übernehmen.

Die Antragsunterlagen für Abdullah und seine Familie schickte ich an meine Schwägerin in Toronto, wo sie eine weitere Fünfergruppe für ihn, Rehanna und die Kinder organisieren wollte. Doch dann rief Anna mich an. Sie hatte schlechte Nachrichten.

»Tima, ich habe alles durchgelesen«, erläuterte sie mir. »Auch mit fünf Sponsoren braucht deine Familie eine *mavi kimlik* und gültige Pässe.«

»Was sagst du? Ich dachte, für die ›Group of five‹ ist das nicht nötig.«

»Ich fürchte, doch. Die Regierung will Personaldokumente sehen, egal welches Verfahren wir wählen.«

Ich war verzweifelt. Schon wieder waren wir in einer Sackgasse gelandet.

Anna wollte jedoch nicht aufgeben: »Warum sprichst du nicht mit deinem Wahlkreis-Abgeordneten? Vielleicht kann er etwas tun?«, schlug sie vor.

Kitt und ich nahmen Kontakt zu Fin Donnelly von der New Democratic Party auf. Mit ihm wollten wir die praktisch unerfüllbaren Bedingungen der kanadischen Regierung erörtern. Wir ließen uns von seinem Büro einen Termin geben. Ich schilderte ihm die

Lage, in der sich meine Familie befand. Fin und seine Assistentin Karin reagierten traurig und besorgt.

»Ich werde mich für Sie einsetzen. Ich werde alles tun, damit Ihre Familie nach Kanada kommen kann«, versprach er.

»Würden Sie einen Brief von Tima an Chris Alexander weiterleiten?«, fragte Kitt Fin. Chris Alexander war Minister für Staatsbürgerschaft und Immigration, ein sehr einflussreicher Politiker.

»In ein paar Tagen muss ich nach Ottawa. Schicken Sie mir den Brief zu, und ich sorge dafür, dass der Minister ihn persönlich erhält, oder dass er zumindest in seinem Büro landet.«

Ich formulierte einen emotionalen Brief. Mir selbst liefen beim Schreiben die Tränen übers Gesicht. Ich zeichnete die allgemeine Not auf, in der sich meine Familie befand, und erläuterte, warum sie die Bedingungen der Regierung nicht erfüllen konnte. Fin hielt Wort und leitete mein Schreiben an Chris Alexander weiter. Da ich jedoch nichts von der Einwanderungsbehörde hörte, fuhren wir auch mit dem G5-Verfahren fort. Als ich Abdullah von meinem Gespräch mit dem Abgeordneten und meinem Brief erzählte, reagierte er allerdings ganz anders, als ich erwartet hatte.

»Bemüh dich nicht weiter, Schwester. Das klappt nicht. Kanada ist keine Option für uns«, erklärte mein Bruder.

Es war Ende April, und ich wusste nicht, was ich sonst noch versuchen sollte. »Alle sagen mir, ich vergeude nur meine Zeit«, klagte ich Rocco.

»Wir schicken die Anträge trotzdem raus«, antwortete er. »Auf der Website der Regierung steht, dass man gegen die Ablehnung eines Antrags gerichtlich Widerspruch einlegen kann.«

Also machte ich weiter. Gleichzeitig wurde mir langsam klar, warum Flüchtlinge die gefährliche Fahrt übers Meer wagen und ihr Leben riskieren, um Asyl in Europa zu bekommen, anstatt auf Nordamerika zu setzen. Zum Beginn jenes Winters hatten über 200.000 Flüchtlinge Europa erreicht; 3.500 von ihnen hatten auf der Flucht ihr Leben gelassen oder wurden vermisst. Die meisten Opfer starben beim Versuch, das Mittelmeer zu überqueren.

In diesem Jahr war nicht einmal das Wetter auf der Seite der Fliehenden. Es war ungewöhnlich kalt. In Syrien, in der Türkei und im gesamten Nahen Osten lag Schnee. Mohammad und Abdullah nahmen jeden Job an, den sie kriegen konnten. Sie arbeiteten für mehrere

Baufirmen und verbrachten manchmal Zwölfstundenschichten im Schlamm, um den gefrorenen Boden aufzubrechen.

»Warum sollte man Maschinen bezahlen, wenn man syrische Tiere hat, die praktisch umsonst für dich rackern?«, klagten meine Brüder. Nach den Ausschachtungsarbeiten gossen sie Beton, was nicht weniger anstrengend war. Mohammad war froh, eine *sobia* in seiner Wohnung zu haben, einen kleinen holzbefeuerten Kamin, mit dem man heizen konnte. Allerdings waren Holz und Holzkohle sehr teuer, und man musste sparsam damit umgehen. Die türkische Regierung stellte den Flüchtlingen eine kleine Menge Brennstoff kostenlos zur Verfügung, doch es war nie genug. In Abdullahs winziger Unterkunft gab es überhaupt keine Heizung, und der Propangaskocher durfte nur zur Essenszubereitung genutzt werden. Zum Glück hatte die Vermieterin – sie nannten sie mittlerweile *teyze*, das türkische Wort für Tante – meinen Bruder und seine Familie ins Herz geschlossen und ihnen erlaubt, ein Loch in die Wand zu schlagen, damit der Rauch abziehen konnte, wenn sie dennoch mit dem Kochgerät heizten. Meist hatte Abdullah kein Geld für Holzkohle; dann fuhr er mit dem Fahrrad durch die ganze Stadt und sammelte Holz zum Heizen. Zwar zeterten die anderen Nachbarn:»Unsere Wäsche riecht nach eurem Rauch!«, doch die sympathische Vermieterin eilte immer rasch herbei, wenn sie das hörte, und verteidigte ihre syrische Flüchtlingsfamilie:»Schande über euch!«, schimpfte sie.»Es ist kalt. Sie haben zwei kleine Kinder. Was sollen sie denn machen?« Sie hatte Recht: Was hätte Abdullah denn tun können?

Es fiel meinem Bruder schwer, jeden Morgen sein kleines Zuhause zu verlassen, um einen weiteren langen, kalten Tag auf der Baustelle zu verbringen. Seine bezaubernden Söhne betätigten sich jedoch gern als Wecker.

»Geh und kitzel Papa, damit er aufwacht«, flüsterte Ghalib in Alans Ohr.»Beiß ihn.«

Alan machte alles, was sein großer Bruder sagte.

»Das Kitzeln war immer ganz nett. Aber Alan hatte scharfe kleine Zähne«, erzählte Abdullah mir später.

Bevor er sich auf den Weg machte, beugte er sich zu den beiden Kleinen hinunter, und sie kletterten auf seinen Rücken. Ihr Spiel hieß »Schäfer, der zwei Lämmchen trägt«.

»Meine geliebten Lämmchen«, sang Abdullah.

»Mäh, mäh«, blökten die Jungs.

»Ihr seid mein Leben. Womit soll ich euch füttern?«

»Mit Keksen!«, rief Ghalib. »Kannst du mir heute Abend Kekse mitbringen?«

»Ich bringe dir etwas Schönes mit.«

* * *

Derweil haderte ich in Vancouver weiter mit den Behörden, damit sie mir die Genehmigung für meine private Patenschaft für Mohammads Familie erteilten. Rocco und ich wollten Anna bei ihrem Sponsoring für Abdullahs Familie unterstützen, sobald wir seinen Antrag vorbereitet hätten. Gleichzeitig finanzierten wir das BWL-Studium unseres eigenen Sohnes an einem College vor Ort. Seit er 16 Jahre alt war, hatte Alan Teilzeit gearbeitet und seine persönlichen Bedürfnisse immer selbst gedeckt. Die Kosten für seine Ausbildung zu übernehmen war das Mindeste, was wir, seine Eltern, tun konnten. Doch auch er machte sich große Sorgen um meine Familie. Er sah ihre Not und wollte selbst niemandem zur Last fallen. Alan plante, seine Ausbildung so schnell wie möglich abzuschließen, und besuchte neben seiner Arbeit Sommerkurse bei einem Steuerberater. Eigentlich hätten wir ihm gern ein Auto gekauft oder für eine Anzahlung gespart, damit er sich später ein Haus leisten und einen guten Start ins Leben haben könnte. Doch wir lebten in einer anderen Welt. Und mein mitfühlender Sohn war sehr gern bereit, zugunsten seiner erweiterten Familie auf diese schönen Dinge zu verzichten.

Im Februar wollte Mohammad nicht länger in der Türkei bleiben. Er setzte alles daran, um seine Familie aus dem Land zu bringen. Ghouson war mittlerweile wieder schwanger, und mein großer Bruder glaubte nicht mehr daran, dass mein Versuch, sie nach Kanada zu holen, jemals von Erfolg gekrönt sein würde. In Europa hatten Deutschland und Schweden ihre Grenzen für syrische Flüchtlinge geöffnet und bereits 140.000 Menschen aufgenommen. In der großen Gerüchteküche der syrischen Community in Istanbul hörten meine Geschwister, dass die Bundesregierung den nach Deutschland Geflüchteten sogar einen Familiennachzug erlaubte. Allerdings musste man erst einmal so weit kommen. Die EU wandte das sogenannte Dublin-Verfahren an, nach dem die Zuständigkeit für einen

Flüchtling mit einem geschützten Status beim Staat der Ersteinreise liegt. Bei Weiterreise und Antragstellung in einem Drittland kann er oder sie daher in das Land zurückgeschickt werden, in dem er oder sie zuerst in Sicherheit war. Nicht zuletzt um sich dieser Zuständigkeit zu entziehen, weigerten sich zahlreiche EU-Staaten in Mitteleuropa, Flüchtlinge ins Land zu lassen bzw. ihren Transit zu dulden.

Die einzige Ausnahme stellte Griechenland dar. 2011 hatte die griechische Regierung die Dublin-Verordnung aufgehoben, nachdem es Probleme beim langfristigen Management der Flüchtlingsfrage gegeben hatte. Ursprünglich wollten die meisten Flüchtlinge nur den sicheren Transit nach Nordeuropa. Als die Regierung die Regelung suspendierte, sahen viele das als eine Chance, temporäres Asyl in Griechenland zu bekommen. Meine Angehörigen erfuhren jedoch, dass die griechischen Behörden das Leben der aus der Türkei einreisenden Flüchtlinge immer noch schwer machten. Die meisten wählten daher den Seeweg über das Mittelmeer. Nur wenige versuchten es auf dem Landweg, denn das bedeutete, den Evros zu überqueren, eine lebensgefährliche natürliche Grenze, die schon zahlreiche Todesopfer gefordert hatte: Die Menschen ertranken in den reißenden Fluten oder starben an Unterkühlung. Da meine Brüder im mächtigen Euphrat schwimmen gelernt hatten, beschlossen sie dennoch, ihre Flucht auf dieser Route zu versuchen. Im Februar 2015 machten sich Abdullah, Mohammad und sein Sohn Shergo auf den Weg.

Ein Einheimischer sollte sie führen. Sie packten einen kleinen Rucksack mit Kleidung zum Wechseln, etwas Geld und Abdullahs Handy. Mohammad verabschiedete sich. Dann nahmen die drei Männer den Bus und fuhren knapp 250 Kilometer in Richtung Westen. Türkische Patrouillen kontrollierten die Grenzregion mit Suchscheinwerfern. Um an das Flussufer zu gelangen, mussten sie durch schlammiges Ackerland schleichen.

Von diesem Projekt erfuhr ich nur durch Zufall. Abdullah war gerade unterwegs, als ich ihn anrief.

»Wie geht's? Was machst du gerade?«, begann ich unser Gespräch.

»Fatima, ich kann jetzt nicht sprechen.«

»Warum flüsterst du? Ich verstehe dich kaum.«

»Wir sind auf einem Feld. Verstecken uns vor der Polizei. Ich muss Schluss machen. Ich rufe dich an, sobald wir über den Fluss sind.«

In meiner Panik rief ich Ghouson an, und sie verriet mir den geheimen Plan. »Wir haben dieses Leben in Armut satt«, sagte sie. »Wir haben nicht genug zu essen. Die Kinder können nicht in die Schule. Wir kommen nicht nach Kanada. Unsere einzige Hoffnung ist Europa.« Sie hofften, dass die Familien nachziehen dürften, wenn sich die Männer bis zum rettenden Kontinent durchschlagen könnten.

Abdullah, Mohammad und Shergo erreichten das Ufer des Evros, ohne entdeckt zu werden. Ungeduldig wartete ich auf ihre Nachricht. Von Griechenland trennte sie nur noch der breite Strom. Sie stiegen ins eiskalte Wasser. Abdullahs Beine waren sofort taub vor Kälte.

»Ich dachte an meine Frau und an die Kinder«, erzählte er mir später. »Was wird aus ihnen ohne mich?«, fragte er sich. Es war zu gefährlich. Er wollte nicht riskieren, sie allein zu lassen und kehrte um.

Mohammad und Shergo aber gingen weiter. Ein aufblasbarer Reifen steckte im Uferschlamm. Sie zogen ihn heraus und paddelten um ihr Leben. Nass bis auf die Haut und zitternd wie Espenlaub gelangten sie ans griechische Ufer, wo sie bemerkten, dass Abdullah ihre Kleidung zum Wechseln und ihr Geld hatte. »*Yallah yallah*, komm rüber«, riefen sie ihm zu. Doch Abdullah weigerte sich.

Er schickte mir eine SMS, damit ich wusste, dass er sich gegen die Flucht über den Evros entschieden hatte. Ich rief ihn an, und er berichtete: »Schwester, dieser Fluss ist ein Monster. Kaum hatte ich einen Fuss ins Wasser gesetzt, wurde mir klar, dass es eine völlig verrückte Idee war. Hoffentlich haben Mohammad und Shergo es bis ans Ziel geschafft.«

Es wurde dunkel. Mohammad und Shergo liefen frierend und zähneklappernd in Richtung Westen. Mohammad fieberte bereits. Er hatte Hunger und pflückte Beeren von einem Strauch. Diese waren offenbar giftig oder jedenfalls ungenießbar. Schon bald, nachdem er sie gegessen hatte, musste er sich heftig übergeben, dann brach er im Delirium zusammen. Shergo fürchtete, sein Vater würde mitten in der Einsamkeit sterben, als er in der Ferne einen Menschen sah. Panisch schrie er um Hilfe. Der Mann in der Ferne – ein griechischer Polizist – hörte ihn und näherte sich. Er würde sie zur nächsten Wache bringen, erklärte er. Er schien verständnisvoll, als sie ihm auf Englisch radebrechend ihren Plan, es bis Deutschland zu schaffen, schilderten. Doch auf der Wache steckte man sie in eine Zelle mit zwanzig weiteren frierenden syrischen Flüchtlingen, denen man nicht einmal Decken gab. Am nächsten Tag verfrachtete man sie in einen Transporter und versprach, ihnen bei der sicheren Weiterreise nach Deutschland zu helfen. Tatsächlich brachte man sie an die türkische Grenze und übergab sie dort der türkischen Polizei. Das war Mohammads und Shergos Rückkehr in die Vorhölle, der sie entkommen zu sein glaubten. Krank und müde fanden sie sich in der Ungewissheit des Flüchtlingslebens in Istanbul wieder – und zugleich froh, dem Tod von der Schippe gesprungen zu sein.

Mir wurde klar, welche Risiken meine Brüder einzugehen bereit waren, um die Türkei zu verlassen, und ich unternahm noch einmal alles, um ihnen so schnell wie möglich zu helfen. Wieder nahm ich Kontakt zum Büro der Vereinten Nationen in Ankara auf. Dort hieß es, dass die UN eine Ausreisegenehmigung für Kanada durchaus kurzfristig ausstellen könnten, aber erst, nachdem die kanadische Regierung dem Asylantrag stattgegeben hätte. Also gab ich den G5-Antrag und den dicken Stapel der erforderlichen Dokumente in die Post und schickte ein Gebet hinterher.

Bis April blieb ich ohne Nachricht von der Einwanderungsbehörde. Dann kam eine E-Mail, in der man mir empfahl, Kontakt zu einem Sponsorship Agreement Holder aufzunehmen, denn für die Einwanderung via Patenschaft wäre keine UNHCR-Genehmigung erforderlich. Das war mir seit Monaten bekannt, und genau aus diesem Grund wollte ich ja den Weg über einen SAH gehen. Es war frustrierend, dass mir die Regierung in ihrer sehnsüchtig erwarteten Antwort auf meinen Antrag riet, wieder von vorne zu beginnen. Ich fragte mich, was geschehen müsste, damit sie endlich handelten.

* * *

Mittlerweile war es Frühsommer geworden. Die Sonne schien, doch sie wärmte nicht. Im Juni 2015 teilte mir die Einwanderungsbehörde mit, dass in meinem Antrag die Informationen über die persönliche Finanzlage meiner Nachbarin Kitt fehlten. Sie war Pensionärin und hatte ihre Rente als Einkommen aufgeführt, allerdings versäumt, die entsprechenden Unterlagen beizufügen. Kitt schickte die Dokumente sofort nach. Am nächsten Tag erhielt ich eine weitere E-Mail, in der man mir mitteilte, was ich bereits wusste: Da es sehr schwer sei, Ausreisegenehmigungen für Flüchtlinge in der Türkei zu bekommen, hätte die kanadische Regierung »ein Moratorium für SAHs verfügt«. Alternativ dazu gäbe es nun ein neues Pilotprogramm für ein privates Sponsoring für Flüchtlinge aus Afghanistan, Iran, Irak und Syrien. Man sei bereit, so schrieb man mir, anstelle von Ausreisevisa auch *yabancı cards* zu akzeptieren. Ich konnte es kaum glauben. Ich war unendlich glücklich. Alle meine Familienmitglieder hatten *yabancı cards*. Allerdings machte der nächste Absatz in diesem Schreiben meine Begeisterung sofort zunichte. Darin hieß es nämlich, dass syrische Staatsangehörige – und nur diese – immer noch die Dokumente vorlegen müssten, die nicht zu bekommen waren: ein *mavi kimlik* oder einen gültigen Reisepass. Für sie wäre eine *yabancı card* keine akzeptable Option. Warum diskriminierte Kanada ausgerechnet Syrerinnen und Syrer, die Menschen aus dem einzigen Land auf der genannten Liste, das aktuell eine Krise epischen Ausmaßes erlebte? Wollte man mich verhöhnen? So fühlte es sich an. Diese E-Mail nützte uns nicht nur nichts, sie war ein Dolchstoß mitten in unsere Herzen.

Im Mai 2016 hatte der Zustrom syrischer Flüchtlinge, die Asyl in Europa suchten, kritische Ausmaße angenommen. Knapp 300.000 Menschen hatten bereits Asylanträge in EU-Staaten gestellt. Mohammad wollte dennoch ein weiteres Mal versuchen, nach Deutschland zu kommen, dieses Mal auf dem Seeweg via Kos. »Alle meine Freunde erreichen Deutschland über Kos«, sagte er mir. »Ich nehme den gleichen Weg.«

Kos bot sich an, da es die der türkischen Küste nächstgelegene Insel ist, gerade einmal vier Kilometer von Bodrum entfernt. Mohammad war bereit, das Risiko dieser Reise einzugehen, und er konnte nicht länger warten. Seit drei Jahren (über-)lebte seine Familie in der Türkei. Seine älteren Kinder arbeiteten immer noch in der Textilfabrik, und es war kein Ende in Sicht. Die neunjährige Ranim hatte bereits mehrere Schuljahre verpasst, und der siebenjährige Rezan hatte noch nie einen Klassenraum betreten. Ghouson war schwanger, und sie müssten bald ein weiteres Kind ernähren, dem eine trostlose Zukunft blühte. Da sie nicht genug Geld hatten, um einen Schleuser für die ganze Familie zu bezahlen, machte sich Mohammad allein auf den Weg nach Bodrum, um von dort das Meer zu überqueren.

Sein Ziel lag 2000 Kilometer entfernt: Er wollte nach Deutschland. Dorthin würde er dann die Familie nachholen.

Ich wusste nichts von Mohammads Plan. Er hatte mir nichts erzählt. Dass er unterwegs war, erfuhr ich erst, als er Kos bereits erreicht hatte. Von dort nahm er die Fähre nach Athen. Dann folgte die Weiterreise durch mehrere, wenig gastfreundliche mitteleuropäische Staaten, bis er schließlich am Ziel war.

* * *

In jenem Sommer gab es über sieben Millionen Binnenflüchtlinge in Syrien, und die Zahl der Syrerinnen und Syrer, die im Ausland Zuflucht suchten, überstieg vier Millionen. Die Syrienkrise war ganz offiziell die dramatischste Flüchtlingskrise seit dem Zweiten Weltkrieg. Die Hälfte der Geflüchteten lebte in der Türkei. In Istanbul kursierten Gerüchte, dass die türkische Regierung ein Flüchtlingslager auf der syrischen Seite der Grenze bauen und Flüchtende vielleicht sogar nach Syrien zurückschicken wollte. Derartige Befürchtungen wurden natürlich durch die allgemein herrschende Paranoia noch befördert. Angesichts der Kämpfe in Syrien und im Grenzgebiet mit der Türkei war die Angst der Flüchtlinge nicht unbegründet. Es schien für sie keine sichere Zuflucht zu geben. Kein Ort. Nirgends.

Die Flüchtlinge waren Opfer des Terrors und der globalen Geopolitik. Dennoch betrachtete man sie zunehmend mit der gleichen Skepsis und Feindseligkeit wie die Terroristen, vor denen sie verzweifelt flohen und denen sie selbst nur knapp entkommen waren. In diesem von Ungewissheit und Sorge geprägten Klima diskutierten immer mehr Mitglieder meiner Familie die Möglichkeit einer Flucht über die griechischen Inseln nach Deutschland. Mohammad hatte es schließlich geschafft. Untergebracht in einem Wohnheim führte er zwar alles andere als ein bequemes Leben, doch ihm blieb die Hoffnung auf eine legale Niederlassung und eine bessere Zukunft für seine Familie. Einige meiner anderen Cousins waren mittlerweile ebenfalls sicher in Deutschland oder Schweden angekommen.

Ich dagegen saß in weiter Ferne, in Vancouver, und hatte das Gefühl, nichts für meine Familie in Syrien und der Türkei tun zu können. Ich fühlte mich nutzlos. Zu Hause wiederum brauchte mich niemand. Alan war mittlerweile 22 Jahre alt, ein kluger, attraktiver Mann, der zwar noch bei uns lebte, aber so fleißig studierte und arbeitete, dass er manchmal erst nach Hause kam, wenn ich bereits im Bett lag. Ich litt offenbar schon an den ersten Symptomen des *Empty Nesters*. Andere in einer solchen Situation legen sich einen Hund oder eine Katze zu. Ich entschied mich für Fische. Ich kaufte ein großes Aquarium, stellte es zwischen Wohn- und Schlafzimmer und füllte es mit 20 Mollys.

»*Ammeh*, Tante, ich möchte die Fische sehen«, sagte Ghalib jedes Mal, wenn wir per Video chatteten.

»Geh zur Seite, *ker*«, meckerte Ghalib seinen kleinen Bruder an. Alan reagierte wie immer: Er tat, was sein geliebter großer Bruder ihm befahl, auch wenn ihn dieser mit dem kurdischen Wort für »Esel« beschimpfte.

Ghalib war ein typischer großer Bruder, und er war eifersüchtig auf den Kleinen, während Alan ein niedliches, fröhliches, immer lächelndes Kind war, dem sehr viel Aufmerksamkeit geschenkt wurde. Selbst völlig Fremde freuten sich, ihn zu sehen. Ständig stand er im Mittelpunkt. Alle wollten ihn berühren und verwöhnen. Wenn Rehanna mit ihm auf den Markt ging, um ein Kilo Reis zu kaufen, strahlte der Händler den Jungen an und sagte: »Ich gebe Ihnen etwas extra für diesen wunderbaren Engel.«

Alan erinnerte mich an Abdullah, als dieser ein kleiner Junge war. Wann auch immer ich ihn auf meinem Bildschirm sah, wollte ich ihn liebkosen. Doch es ging mir wie mit den Fischen in meinem Aquarium: Ansehen ja, berühren unmöglich. Auch die beiden Kinder konnte ich nicht umarmen. Sie waren quasi hinter Glas.

Abdullah kümmerte sich rührend um seine Familie, doch sich selbst vernachlässigte er. Sein Mund blieb eine eiternde Wunde. Er konnte immer noch nicht richtig kauen. Ich konnte nicht vergessen, was man ihm angetan hatte, und ich prüfte, welche Möglichkeiten der Heilung es für ihn gab. Ich nahm Kontakt zu einem Zahnarzt in der Türkei auf und schickte Geld, damit Abdullah sich behandeln lassen könnte. Ich fragte in der Praxis, was neue Zähne kosten würden. Man nannte mir etwa 5.000 Dollar für eine Prothese und 14.000 Dollar für Implantate. Die Hälfte des Betrages müsste bar vorab bezahlt werden.

Nun, da eine private Patenschaft zur Finanzierung des Asyls für meine Familie in Kanada unmöglich schien, könnten wir einen Teil des Geldes nutzen, um Abdullah mit seinen Zähnen zu helfen, überlegte ich. Rocco und ich beschlossen, die Implantate zu bezahlen.

Mit dieser – so dachte ich – guten Nachricht rief ich Abdullah an, doch wieder reagierte er anders als erwartet.

»Spinnst du?«, sagte er. »Du willst 14.000 Dollar für mich ausgeben? Das bin ich nicht wert! Aktuell bin ich nicht einmal tausend Dollar wert. Und wenn ich 14.000 Dollar hätte, dann würde ich meiner Frau und den Kindern etwas zum Essen kaufen. Meine Zähne sind mir egal. Sie kümmern mich nicht, selbst wenn ich den Rest meines Lebens ohne sie verbringen müsste! *Allah karim.*«

Ich konnte Abdullah überreden, wenigsten noch zwei andere Zahnärzte zu konsultieren. Beide kalkulierten einen ähnlichen Preis. Mein Bruder blieb entschlossen.

»Wenn du darauf bestehst, mir Geld zu geben, dann schick genug, damit ich Schleuser dafür bezahlen kann, mich nach Kos und dann nach Deutschland zu bringen. Ghalib soll nächstes Jahr in die Schule, und er muss zum Arzt wegen seiner Haut. Seine Schmerzen werden immer schlimmer. Ich will die Familie nach Europa bringen. Das ist meine beste Chance, Rehanna und den Kindern zu helfen. Was aus mir wird, werden wir dann sehen, wenn es so weit ist.«

Ich sprach mit meinen Geschwistern über diesen Plan. Wir machten uns große Sorgen. Was, wenn er die Reise nicht überlebte? Die Passage übers Meer oder den Weg nach Deutschland? Was, wenn er zwar dort ankommen würde, aber der Familiennachzug ihm verweigert würde? Mohammad hatte einen Asylantrag für seine Frau und die Kinder gestellt und erfuhr zu seinem Entsetzen, dass es bis zu einem Jahr dauern konnte, bis darüber entschieden wird. Wir diskutierten, ob wir so viel Geld schicken sollten, dass Abdullahs ganze Familie sich auf den Weg nach Europa machen könnte. Ich rief Abdullah an und fragte, wie viel das kosten würde.

»Soweit ich weiß, muss ich für die Jungen nichts bezahlen«, klärte er mich auf. Ungefähr 5.000 Dollar würden also reichen.

Ich sprach mit Rocco, und wir waren uns einig: Wenn es das ist, was Abdullah will, dann werden wir so handeln. Ich rief Abdullah an.

»Ist das dein Ernst?«, fragte er.

»Meinst du, Rehanna und die Jungs könnten ohne dich überleben?«, fragte ich zurück.

»Es wäre sehr schwer. Und mein Herz würde brechen, wenn wir uns wieder trennen müssten. So bräuchten wir das nicht. Ich werde mit Rehanna reden. Ruf mich morgen wieder an.«

Ich rief am nächsten Tag an. »Rehanna und ich haben die ganze Nacht diskutiert«, berichtete er. »Als du sagtest, du würdest unsere Reise bezahlen, waren wir zuerst total begeistert. Wir waren voller Dank. Doch wenn wir die Nachrichten sehen, haben wir Angst. Rehanna kann nicht schwimmen. Die Kinder sind noch so klein. Aber wir leben zusammen oder wir sterben zusammen. Und wir können auch nicht länger warten. Rehanna ist wieder schwanger. Sie fühlt sich nicht wohl. Sie schläft die ganze Zeit.«

»*Mabrouk!* Glückwunsch«, sagte ich. Ich freute mich, dass ein weiteres Kind unterwegs war, hatte aber auch Sorge, dass die Reise für eine Schwangere zu anstrengend sein würde. »Sie muss Vitamine nehmen und gut essen«, erinnerte ich meinen Bruder.

Damals verstand ich die Schwierigkeiten, die meine Geschwister schon seit Jahren durchlebten, schon viel besser. Sie fühlten sich zwischen Baum und Borke: Einerseits fürchteten sie, dass der Krieg niemals enden würde und sie die Heimat nie wiedersähen. Und dann realisierten sie, dass die Welt sie ignorierte. Viele zerbrachen unter diesem Herzschmerz, dem Stress und der Gleichgültigkeit. Auch meine Familie zerbrach fast daran.

Ich verzehrte mich im Wunsch, meine Lieben in Sicherheit zu wissen. Meine Arbeit bereitete mir keine Freude mehr. Außer am Zahltag, denn ich wusste, das Geld wäre für sie. Ich habe immer gern für meine Familie und Freunde gekocht, doch nach meiner Rückkehr aus der Türkei deprimierte mich jeder Besuch im Supermarkt. Der Überfluss an Lebensmitteln in den Regalen verursachte bei mir Panikattacken und erfüllte mich mit einer Bitterkeit, die ich zuvor nicht gekannt hatte. Selbst Kochen machte mir keinen Spaß mehr. Wenn ich meine syrischen Lieblingsgerichte zubereitete und aß, spürte ich die *ghorbah* stärker denn je. Ich hatte Heimweh. Wenn ich mich in den Garten zurückzog, der mir immer einen Hauch von Sham vermittelt hatte, spürte ich, dass er nur ein müder Abklatsch war. Die seltenen Glücksmomente wandelten sich immer schneller in Schuld- und Schamgefühle. Ich war nicht geerdet. Kanada und mein Leben dort waren nicht länger »das Beste beider Welten«.

Jeden Abend schloss ich die Augen und träumte von meiner Heimat, Damaskus. »Wie konnte meine Familie nur in eine so schreckliche Lage geraten?«, fragte ich mich. Eine tiefe Kluft trennte uns von unserem früheren Leben in Syrien. Physisch und emotional hatten wir uns so weit von zu Hause entfernt, dass niemand von uns je zurückkehren könnte. Was, wenn ich meine Geschwister und unseren *Baba* nie wiedersehen würde? Um mich zu beruhigen, versuchte ich, den Geruch des wilden Jasmin in Damaskus zu erinnern. Im kriegserschütterten Sham war die Luft, die unser Vater atmete, oft schwer vom Rauch und Staub der Trümmer nach den Bombardierungen. Neue Gefahren drohten seinen Kindern und Enkeln und bereiteten ihm große Sorgen.

Mohammad hatte den gefährlichen Weg auf sich genommen und Deutschland erreicht. Hivron und ihre Familie planten ebenfalls die Flucht über die griechischen Inseln. Meine jüngste Schwester hatte einen Sohn im Teenageralter und drei kleine Töchter, um die sie sich kümmern musste. Maya, die Kleinste, war erst acht Jahre alt. Hivron hatte sich überdies einverstanden erklärt, den zweitältesten Sohn unserer Schwester Maha, den 19-jährigen Mahmoud, mitzunehmen. Shireen lebte noch in Damaskus mit ihrem Mann und zwei kleinen Kindern. Ihr Ältester, Yasser, war bereits mit anderen Jugendlichen fort, unterwegs in die Türkei via Libanon.

Eine Weile zögerten Abdullah und Rehanna noch, ihren Plan in die Tat umzusetzen. Sie sahen die große Gefahr der Überfahrt und die Risiken der Weiterreise nach Deutschland. Eigentlich wollten sie die Region nicht verlassen. Immer noch hofften sie, dass der Krieg bald enden würde und sie nach Kobane zurückkehren könnten. Rehannas Vater Shikho sehnte sich nach seiner ältesten Tochter und seinen Enkeln. Er hatte große Befürchtungen mit Blick auf die Reise selbst, und die Tatsache, dass sie so weit fort gehen würden, machte ihm das Herz noch schwerer.

»Es ist nur vorübergehend, ein Notfall«, versuchte Rehanna ihn zu beruhigen. »Sobald es sicher ist, kommen wir zurück.«

Am Ende waren sie entschlossen, den Transit zu wagen, und wir mussten einen Weg finden, Abdullah das Geld zukommen lassen. Es erwies sich als schwieriges Unterfangen, denn als illegale Flüchtlinge durften Rehanna und er kein Bankkonto haben. Eine so große Summe als Bargeld über Freunde zu schicken war jedoch auch nicht ohne Risiko. Ich plante mehrere Monate für einen Geldtransfer in Raten. Doch dann ergab sich, dass drei befreundete Familien in die Türkei fahren wollten, und ich bat sie, jeweils einen Teil des Geldes für Abdullah mitzunehmen. Mit ihrer Hilfe würde Abdullah in wenigen Wochen die Summe in den Händen halten. Damals schien mir das ein großer Glücksfall.

Kapitel 9
Ein Schritt vorwärts, zwei Schritte zurück

Am 7. Juli bekam Rehanna starke Unterleibsschmerzen. Abdullah eilte mit ihr ins Krankenhaus. Dort ließ man sie stundenlang warten. Schließlich gab ihr eine Schwester eine Pille und schickte die beiden nach Hause. Zwei Nächte später verschlimmerten sich die Schmerzen. Rehanna blutete stark. Wieder fuhr Abdullah mit ihr in die Klinik. Dieses Mal sagten die Ärzte, sie hätte eine Fehlgeburt gehabt, und ordneten eine Ausschabung an. Da es kein Betäubungsmittel gab, war Rehanna während der ganzen Prozedur bei Bewusstsein. Beruhigend sprach eine Krankenschwester in kurdischer Sprache auf sie ein. Rehanna verlor sehr viel Blut. Abdullah war geschockt, als er sah, wie schwach und blass sie nach der Operation war. Und er war traurig.

»Tima, ich habe mir so sehr ein kleines Mädchen gewünscht. Sie sollte Radiya heißen, nach unserer Mutter«, seufzte er betrübt. »*Nasib*. Das war Schicksal. Du wirst noch eine Tochter haben. *Inschallah*«, versuchte ich, ihn zu trösten. »Kümmere dich um Rehanna. Kauf ihr etwas Gutes zum Essen, damit sie wieder zu Kräften kommt.«

Das Unglück stärkte ihn in seinem Entschluss, nach Europa zu gehen. Er wusste, dass seine Familie nur dort eine sichere Zukunft haben würde. Es würde zwar eine Weile dauern, bis Rehanna sich erholt hätte, doch sie bestand auf der Reise. Sie sei stark genug, versicherte sie. Abdullah besorgte Schafsleber, weil sie viel Eisen enthält, und eine große Tüte Datteln.

Am 18. Juli begann *Eid al-Fitr*. An ein Festmahl zum Ende des Ramadan war bei Abdullah und Rehanna jedoch nicht zu denken: Dafür fehlte ihnen das Geld.

Dennoch hielten sie an der muslimischen Tradition fest und kauften, wenn auch auf dem Flohmarkt, neue Kleidung für die Kinder: eine kurze Jeans und ein T-Shirt für Ghalib, und für Alan einen Einteiler, der aussah wie ein Smokinghemd mit Hose, mit einer am Kragen angenähten Fliege und aufgemalten Hosenträgern. Ghalibs Kleidungsstücke würden für die anstehende Reise nützlich sein, und der kleine Anzug für Alan war einfach zu niedlich, als dass sie hätten widerstehen können. Er kostete auch nur eine Lira.

»*Habib albi*, Liebe meines Herzens, du siehst aus wie ein ganz großer Junge«, sagte Abdullah, als Alan fertig angezogen vor ihm stand.

»Und ich, Papa?«, fragte Ghalib.

»*Inta hayati kilha*. Du bist mein ganzes Leben.«

Es war ein sonniger, warmer Tag, und sie beschlossen, einen Ausflug nach Eminönü zu machen. Dort wollten sie am Ufer des Bosporus spazieren gehen, wo die Fähren zwischen der europäischen und der asiatischen Seite Istanbuls kreuzten.

»Wollen wir nicht mit dem Schiff fahren?«, fragte Ghalib.

»Warum nicht? Es ist *Eid*. Es wird den Kindern gefallen«, stimmte Rehanna zu. Die Fähre kostete nur eine oder zwei Lira pro Person. Die Jungen waren begeistert von ihrem Kurztrip auf See. Alan winkte allen zu, die er sah. Er winkt auch auf dem Foto, das Rehanna von Abdullah mit seinen beiden Söhnen machte.

»Er winkte, als würde er sich von der Welt verabschieden«, sagte Abdullah später.

»Werden wir mit so einem Schiff nach Europa fahren?«, fragte Ghalib.

»Es wird ein bisschen kleiner sein«, antwortete Abdullah und sah Rehanna an.

Nach der Fahrt mit der Fähre entdeckten sie einen Park mit einem Kinderspielplatz. »Ich hatte beide Jungen an der Hand«, erinnerte sich Abdullah. »Aber dann sahen sie den Spielplatz, ließen mich los und rannten hin. Natürlich stolperte Alan über seine kleinen Füße und fiel. Doch er weinte nicht. Er weinte nie. Ich nahm ihn an die Hand, doch wieder rutschte seine Hand aus meiner. Er war so klein und hatte es so eilig auf seinem Weg zu Schaukel und Wippe.«

Ghalib turnte nach ganz oben auf einem Klettergerüst. Alan war zu klein, um es ihm nachzutun.

»Papa!«, rief er und deutete auf die Spitze der Rutsche. Abdullah hob ihn hoch und folgte ihm dann, während Rehanna unten mit gezückter Handykamera auf ihn wartete, um den Augenblick einzufangen. »Lächeln!«, rief sie Alan zu. Er hob beide Arme und schaute seine Mama an, die ihn fotografierte. Dann setzte Abdullah Alan auf seinen Schoß, und gemeinsam rutschten sie runter. Alan quietschte vor Begeisterung. Abdullah schickte mir das Foto von Alan oben auf der Rutsche. So niedlich in seinem kleinen Anzug. Doch er war blass und mager. Und sein Gesichtsausdruck war anders als sonst. Meist lachte er ja, oder lächelte wenigstens. Auf diesem Bild aber blicken seine großen, braunen Augen ernst und fragend. Die Händchen hat er hochgestreckt, als würde er zum Abschied winken.

»Warum ist Alan so dünn?«, fragte ich Abdullah.

»Er zahnt. Die unteren Eckzähne kommen. Er mäkelt viel und mag nicht essen.«

»Warum gebt ihr ihm nicht mehr Milch?«

Abdullah seufzte: »Fatima, ich schweige lieber, als dass ich etwas sage.«

Vielleicht spielte Alans Zahnen eine Rolle. Vielleicht war er müde nach einem Tag voller Aktivitäten. Vielleicht interpretiere ich auch zu viel in dieses letzte Foto von meinem süßen Neffen, als er noch lebte. Doch wenn ich das Bild heute sehe, denke ich unwillkürlich, dass er aussieht, als hätte er Angst.

* * *

Ab dem Moment, in dem sie beschlossen hatten, die Fahrt übers Meer zu wagen, taten Abdullah und Rehanna alles, um ihre Söhne davon zu überzeugen, dass die Reise ein tolles Abenteuer sein würde.

»Kommt Pisikeh mit nach Europa?«, fragte Ghalib und streichelte die Katze.

Rehanna lachte: »Wie sollen wir sie unterbringen? Wir können nur einen kleinen Rucksack mitnehmen.«

Ghalib brach in Tränen aus, doch Rehanna tröstete ihn und sagte, sie hätten schon ein wunderbares neues Zuhause für die Katze. »Und wir bekommen eine andere *pisikeh* in Europa.«

»Was ist mit meiner Bouzouki und meinen Spielsachen?«, fragte Ghalib weiter. Selbst für ihn, einen Vierjährigen, der noch keine genaue Vorstellung davon hatte, was Zukunft bedeutet, stellte die Reise nach Europa eine Zwischenlösung dar. Noch hoffte er und träumte von einer Rückkehr in sein altes Leben in Syrien.

»Wir kaufen dir eine andere Bouzouki und neue Spielsachen in Europa, und vielleicht sind wir bald wieder in Kobane, bevor du sie überhaupt vermisst. *Inschallah.*«

»Gibt es Kekse in Europa?«, wollte Ghalib von Abdullah wissen.

»Da gibt es alle möglichen köstlichen Kekse.«

»Ich hoffe, wir bekommen viele Kekse in Europa, Papa!«

Alan teilte die Begeisterung seines großen Bruders. Er klatschte in die Hände und plapperte ihm die Worte in seiner Babysprache nach.

Ende Juli übergab mein Bruder dem Schleuser die letzte Rate für die Überfahrt. Er schickte mir eine SMS, dass das Geld angekommen sei, und ich rief ihn an.

»Ich werde Schlafsäcke kaufen«, berichtete er. Den Tipp hatte er von anderen Flüchtlingen, die Tage oder Wochen warten mussten, bevor sie aufs Boot konnten, und kein Hotelzimmer fanden. Wenn ihnen das genauso ginge, müssten sie, wie viele andere, im Park übernachten.

Am Tag vor ihrer Abreise aus Istanbul badete Abdullah die beiden Kinder noch einmal in ihrem aufblasbaren Schwimmbecken. Dann wollte er ihnen die Haare schneiden. Ghalib protestierte, also begann Abdullah mit Alan, der es geduldig und ruhig hinnahm. Damit Ghalib auch still sitzen bleiben würde, machte Abdullah ein Spiel daraus. Er jagte ihn mit dem surrenden Klipper in der Hand durchs Zimmer, bis der Junge müde wurde und sich schließlich fügte.

Am 5. August verließ Abdullah mit seiner Familie Istanbul. Wir waren täglich in Kontakt. Wenn ich an unsere Gespräche zurückdenke und unsere Textnachrichten noch einmal lese, höre ich die Stimme der nörgelnden großen Schwester, die von Paranoia und gigantischen Gefühlsschwankungen geplagt wird: Mal drängte ich meinen jüngeren Bruder, umsichtiger zu planen, dann wieder ermunterte ich ihn, nicht so zögerlich zu sein, und schließlich trieb ich ihn ins Meer.

Am ersten Abend erreichten sie Izmir. Die Hafenstadt war voll von syrischen Flüchtlingen, die einen Weg über das Wasser suchten.

Der beliebteste Startpunkt zu jener Zeit war Çeşme, eine Küstenstadt auf einer Halbinsel, etwa eine Autostunde von Izmir entfernt. Von Çeşme bis zur griechischen Insel Chios sind es nur 15 Kilometer. Allerdings weht in Çeşme häufig ein starker Wind – es ist der türkische Kite-Surfing-Hotspot – und das Wetter im östlichen Mittelmeerraum ist berüchtigt; verlässliche Vorhersagen sind unmöglich. Sie gingen in einen Park, in dem zahlreiche syrische Flüchtlinge versammelt waren bzw. campten. Dort fanden die Schleuser ihre Kundschaft. Abdullah und Rehanna versorgten sich mit Informationen über die verschiedenen Möglichkeiten, die Türkei zu verlassen. Manche entschieden sich für den Transport in Containern, über See oder über Land, doch es gab auch etliche Berichte von Flüchtlingen, die das versucht hatten und am Ende erstickten oder verhungerten. Den meisten schwebte eine Fahrt per Boot nach Griechenland vor, entweder ab Izmir oder weiter südlich ab Bodrum. Allerdings konnten sich nur die wenigsten Preise von mehreren Tausend Dollar – pro Person – für einen Platz auf einem großen, stabilen Schiff leisten. Alternativ angeboten wurden billige, leichte Schlauch- oder Fischerboote. Auch dafür verlangten die Schleuser immer noch 2.500 Dollar pro Person. Einige Flüchtlinge erzählten von ihren Horrorerlebnissen bei gescheiterten Fluchtversuchen in Schlauchbooten.

»Ich habe kleine Kinder. Ist das nicht zu gefährlich?«, fragte Abdullah die anderen Flüchtlinge.

»Wir alle haben kleine Kinder. Doch wir haben auch keine andere Wahl.« Alle saßen – sprichwörtlich – im selben Boot, gleichgültig, woher sie kamen: Türkei, Libanon, Jordanien, Libyen. Alle waren arm und hungrig, ihre Kinder konnten weder zur Schule noch zum Arzt gehen. Europa war ihre letzte Hoffnung.

Abdullah führte erste Gespräche mit Schleusern. Er bestand konsequent auf einem Glasfaserboot. Nach einigen Tagen, die ihn Geld für Essen und ein Hotelzimmer kosteten, und diversen Verhandlungen musste er jedoch einsehen, dass sein Geld dafür nicht reichen würde. »Wir können es uns nicht leisten, hier herumzuhängen und zu warten, in der Hoffnung, dass die Schleuser ein Glasfaserboot auftreiben, das wir bezahlen können«, sagte er zu Rehanna. »Vielleicht sollten wir doch mit dem Schlauchboot fahren, wie alle anderen auch«, antwortete sie. »Vor allem, wenn das Wasser ruhig ist. Sollte das Boot zu voll sein und die Wellen zu hoch, bleiben wir an Land.«

Am nächsten Tag kauften sie Schwimmwesten.

»Ya haram. Es würde dir das Herz brechen, wenn du die vielen Syrer sähest, die hier unterwegs sind: Sie betteln, sie schlafen auf der Straße und in den Parks, wie die Armen. Tausende sind hier«, erzählte mir Abdullah. Die Jungs waren erkältet. Daher hatte er beschlossen, ihr billiges Hotelzimmer nicht aufzugeben.

Am Morgen des 6. August textete Abdullah:»Es regnet stark. Der Schleuser sagt, wir haben Pech. Aber morgen fahren wir. Ganz bestimmt.«

Ich rief ihn an und fragte, ob sie Schwimmwesten gekauft hätten. Rehanna antwortete:»Der arme Alan. Selbst wenn ich die Riemen ganz festziehe, rutscht er aus der Weste. Wir haben überlegt, ihm ein Seil um den Bauch zu binden. Aber dann zieht sich die Schwimmweste vielleicht über seinem Kopf zusammen und das Wasser sammelt sich in ihr. Das wäre noch schlimmer.« Ich wollte Rehanna trösten und sagte, dass sie, so lange sie eine Schwimmweste anhat, über Wasser bleiben würde und so den Kindern helfen könnte, damit sie nicht untergehen.

»Aber ich kann nicht schwimmen. Ich habe totale Panik im Wasser. Ich bin wie eine Kuh.« Die Tatsache, dass Rehanna nicht schwimmen konnte, machte Abdullah von Anfang an große Sorgen. Dabei war die Tatsache, dass sie mit zwei kleinen Kindern unterwegs waren, schon stressig genug.

In Izmir war es sehr heiß und schwül. Dazu kamen Windböen von manchmal bis zu achtzig Stundenkilometern. Der Himmel sah bedrohlich aus. Immer wieder gewitterte es. Jede Nacht, eine Woche lang, machten sie sich mit den Schleusern auf den Weg. Jede Nacht forderten diese sie irgendwann auf, umzukehren.

13. August:»Um zwei Uhr morgens sind wir los. Polizisten erwischten uns und nahmen uns mit auf die Wache. Sie waren recht freundlich. Wir wurden mit einer anderen Familie zusammen festgehalten. Vormittags ließen sie uns dann gehen. Heute Abend werden wir es noch einmal versuchen.«

Am Abend regnete es wieder und erneut zog ein Gewitter auf. Alles war nass, der Himmel dröhnte wütend. Am 14. und 15. August versuchte ich mehrfach, Kontakt zu Abdullah zu bekommen. Ich rief und tickerte ihn immer wieder an. Er antwortete nicht.

Fünf lange Tage herrschte Funkstille. Wir waren völlig fertig. Wir riefen an, wir schrieben Nachrichten, wir warteten auf Antwort.

Wir befürchteten das Schlimmste und beteten, dass alles gut würde. Rocco und ich waren in Toronto zu Besuch bei den Schwiegereltern. Es waren die längsten fünf Tage unseres Lebens. In einer der Nächte träumte ich von meiner Mutter. Es war ein seltsamer Traum: Ich war zu Hause in Sham und hörte meine Mutter laut aus dem Wohnzimmer rufen. Ich stürzte zu ihr. Sie saß vor dem Computer und weinte. Es war ungewohnt, sie am Computer sitzen zu sehen. Als sie noch lebte, hatten wir gar keinen Computer im Haus. »Im Internet reden sie über Abdullah«, rief sie. »Millionen Menschen schicken Botschaften. So viele, dass ich glaube, der Computer explodiert gleich.« Es waren tränenreiche, traurige Botschaften, die sie empfing. Sie war besorgt und wusste doch nicht, warum. »Ich muss Abdullah Geld geben«, sagte sie. Sie trug eines ihrer Lieblingsarmbänder aus Gold. Es hatte die Form einer Schlange. Sie nahm es ab und schickte mich zum Juwelier, um es zu versetzen. Ich ging hin, doch der Laden war voller Kundschaft. Der Juwelier prüfte das Schmuckstück kurz und sagte dann: »Irgendwas zwischen 29.000 und 31.000 Lira. Kommen Sie später wieder, dann wiege ich es und kaufe es ihnen ab.« Ich raste nach Hause und nannte meiner Mutter den Preis. Als ich ihr das Armband gab, wurde der Kopf der Schlange zu einem weißen Stück Stoff.

So weit mein Traum. Ich erzählte ihn meiner Familie und Freunden, während wir auf eine Nachricht von Abdullah warteten. »Jemand wird einen Sohn bekommen«, sagte eine gute Bekannte, eine Irakerin. Meine italienische Schwiegermutter wusste nicht, was der Traum bedeuten könnte, wollte aber sicherheitshalber eine Kerze für meine Familie anzünden. Erst später realisierten wir, dass das weiße Tuch in meinem Traum wie das Leichentuch aussah, mit dem bei einer traditionellen muslimischen Beerdigung ein Kind bedeckt wird.

* * *

In der Welt der Lebenden kämpften Abdullah und die Seinen während dieser fünf Tage des Schweigens mit ihren eigenen Problemen. Am Abend des 13. August rief der Schleuser an und meldete, er könne sie für 4.000 Dollar auf einem kleinen Fischerboot mit festem Rumpf unterbringen. Das Wetter war jetzt besser, der Himmel aufgeklart.

Nach Einbruch der Dunkelheit brachte man sie zusammen mit sechs weiteren Flüchtlingen zur Landspitze in Çeşme. Während der einstündigen Fahrt schliefen Ghalib und Alan tief und fest. Der Schleuser riet ihnen, die Telefonnummer der lokalen Küstenwache zu speichern, falls es während der Überfahrt Probleme geben sollte. Rehanna weckte Ghalib, als sie an eine felsige Bucht kamen, damit er selbst laufen konnte. Den schlafenden Alan trug Abdullah auf dem Arm. Ein weiterer Schleuser wartete auf einem kleinen alten Fischerboot neben einem Felsvorsprung. Die Luft war warm, der Himmel klar, das Wasser ruhig. Ideale Bedingungen. Am Strand eröffnete man ihnen, dass der Steuermann nicht aufgetaucht wäre. Einer der Syrer erklärte sich bereit, das Ruder zu übernehmen. Er bekam eine kurze Einweisung, wie er den Motor starten und das Boot steuern sollte. Platz gab es für acht Erwachsene. Rehanna hielt Alan, Abdullah setzte sich Ghalib auf den Schoß. Die große Insel Chios zeichnete sich am Horizont ab. Ihre Lichter funkelten nah und doch so fern. Der syrische Ersatzsteuermann ließ den Motor an, und der Schleuser schob das Boot aufs Meer.

»Zu Fuß wären wir zehnmal so schnell gewesen wie dieses Gefährt auf See«, sagte Abdullah mir später. »Wir hatten große Angst, dass die Küstenwache uns erwischt. Aber wenigstens war es ruhig.«

Nach etwa zwanzig Minuten – sie sahen Chios schon unmittelbar vor sich – kam Rauch aus dem Motor. Ein giftiger Gestank erfüllte die Luft. Dann ging der Motor in Flammen auf.

»Ich rief den Schleuser an und sagte: ›Der Motor brennt.‹ Er antwortete: ›Was soll ich tun? Ruft die Küstenwache!‹ Einer der Flüchtlinge telefonierte, die anderen schöpften Meerwasser und löschten den Brand. Zum Glück gelang es tatsächlich, das Feuer zu stoppen. Gefühlte anderthalb Stunden trieben wir im Wasser. Vielleicht auch weniger. Schließlich kam die Küstenwache, schleppte uns zurück in den Hafen und brachte uns auf die Wache, wo mindestens dreihundert andere Bootsflüchtlinge ausharrten. Alle waren durchnässt und zitterten. Die Kinder jammerten und weinten. Grenzbeamte notierten die Namen der aufgegriffenen Flüchtlinge und setzten sie in Busse nach Urfa, das berüchtigte türkische Flüchtlingslager nahe der syrischen Grenze, in dem sich zu jener Zeit bereits Zehntausende Menschen auf der Flucht aufhielten. Vom Camp war es nicht weit bis Kobane. Rehanna fürchtete, dass man sie in die Region zurückschicken würde, aus der sie mit den Kindern ein Jahr zuvor geflohen war.«

In Urfa hausten sie in einer riesigen, schmutzigen Halle, in der man Kisten und Kartons lagern konnte, nicht aber Menschen unterbringen. Viele Flüchtlinge waren abgemagert und krank, sie waren erkältet und litten unter starkem Husten. Natürlich gab es dort auch kein WLAN, und da Abdullah kein Datenvolumen mehr auf seinem Handy hatte, konnte er keinen Kontakt zu uns aufnehmen. Im Grunde war Urfa eher ein Gefängnis als ein Auffanglager. Die Tore nach draußen waren verriegelt, war man einmal drin, konnte man sich nicht mehr frei bewegen.

An diesem ungezieferverseuchten Ort dachten Rehanna und Abdullah an nichts anderes als daran, wie sie ihre Jungs in Sicherheit bringen könnten. Schließlich ließ man sie gehen, als Alan Fieber bekam und Ghalib von einer Wanze oder einem anderen Insekt gebissen worden war und sein Arm anschwoll und sich entzündete. Zurück in ihrer bedingten Freiheit kauften sie als Erstes Antibiotika für Ghalib und Kinder-Aspirin für Alan. Abdullah fand ein Café mit WLAN und schickte mir eine Textnachricht, damit ich wusste, dass sie am Leben sind. Das war am 18. August. Ich war erleichtert, von ihm zu lesen. Er setzte sich auch mit dem Schleuser in Verbindung, der ihm anstandslos sein Geld zurückgab.

Abdullah plante, mit Rehanna und den Kindern nach Izmir zurückzukehren. Doch Izmir war völlig überlaufen, und jemand schlug vor, er solle stattdessen Bodrum ansteuern. Von dort sei die Passage übers Meer zudem kürzer. Doch auch in Bodrum hielten sich viele Flüchtlinge auf: Allein im August wagten über zweitausend Menschen die Überfahrt.

»Es ist sehr voll hier«, berichtete Abdullah. »Überall ist Polizei. Die Schleuser sind extrem vorsichtig. Wir müssen geduldig sein und warten.«

Wie andere Flüchtlinge zog Abdullah durch die Stadt. Tagsüber verhandelte er mit Fluchthelfern, nachts wartete er auf deren Anruf. Nach wie vor zögerte er, ein Schlauchboot zu akzeptieren. Von den Schleusern verlangte er ein seetüchtiges Glasfaserboot. Er verwies auf seine Söhne. »Hier haben alle kleine Kinder. Da bist du nicht der Einzige«, hielt man ihm entgegen. »Und für die Kinder musst du übrigens auch bezahlen.« – »Aber meine sind noch sehr klein. Sie sitzen auf unserem Schoß«, argumentierte Abdullah. – »Na gut, ich melde mich.«

Wie in Izmir waren die Hotels in Bodrum überfüllt, und die meisten Flüchtlinge schliefen in Parks und auf der Straße. Ghalib und Alan litten unter den gesundheitlichen Folgen ihres Aufenthalts in Urfa. Sie waren stark erkältet und hatten Fieber. Abdullah hatte keine Wahl: Sie brauchten ein Dach über dem Kopf. Schließlich buchte er ein billiges Zimmer, und wieder begann das Warten.

»So geht es nicht weiter«, simste mir Abdullah. »Aber ein dünnes Holzboot kann ich nicht riskieren. Die Küste ist so felsig, dass ein solches Boot sofort zerbrechen wird. Wir haben Angst. Beide. Rehanna und ich.«

Jeden Tag sahen sie zu, wie andere es nach Griechenland schafften. Sie hofften auf eine gute Nachricht ihres Schleusers, auf ein besseres Boot. Viel Zeit blieb nicht mehr. Langsam ging ihnen das Geld aus.

»*Wallah*, wir wollen nicht länger im Hotel sitzen und warten«, sagte Abdullah zu mir, als wir wieder miteinander sprachen. »Das muss ein Ende haben. Wenn das Wetter stabil bleibt, ziehe ich ein Schlauchboot in Erwägung. Wir sind nichts Besseres als die anderen hier.«

Am 20. August erhielt ich eine weitere SMS von ihm: »Jede Menge Polizei hier. Wir warten auf den Anruf des Schleusers.« Ich schrieb zurück, wieder nörgelnd. Ich hätte Berichte gehört von Flüchtlingen, die ertrunken wären, weil sie nicht funktionierende Schwimmwesten trugen. Abdullah musste mir versichern, dass er für die Jungs und Rehanna in Izmir teure Schwimmwesten gekauft hatte.

Am nächsten Tag eine neue Textnachricht von Abdullah: Er war zum Treffpunkt gefahren, wo die Schleuser ein Schlauchboot vorbereitet hatten. Die Wellen waren jedoch zu hoch, und Abdullah weigerte sich zu fahren.

Heute schäme ich mich, es zuzugeben, aber damals wurde ich langsam ungeduldig. Die Anspannung, die Angst, die Sorge und die Zweifel machten mich wahnsinnig. Ich rief Abdullah an: »Worauf wartest du? Was ist das Problem, Abdullah?«, fragte ich.

»Fatima, du verstehst nicht. Gestern Nacht waren die Wellen zu hoch. Fünfzig Flüchtlinge sollten sich auf ein winziges Schlauchboot quetschen. Ich setze meine Kinder nicht einer solchen Gefahr aus.«

»Die anderen gehen das Risiko ein. Unsere Freunde und Verwandten sagen, dass viele Flüchtlinge sicher rüberkommen«, hatte ich den Nerv zu antworten.

»Schwester, hör auf, mich zu drängen. Glaubst du, wir sind hier glücklich? Alles andere als das. Wir haben es so satt.«

»Wie viel Geld habt ihr noch?«

»Etwas über viertausend Dollar.«

»Sag ihnen, du hast nur viertausend, und du hast Babys.«

»Das wissen sie, Schwester. Und es ist ihnen egal.«

»Sprich mit anderen Flüchtlingen und Schleusern. Es muss einen Weg geben.«

Am 22. August rief ich Abdullah wieder an. Dieses Mal trieb mich eine andere Sorge um. Die Medien berichteten, dass die Behörden in Mitteleuropa den Flüchtlingsströmen den Transit verweigerten. Einige wurden ausgeraubt und verprügelt. Selbst in Griechenland schien die Lage düster.

»Ihr solltet nicht nach Europa«, empfahl ich. »Geht zurück nach Istanbul.«

»Einmal drängst du mich, zu gehen, und dann wieder willst du, dass wir bleiben«, antwortete Abdullah. »Es reicht, Schwester. Umkehren kommt nicht in Frage.«

Den ganzen Monat lang tickte eine unsichtbare Uhr für meinen Bruder. Jeden Tag blieb etwas weniger von den 4.000 Dollar übrig, die er ursprünglich gehabt hatte. Jeden Tag musste er sich mit der Möglichkeit der Flucht auf einem überfüllten Schlauchboot auseinandersetzen. Jeden Tag wurde er daran erinnert, dass Mohammad bereits in Deutschland war, ebenso wie mindestens vier weitere Cousins, während andere Verwandte versuchten, über die nördliche Landroute nach Deutschland zu kommen. Hivron wollte mit ihrer Familie die Reise wagen, und ebenso Shireens Sohn Yasser. Sie waren allerdings nur für sich verantwortlich und mussten nicht noch zwei kleine Kinder und eine verängstigte Frau beschützen.

Am 23. August wachte ich, wie üblich, noch vor dem Morgengrauen auf. Keine Nachricht von Abdullah.

»Wo bist du? Was ist los?«, textete ich.

»Unterwegs. Die Wellen waren gestern Nacht zu hoch. Ich habe gerade Yasser getroffen. Er wird dir bestätigen, dass die Wellen riesig sind. Es ist zu windig hier.«

Ich schäme mich für meine Antwort: »Alle fahren, nur du nicht. Wovor fürchtest du dich?«

»Ich weiß es nicht. Wenn du im Wasser bist, ist es ganz anders als aus der Ferne. Wie in einem Horrorfilm.«

In der Nacht des 23. August schlossen Wasser und Wind Frieden. Jedenfalls schien es so auf der Bodrumer Seite. Abdullah wartete die ganze Nacht auf den Anruf des Schleusers, bis die Sonne wieder über einem ruhigen Meer aufging und ein weiterer Tag ungeduldigen Wartens begann.

Auch am 25. August wachte ich vor Sonnenaufgang auf. Abdullah hatte mir ein Video von Wind und Wellen geschickt, das er einige Nächte zuvor aufgenommen hatte. »Würdest du da ins Wasser gehen?«, fragte er. »Verstehst du meine Sorge?« Ich war entsetzt und realisierte langsam das schreckliche Dilemma, mit dem mein Bruder und die anderen Flüchtlinge konfrontiert waren. Wenn ich heute daran zurückdenke, komme ich mir wie eine Idiotin vor, weil ich Abdullah immer wieder drängte, die Weiterreise zu wagen. Auf Google Maps scheint Bodrum der ideale Startpunkt für den Seeweg nach Griechenland. Doch die Landspitze bei Akyarlar ragt aus der Küstenlinie vor, und dort bläst oft ein starker Wind. Er ist so heftig, dass die Seeleute ihm einen eigenen Namen gaben: Sie nennen ihn Meltemi. Besonders stürmisch weht der Meltemi im Sommer bis Mitte September. Bevor er einsetzt, sind die Bedingungen auf See jedoch oft ideal: Der Himmel ist blau, der Wind flaut ab, das Wetter scheint perfekt für eine Bootsfahrt. Doch dann kann er plötzlich auffrischen, mit mächtigen Böen vor allem vor Bodrum und Kos. Die Windgeschwindigkeit erreicht über dreißig Knoten, die Wellen werden drei bis sechs Meter hoch.

Der Meltemi ist nicht allein verantwortlich für den Tod all jener, die im Mittelmeer ertranken, doch er bringt den Sturm, der die Flüchtlinge schnell das Leben kosten kann. Hätte ich mich vorab genauer informiert, wäre ich vielleicht gar nicht auf die Idee gekommen, Abdullahs Seereise zu finanzieren. Oder ich hätte mehr Geld geschickt, für ein seetüchtiges Schiff. Doch diese Überlegungen sind heute zwecklos. Was ich tat oder nicht tat, lässt sich nachträglich nicht ändern.

Als Abdullah am nächsten Tag eine SMS schickte, in der es hieß: »Heute Nacht fahren wir«, glaubte ich schon fast nicht mehr daran. Er vielleicht auch nicht. Seit der ersten Nacht, die sie im Park in Izmir verbracht hatten, war die Familie von Hotel zu Hotel gezogen. Jeden

Morgen checkten sie in der Hoffnung aus, dass sie sich abends auf den Weg übers Meer machen würden, um später doch am Ufer zurückzubleiben und sich gezwungen zu sehen, erneut in einer Stadt, in der jede Menge Flüchtlinge auf der Suche nach einem billigen Hotelzimmer unterwegs waren, eine Unterkunft zu finden. An jenem Tag hatte Abdullah eine akzeptable, bezahlbare Bleibe gefunden und er beschloss, dass sie vor dem Versuch der Überfahrt nicht auschecken würden. Er zahlte die Miete für zwei Nächte für ihr Zimmer, damit sie, sollte der Fluchtversuch in der Nacht wieder scheitern, wieder einen trockenen Platz hätten, wo sie schlafen könnten.

Am Nachmittag des 26. August kaufte Abdullah ein paar Vorräte: einige Flaschen Wasser für die Reise sowie Kekse, um Alans Zahnungsschmerzen zu linden und Ghalibs Sehnsucht nach Süßem zu stillen. Um Mitternacht verließen sie das Hotel. Die schlafenden Kinder trugen sie auf dem Arm. Sie liefen knapp fünf Minuten bis zum Treffpunkt und stiegen mit mindestens einem Dutzend weiterer Flüchtlinge – alleinreisende Erwachsene und Familien mit Kindern – in einen Kleinbus. Der Schleuser warnte sie: Kein Lärm, wenn sie an den Strand kämen. »Wenn eines der Babys schreit, erwischen sie uns.«

Die Fahrt dauerte eine gute halbe Stunde. Sie erreichten die Bucht und trafen am Ufer über vierzig weitere Wartende. Sie alle sollten in einem Schlauchboot transportiert werden, das für höchstens zwanzig Passagiere ausgelegt war. Es wehte ein kräftiger Wind, und das Schiffchen hielt den Wellen kaum stand. Es ächzte unter dem Gewicht der Flüchtlinge, die an Bord gingen. Abdullah und Rehanna blieben am Ufer. Sie wussten nicht, ob sie einsteigen oder umkehren sollten. Bald waren sie die Letzten an Land.

»Ein Schritt nach vorne, zwei Schritte zurück«, dachte Abdullah.

»Ihr müsst jetzt los. Steigt ein«, zischte der Schleuser.

»Es sind zu viele Menschen. Sie haben uns nicht gesagt, dass wir so viele sind. Es ist zu gefährlich«, entgegnete Abdullah.

»*Yallah, yallah.* Beeilung! Wir müssen los!«, riefen die anderen Flüchtlinge. »Entweder wir leben zusammen oder wir sterben zusammen. Wir leiden gemeinsam.«

Rehanna drückte Abdullahs Hand: »Wir schaffen es hoffentlich. *Inschallah.*«

Abdullah bezahlte den Schleuser und sie wateten durch das flache Wasser mit den Kindern auf dem Arm. Zuerst stieg Abdullah ein, dann reichte Rehanna ihm die beiden Jungen. An Bord quetschten sie sich auf einen Platz in der Mitte, zwischen andere Eltern mit Kindern. Abdullah hatte Ghalib auf dem Schoß, Rehanna hielt Alan. Sie drückten die Kleinen an ihre Brust. Ihre Arme legten sie um sie, wie Sicherheitsgurte.

»Das Schlauchboot war so voll, wir bekamen kaum Luft«, berichtete Abdullah mir. »Aber unsere Lage war verzweifelt. Niemand da draußen kann verstehen, wie es für uns war. Man fragt sich vielleicht, warum jemand seine Kinder einer solchen Gefahr aussetzt. Ich sah den anderen Flüchtlingen ins Gesicht. Alle hatten den gleichen, grimmig entschlossenen Ausdruck. Sie sahen nichts anderes als Europa. Es war, als würden sie den Himmel erblicken. Alle beteten: Hoffentlich übersieht die Küstenwache uns. Hoffentlich überleben wir und erreichen Griechenland.«

Schnell nahm das Boot Kurs auf die offene See. Mit jedem Meter, den es sich von der Küste entfernte, wurden die Wellen höher und der Wind stärker. Das Meer schäumte aufgepeitscht. Die funkelnden Lichter von Kos schienen weiter entfernt denn je. »Mit jeder Welle hob sich der Bug des Schlauchboots in die Höhe, so hoch, dass wir dachten, dass es gleich kentert«, sagte Abdullah mir später. »Kaum hatte es die Welle erklommen, stürzte es in die Tiefe und schleuderte das Heck nach oben.«

Die Mitte des Schlauchboots, wo die Familien saßen, füllte sich mit Wasser. Ghalib hatte Angst und weinte. Ebenso wie Rehanna. Auch Abdullah fürchtete sich. Faszinierenderweise blieb Alan ganz ruhig. Die Passagiere begannen, mit den Händen das Wasser aus der Bootsmitte herauszuschöpfen.

»Wie konnten wir nur so dumm sein, das uns und unseren Kindern anzutun?«, fragte Abdullah Rehanna. »Wie sind wir in diesen Alptraum geraten? Wir sind dem Krieg entkommen. Und jetzt sitzen wir in diesem winzigen Bötchen.«

»Ich weiß«, sagte Rehanna. »Aber wir können nicht zurück.«

Gefühlt eine Stunde ging das so. Wobei die Zeit natürlich ihre Spielchen mit dir treibt, wenn du Panik hast. Vielleicht waren auch erst zehn Minuten vergangen. Die See wurde zunehmend rauer.

»Die Wellen wuchsen immer höher«, sagte Abdullah. »Je weiter wir hinausfuhren, desto gefährlicher wurde es. Wir dachten, dass wir das nicht überleben würden. Alle beteten, dass die Küstenwache unser Boot nicht entdecken würde. Außer Rehanna und mir. Wir beteten zu Gott, dass sie uns entdeckten und uns vor dem sicheren Tod in den Fluten retteten. Plötzlich, *Alhamdulillah,* tauchte ein Schiff auf. Sein Suchscheinwerfer leuchtete übers Wasser. Das Licht fiel auf unser Schlauchboot und das Schiff nahm Fahrt in unsere Richtung auf. Wir waren erleichtert.

Doch die Männer an Bord des Schiffs brüllten uns wütend an. Sie warfen ein dickes Tau rüber, das den Steuermann des Schlauchboots am Kopf traf. Sie hatten eine Art großen Speer, vermutlich einen Enterhaken, um uns heranzuziehen. Aber damit stießen sie nur gegen unser Boot. Alle schrien hysterisch: ›Um Gottes Willen, schlitzt unser Boot nicht auf. Es sind kleine Kinder an Bord.‹

Einige Flüchtlinge versuchten, das Seil zu greifen, damit man uns an Land zurückschleppen könnte. Andere wollten sich lieber losreißen und die Überfahrt fortsetzen. Viele sprangen gleichzeitig auf, und das Boot schwankte heftig. Ein paar Leute fielen ins Wasser, andere halfen ihnen zurück an Bord. Die ganze Zeit schlugen die Wellen gegen den Bug. Es war total chaotisch. Schließlich gelang es uns, das Tau festzuhalten, und man schleppte uns zurück in die Türkei.«

Wieder im Hafen ermahnten die Beamten die Flüchtlinge: »Versucht das nicht noch einmal.« Dann schickten sie sie fort.

Abdullah und Rehanna trugen die völlig erschöpften Kinder ins Hotel, wo sie ihre Sachen zum Trocknen aufhingen und bis zum Nachmittag schliefen. Am nächsten Tag suchte Abdullah den Schleuser erneut auf und forderte sein Geld zurück. Nach dieser Tortur brauchten Abdullah und Rehanna ein paar Tage, um sich zu erholen und zu überlegen, was sie tun sollten.

Im Hotel gab es einen Swimmingpool, in dem die Jungen spielen und in dem Abdullah sie ans Wasser gewöhnen konnte. Alan paddelte mit Begeisterung im Schwimmbecken. Ghalib jedoch war immer schon wasserscheu gewesen, und der Fluchtversuch über das Meer hatte seine Angst vor dem großen Nass noch verstärkt. Vielleicht beförderte das Chlor auch seinen Ausschlag, der sich in den Tagen im Lager in Izmir deutlich verschlimmert hatte.

Abdullah und Rehanna waren sich einig: Sie würden es noch einmal versuchen. Ich aber hatte nun eine neue Sorge: Wenn Abdullah auf See sein Handy verlieren würde, könnte er uns nicht informieren, dass alles in Ordnung ist. Ich rief Rehanna an und bat sie, alle unsere

Telefonnummern auf ein Blatt Papier zu notieren, das sie dann in Plastikhüllen wasserfest verstauen sollte. Für alle Fälle. Ich hörte die Kinder im Hintergrund. Sie spielten. Alan lachte, wie immer. Seine letzte Nachricht schickte Abdullah mir am 31. August. Bei uns war es 19 Uhr, in der Türkei war bereits der Morgen des 1. September angebrochen. Mein Bruder schrieb: »Wenn Gott will, fahren wir heute Nacht.«

Am Vormittag traf sich Abdullah wieder mit dem Schleuser. »Ein Schlauchboot überleben meine Kinder nicht. Bitte, ich brauche ein festes Boot. Können Sie mir einen Nachlass gewähren?«

»Kannst du mehr bezahlen?«, fragte der Schleuser.

»Ich habe nur viertausend Dollar, und ich bekomme keinen Cent mehr.« – »Dann müsst ihr mit einem Schlauchboot vorliebnehmen«, war die Antwort. – »Eine weitere Fahrt im Schlauchboot riskiere ich nicht«, erklärte Abdullah und wandte sich schweren Herzens ab. Zurück im Hotel berichtete er Rehanna von seinem Gespräch. Sie waren ratlos. Die Zeit war ihr Feind. Wenn sie noch eine Nacht blieben, hätten sie vielleicht nicht einmal mehr Geld für ein Schlauchboot.

Wenige Stunden später rief der Schleuser an und sagte: »Einverstanden, viertausend für ein festes Schiff. Aber ihr müsst sicherstellen, dass eure Kinder keinen Mucks machen. Wenn sie nur laut atmen, hat es sich sofort erledigt.«

»Keine Sorge. Und danke«, sagte Abdullah.

Wieder bereiteten Abdullah und Rehanna die Reise vor. Rehanna wickelte die Liste mit unseren Telefonnummern in Plastik. Als Abdullah sie in seine Tasche stecken wollte, fand er ein paar türkische Münzen. In Griechenland würde er sie nicht brauchen. Er legte sie auf den Nachttisch.

Ghalib sah es und fragte: »Was tust du da, Papa? Das ist viel Geld. Ich möchte die Münzen behalten.« Abdullah steckte das Geld wieder in seine Tasche, zusammen mit den Telefonnummern.

Rehanna und Abdullah zogen die Kinder für die Überfahrt an. Ghalib trug blaue Shorts und ein blaues T-Shirt. Alan trug das rote Hemd und die Bermuda aus Jeansstoff, die ich ihm in der Türkei gekauft hatte. Beide legten sich für ein Nickerchen hin. Bald schliefen sie tief und fest.

Die Sonne ging unter, es wurde Nacht. Es war warm. Ghalib wachte auf und hatte Hunger. Alle waren aufgedreht, nachdem sie so viele Nächte lang immer dasselbe gemacht hatten. Sie beschlossen, etwas essen zu gehen, um dann in einem Park in der Nähe des Treffpunkts auf den Anruf des Schleusers zu warten. Abdullah zog Alan die Schuhe an und befestigte die Klettverschlüsse. Er küsste sie immer wieder. »Alan schlief noch halb, aber er lächelte«, erzählte Abdullah mir später. »Mein Gott, wie oft habe ich diese Schuhe geküsst.«

»Hör auf. Du weckst ihn noch auf«, sagte Rehanna zu Abdullah. Abdullah nahm den schlafwarmen kleinen Jungen auf den Arm, und sie verließen das Hotel.

»Ich kaufte ein türkisches Brötchen, gab es Rehanna und sagte, sie solle die Hälfte davon essen. Die andere Hälfte sollten sich Alan und Ghalib teilen.«

Abdullah und Rehanna waren nervös. Sie wollten keine Überraschung erleben. Also rief Abdullah den Schleuser an und sagte, sie müssten das Boot erst sehen. Der Schleuser war einverstanden. Er traf Abdullah in der Nähe des Parks. Gemeinsam fuhren sie über eine Stunde in Richtung Westen, um die Landspitze von Akyarlar herum, dann weiter in nördlicher Richtung auf einer Küstenstraße. In der Gegend gab es viele Touristen, Hotels, belebte Restaurants und Bars. Sie passierten einige Strände und erreichten schließlich eine Stelle in der Nähe eines Yachthafens.

»Wir gingen runter zum Wasser. Dort sah ich ein winziges Glasfaserboot und den türkischen Besitzer des Bootes, der etwas vom Rumpf abkratzte. Vermutlich den Namen. Das Boot schien in Ordnung zu sein, aber es war klein. Maximal groß genug für sechs Erwachsene. Der Schleuser versicherte mir, dass es nur wenige andere Passagiere gäbe. Der Türke und der Syrer flüsterten miteinander auf Türkisch.«

»Er macht sich Sorgen wegen der Kinder«, sagte der syrische Schleuser. »Hier in der Gegend ist viel los. Man muss vorsichtig sein. Jedes Flüstern hallt auf dem Wasser wie ein Echo. Wenn eure Kinder weinen, sind wir geliefert.«

Abdullah versprach, dass die Jungen still sein würden. Dann bezahlte er.

»Wartet auf meinen Anruf«, sagte der Schleuser, als er Abdullah wieder in der Nähe des Parks absetzte.

»Ich habe bezahlt. Wir fahren in circa einer Stunde«, sagte Abdullah zu Rehanna, als sie sich im Park wiedertrafen.

»Vertrauen wir auf Allah und seinen Plan. Wir müssen es schaffen«, antwortete Rehanna.

Alan schlief noch, aber Ghalib war wach.

»Habibi, wir fahren nach Europa. Sag *Inschallah*«, sagte Abdullah. »Aber wir müssen ganz leise sein, wenn wir zum Boot kommen. Wir dürfen erst wieder reden, wenn wir in Europa sind. Und dann kaufe ich euch ganz viele Kekse.«

21 Grad Celsius, eine perfekte Temperatur. Die Luftfeuchtigkeit war niedrig, der Wind nur eine Brise. Als es dunkel wurde, sah man jede Menge Sterne und den abnehmenden Mond. Ich stelle mir Rehanna vor, wie sie zum Himmel zeigt und Mond und Sterne bewundert. Sie war immer so optimistisch. Allerdings habe ich mich nie getraut, Abdullah zu fragen, ob es so war, wie ich es mir vorstelle.

Kurz nach Mitternacht meldete sich der Schleuser. Abdullah und Rehanna trugen die schlafenden Kinder zum nahegelegenen Treffpunkt. Bald darauf hielt ein Auto. Vorn, neben dem Schleuser, saßen zwei Männer, auf dem Rücksitz eine Frau und ein junges Mädchen. Abdullah und Rehanna setzten sich zu ihnen. Die beiden schlafenden Kinder hielten sie auf dem Schoß.

Sie fuhren ungefähr eine Stunde. In der Touristengegend war jetzt weniger los, doch die Bars und die Straßen am Yachthafen waren immer noch recht belebt. Sie stiegen aus, und der Schleuser führte die Gruppe zum Boot. Dann tauchte eine weitere Familie auf: ein Mann, eine Frau und drei Kinder. Nun schienen sie doch zu viele Passagiere für das Boot zu sein. Abdullah und Rehanna waren ratlos. Könnten sie es sich leisten, noch ein paar Tage zu warten – auf ein Glasfaserboot oder letztlich doch ein Schlauchboot? Könnten sie es sich leisten, Europa aufzugeben und nach Istanbul zurückzukehren? Die Kinder waren schon so mager und kränkelten. Würden sie einen weiteren Winter überleben? Es lag schon ein Hauch Herbstkühle im Spätsommerwind. Abdullah konnte nicht ahnen, dass die Entscheidung, die er treffen würde, sein Leben und mit ihm die Welt verändern würde.

Kapitel 10
Ruhet in Frieden

[handschriftliche Notiz: genau Strecke? → Kos]

Von dem Moment an, als ich Abdullahs erste SMS aus Izmir bekam, bis zu seiner letzten Botschaft in der Nacht des 31. August telefonierte ich jeden Abend mit *Baba*.

»Möge Allah ihre Mühsal erleichtern«, betete er immer wieder.

Ständig wartete ich auf eine Nachricht meines Bruders oder Mitteilungen meiner Familie, auf irgendein Wort, das darauf hindeutete, dass sie noch am Leben waren. In diesen langen Stunden zwischen Textnachrichten und Gesprächen durchlebte ich die extremsten Gefühle, schwankend zwischen optimistischer Hoffnung und schrecklicher Angst, permanent das Schlimmste fürchtend und inständig das Beste wünschend. Dauernd suchte ich im endlosen Strom unserer SMS nach Hinweisen, die ich vielleicht übersehen hatte. Fast besessen ging ich unsere Korrespondenz wieder und wieder durch und sah mir das Video von den hohen Wellen an, das Abdullah geschickt hatte. Die ganze Familie betete für eine sichere Überfahrt.

Seit Anfang August lebte ich in zwei Welten. In der einen war ich Ehefrau und Mutter, eine Friseurin, die ein angenehmes Leben in Vancouver führte. In der anderen half ich meiner Familie, syrischen Flüchtlingen in verzweifelter Lage, die jede Hoffnung auf ein akzeptables Überleben in Istanbul aufgegeben hatten und deren Ziel nun Kos hieß. Beide Welten lagen zehntausend Kilometer und acht Zeitzonen voneinander entfernt. Hätte man meinen Mann und

Sohn gefragt, in welcher ich die meiste Zeit verbrachte, hätten sie die zweite genannt.

Am 28. August las ich die schreckliche Meldung vom Kühllaster, den man mit 71 toten Flüchtlingen – darunter vier Kinder – in Österreich entdeckt hatte. Die makedonische, bulgarische und ungarische Regierung versuchten mittlerweile, den Strom der Flüchtlinge durch höhere Grenzzäune einzudämmen. Doch gleichgültig, was geschah: Nichts schien die Öffentlichkeit zu rühren. Vielleicht konnte sich niemand die Realität, die diese deprimierenden und erschütternden Berichte widerspiegelten, wirklich vorstellen, und wer sie zur Kenntnis nahm, blendete sie offenbar aus.

Am 1. September erwachte ich lange vor Sonnenaufgang. Ich schickte Abdullah zahllose Nachrichten, beschwor ihn, mir zu antworten. Den ganzen Tag konnte ich den Blick nicht von meinem Handy wenden. Zwanghaft überprüfte ich ein ums andere Mal, ob er geschrieben hatte.

Ich rief *Baba* an: »Hast du Nachricht von Abdullah?«

»Nein, aber *Inschallah,* so Gott will wird alles gut.«

»Er sagte, die Passage dauere nur eine halbe Stunde«, klagte ich.

»Vielleicht sind sie noch gar nicht losgefahren. Oder er hat kein Guthaben mehr auf seinem Telefon und kann uns nicht anrufen«, versuchte *Baba* mich zu beruhigen. »Du weißt doch, wie hart es im letzten Monat für sie war.«

Ich hoffte, dass unser Vater recht hatte, doch nichts konnte mich beruhigen. Ich hatte Angst. Ich rief meine Schwestern an. Sie sorgten sich ebenso wie ich. »Mein Herz brennt«, schilderten wir uns gegenseitig unsere Gefühle.

Es wurde Abend in Vancouver. Ich war nervös und unendlich müde. Ich legte mein Handy auf den Küchentisch und ging ins Bett. Früher als sonst. Später machte ich mir Vorwürfe, weil ich schlafen gegangen war. Um fünf Uhr morgens wachte ich auf. Mein Herz klopfte wild. In der Türkei war es bereits Nachmittag. Ich rannte in die Küche und sah Dutzende verpasster Anrufe auf meinem Telefon – von Shireen, Maha, Hivron, Ghouson, und von meinem Vater.

Warum wollten sie alle mit mir sprechen? Ich zitterte. Mein Puls raste. Ich rief Shireen in Damaskus an, aber die Verbindung war schlecht. Shireen weinte und schrie. Ich hörte nur, wie sie immer wieder Abdullahs Namen sagte.

145

»Was ist los mit Abdullah«, brüllte ich.

Ich schrie, ich weinte. »Mein Gott, irgendwas ist schiefgelaufen«, jammerte ich. Mein Mann und mein Sohn wachten auf und eilten zu mir in die Küche.

»Abdullah ist etwas passiert«, sagte ich. Ich schluchzte so heftig, dass sie nicht verstanden, was ich sagte.

»Such mir Ghousons Nummer«, bat ich Rocco. Meine Hände zitterten so stark, ich konnte das Handy nicht halten. Ich erreichte Ghouson. Ich hörte sie schluchzen.

»Warum weinst du?«, fragte ich.

»Abdullahs Kinder und Rehanna sind tot«, wehklagte sie.

»Was? Wie? Wann? Wo ist Abdullah?«

»Er ist im Krankenhaus. Er steht vor drei Toten.«

Das Telefon fiel mir aus der Hand. Schreiend brach ich zusammen. Ich stürzte auf den Boden, schlug mir ins Gesicht, riss mir an den Haaren. Ich wollte mir selbst Schmerz zufügen, wollte körperlich leiden. »Oh, mein Gott, warum? Nein! Nein! Es ist meine Schuld!«

Hätte ich nicht das Geld für die Schleuser geschickt, wären Rehanna, Ghalib und Alan noch am Leben. Hätte ich Abdullah nicht so heftig bedrängt, sich die Zähne machen zu lassen, und ihm angeboten, die Implantate zu bezahlen, hätte er niemals um so viel Geld gebeten, um damit die Überfahrt nach Kos zu bezahlen. Wäre ich großzügiger gewesen, als sie noch in Istanbul waren, hätte ich mehr gegeben – für Lebensmittel, für die Miete, für Milch, für Medikamente gegen Ghalibs Ekzem –, hätten sie vielleicht nicht versuchen müssen, übers Meer zu kommen. Ich stellte mir endlos viele hypothetische Fragen: Was wäre gewesen, wenn? Eine Antwort darauf gab es nicht.

Rocco zog mich hoch und nahm mich in seine Arme. Er wollte mich trösten, doch ich fühlte mich wie ein Tier, das man in die Ecke gedrängt hat. Ich wand mich aus seinem Griff und schrie weiter: »Warum?« und immer wieder »Warum?«. Rocco und Alan setzten mich auf die Couch im Wohnzimmer. Ich konnte nicht aufhören, zu klagen. Ich wurde immer lauter. Ich wollte so laut schreien, dass die Welt mich hörte. Ich schloss die Augen und sah die Gesichter der beiden Kinder vor mir. Ich sah nichts anderes, nur sie. All diese Anrufe, alle Videos und Fotos, die mein Bruder mir voller Stolz von seinen Söhnen geschickt hatte. Ihre Stimmen, ihr Lachen klangen in meinen Ohren. Ich konnte nicht glauben, dass diese Stimmen für immer verstummt sein sollten. Es fühlte sich an, als sei auch Abdullah gestorben. Seine Familie war sein ganzes Leben. Er hatte alles verloren, was ihm wichtig war. Wie könnte er weiterleben, jetzt, ohne sie? Was würde aus ihm werden?

* * *

Ich weiß kaum noch, was danach geschah. Wenn ich an jene ersten Stunden nach der Nachricht von der Tragödie zurückdenke, ist es, als versuchte ich, einen Alptraum zu verstehen. Die Erinnerung bleibt bruchstückhaft. Erst viel später konnte ich mir die Ereignisse wieder genauer ins Gedächtnis rufen. Im Augenblick des Schreckens verblassen die Details. Ich weiß, ich sprach lange mit Abdullah und meiner Familie. Ich verfolgte die Nachrichtensendungen und die Berichte in den sozialen Medien. Immer und immer wieder. Ich ging alle meine sms und E-Mails noch mal durch.

Ich stand, im wahrsten Sinne des Wortes, neben mir. Ich war eine Beobachterin, die das Drama, das sich entfaltet, begreifen und die Informationsflut bewältigen will. Ich erinnere mich, dass ich mit meinen Schwestern telefonierte. Doch wir sprachen wenig. Die meiste Zeit schwiegen wir, oder wir weinten zusammen. Wenn ich mich bei *Baba* meldete, ging Shireen ans Telefon.

»Sein Herz macht mir Sorgen«, flüsterte sie. »Er kann kaum noch stehen. Seine Beine tragen ihn nicht mehr. Er sitzt stundenlang auf dem Boden. Manchmal weint er, manchmal schweigt er nur. Er will nach Kobane zur Beerdigung. Aber das ist völlig verrückt. Wir trösten ihn: Gott wird ihnen Frieden geben. Er kann nicht rechtzeitig zur Beerdigung dort sein. Und es ist ohnehin viel zu gefährlich.«

Ich wollte mit ihm selbst sprechen. Shireen reichte ihm das Telefon. Dann fehlten uns die Worte. Mehr als *Allah yerhamon* – Mögen sie in Frieden ruhen! – kam nicht über unsere Lippen.

Ich wollte unbedingt auch Abdullahs Stimme hören, doch ich konnte ihn nicht erreichen: Sein Handy lag auf dem Meeresgrund. Ich wusste, dass er früh am Morgen im Krankenhaus in Bodrum eingetroffen war, wo er die Leichname seiner Frau und seiner Kinder sehen musste. Er wusste, dass er seine Angehörigen anrufen und die schreckliche Nachricht überbringen musste. Er erinnerte sich an die kleine Plastikhülle mit dem Stück Papier, auf dem unsere Telefonnummern standen. Er griff in seine Tasche und fand dort die türkischen Münzen, die Ghalib behalten wollte. Das Kind hatte ihn darum gebeten, sie mitzunehmen. Abdullah kamen die Tränen. Ein Fremder sah ihn, weinend auf die Münzen in der Hand blickend. Er schenkte ihm sein Handy, damit er seine Verwandten benachrichtigen könnte. »Behalten Sie das Telefon«, sagte er.

Als Erste erreichte Abdullah Ghouson. Er bat sie, dem Rest der Familie die traurige Nachricht mitzuteilen. Um neun Uhr morgens trafen ein paar enge Freundinnen und Freunde bei uns ein, um mir zur Seite zu stehen. In der Türkei war es bereits 19 Uhr. Ich bat Rocco, zu schauen, ob das Boot, mit dem Abdullah und die Seinen gefahren waren, oder die Ereignisse der vergangenen Nacht im Internet ein Thema wären.

Mein Mann verließ das Zimmer, um sein iPad zu holen. Als er zurückkam, war er leichenblass: »Meine Schwester Anna hat mir gerade etwas geschickt. Ich weiß nicht, ob du es sehen solltest?« Ich riss ihm das iPad aus der Hand und erblickte zum ersten Mal das Bild von Alan. Die Aufnahme des kleinen Jungen, Abdullahs Sohn, mein Neffe, mit dem Gesicht nach unten auf dem Strand liegend. Er trug das rote T-Shirt und die kurzen Jeans, die ich ihm 2014 bei meinem Besuch in Instanbul gekauft hatte. Er trug die Kleidung, die ich mit meinen eigenen Händen berührt hatte.

»Das ist Alan«, schrie ich.

»Bist du sicher?«, fragte Rocco.

»Ich denke, ja.«

Ich schickte Ghouson das Bild in einer SMS, doch sie antwortete nicht. Ich rief sie an. Sie weinte.

»Das ist Alan«, schluchzte sie. »Das sind die Sachen, die er trug, als sie Istanbul verlassen haben.«

Bis heute macht der Gedanke an das Foto von Alan mich krank, auch wenn ich es immer und überall bei mir trage. Es ist mir eingebrannt, in meinen Kopf und in mein Herz. Mir fehlen die Worte, die beschreiben könnten, was ich empfand, als ich es zum ersten Mal sah. Vielleicht muss ich das auch gar nicht. Vermutlich hat das Bild und die traurige Botschaft, die es vermittelt, alle, die es gesehen haben, ebenso berührt wie mich. Es ist das Bild eines schlafenden Kleinkinds, in der vertrauten Pose. Das zarte Körperchen ist seltsam verdreht, doch es scheint tief und ruhig zu schlafen, die runden Wangen fest auf die Matratze gepresst. Doch es ist keine Matratze. Es ist nasser, kalter Sand. Und der kleine Junge schläft nicht. Er ist tot. Nichts an diesem Bild stimmt. Ein Kind liegt im Wasser, am Ufer, die auslaufenden Wellen schlagen gegen sein Gesicht. Man sieht das Bild, man gerät in Panik, ist überwältigt vom dringenden Wunsch, schnell zu handeln, den Jungen rasch aufzuheben und aus der Gefahrenzone zu tragen, bevor es zu spät ist. Und dann erkennt man, dass es bereits zu spät ist. Man kann ihn nicht retten. Ich konnte ihn nicht retten. Dieses Bild weckt unsere tiefsten Ängste. Als Mutter, Vater oder Tante – wie ich –, als junger oder alter Mensch sieht man das Opfer eines schrecklichen Unglücks. Ein Unglück, das jemandem zustieß, der zu klein und verletzlich war, um sich selbst retten zu können. Ein Kind, das unter unseren, unter aller Augen starb.

Natürlich berührte Alans Bild uns, seine Verwandten, noch viel stärker als die vielen Fremden, die es ebenfalls sahen. Schließlich muss eine Familie ihre Mitglieder schützen. Sie muss für die Sicherheit ihrer Kinder sorgen. Wir wussten, dass Alan tot war, doch zu unserer unleugbaren Verantwortung wurde sein Tod erst durch das Bild. In den letzten, verzweifelten, gewiss schrecklichsten Minuten seines Lebens hatten wir nicht für ihn da sein können.

Ich werde nie nachempfinden können, was diese Tragödie für meinen Bruder Abdullah bedeutete. Ich werde nicht nachempfinden können, wie sehr das Foto von Alan einen bereits traumatisierten Vater erschütterte. Für mich war das Bild nicht nur der endgültige Beweis, dass all meine Versuche, Rehannas, Ghalibs und Alans Leben zu retten, vergebens gewesen waren, sondern es bezeugte, dass ich den Wind geschickt hatte, der sie ins Meer trieb.

* * *

Sehr schnell nachdem die türkische Fotografin, die die Aufnahme gemacht hatte, diese getwittert hatte, ging sie in den sozialen Medien viral. Viele Nachrichtensender verbreiteten das Foto und berichteten. Bevor es in Vancouver Tag wurde, hatten britische und europäische Medien das Bild des »Jungen am Strand« bereits veröffentlicht. Die nordamerikanische Presse folgte. Viele wussten nicht einmal, wie er hieß. Bald wurde ein Name verbreitet, doch es war nicht der richtige: Aus Alan wurde aufgrund einer falschen Schreibweise der türkischen

Behörden Aylan. Auch Ghalibs Name wurde nicht korrekt wiedergegeben. Er hieß nun Galip.

Unserer unter dem großen Verlust ihrer Angehörigen leidenden Familie fügte die Medienberichterstattung noch weiteren Schmerz hinzu, als wir ohnehin schon empfanden. Ist es nicht fahrlässig, das Bild eines toten Kindes zu veröffentlichen, bevor man weiß, ob seine Familie überhaupt davon Kenntnis hat? Yasser, der Sohn meiner Schwester Shireen, hatte Kos gerade zwei Tage vor der Tragödie erreicht. Zwar hatten wir Informationen, dass er es geschafft hatte, Griechenland zu verlassen und irgendwo in Mitteleuropa war, doch an jenem schrecklichen Morgen wusste seine Mutter nicht, wo genau er sich aufhielt. Stellen Sie sich vor, wie sie sich fühlte: Sie wartete auf eine Nachricht ihres Sohnes und hoffte, dass er das Foto seines Cousins nicht gesehen oder eine Zeitung gelesen hatte, bevor sie ihm die traurige Nachricht selbst überbringen konnte.

Die in den englischsprachigen Medien verwendete Bezeichnung *breaking news* für eine Eilmeldung ist an dieser Stelle ein adäquater Begriff: Das Bild brach mir und meiner Familie das Herz. Meine Trauer mischte sich jedoch mit Wut, als ich die ersten Berichte in den Medien las. Ich wollte die Fakten klarstellen und meinen Neffen ihre Namen und ihre Würde zurückgeben. Ich wollte, dass die Welt verstand, wie und warum Rehanna, Alan und Ghalib ertrunken und Tausende Kilometer von ihrer Heimat entfernt an einen Strand gespült worden waren. Doch zuerst musste ich mit Abdullah sprechen. Es war bereits 17 Uhr in Vancouver, als ich ihn schließlich erreichte. Bei ihm war es nach Mitternacht. Mein Bruder war im Leichenschauhaus gewesen und ihn verfolgte der Anblick seiner toten Frau und seiner Söhne. Er hatte sie zwei Mal sehen müssen – zunächst, um sie zu identifizieren, und später noch einmal nach der Obduktion.

»Sie haben Rehanna die Brust zugenäht. Das muss unglaublich weh getan haben«, sagte er, als wäre sie bei der Autopsie noch am Leben gewesen und hätte den schneidenden Schmerz, den das Skalpell ihr zufügte, spüren können.

»Ghalib ist übersät von Kratzern und blauen Flecken.« Vielleicht von den Felsen und Steinen, auf die er an der Küste aufgeschlagen war, wo seine und die Leiche seiner Mutter gefunden wurden.

»Du müsstest meine Rehanna sehen«, klagte Abdullah. »Sie ist ganz aufgebläht. Wie ein Ballon. Als hätte sie das Meer ausgetrunken.

Warum nur? Warum?«

»Es ist meine Schuld«, jammerte ich.

»Nein, Fatima, du bist die beste Schwester der Welt. Du hast für mich und für unsere Familie immer alles getan. Es war Gottes Wille.« Selbst in seiner dunkelsten Stunde, in der Düsternis jener Nacht versuchte mein Bruder noch, mich zu trösten. Wir fanden keine Worte mehr. Viele Minuten lang teilten wir nur unser Schluchzen.

»*Habibi, shu saar?* Sag mir, Liebster, was auf dem Boot geschah.«

»Die Wellen waren so hoch, dass es kenterte. Ich tat, was ich konnte, um sie zu retten, aber ich habe nur zwei Hände. Ich versuchte, Rehanna mit der einen Hand festzuhalten und die Jungen mit der anderen. Dann sagte Rehanna: ›Rette die Kinder!‹ Das waren ihre letzten Worte. *Allah yerhamha.* Möge sie in Frieden ruhen. Ich versuchte, die Kinder in Sicherheit zu bringen, doch die Wellen brachen über uns zusammen. Sie glitten mir aus den Händen, erst der eine, dann der andere.«

Wieder weinten wir. Ich sprach Alans Foto an. Ich sagte Abdullah, es sei überall in den Nachrichten und in den sozialen Medien.

»Ich kann es nicht anschauen. Ich kann nicht«, sagte mein Bruder und brach wieder in Tränen aus. Dann fuhr er fort: »*Inschallah* wird es ein Weckruf für die Welt sein. Möge es anderen helfen. Schon viel zu lange sterben Menschen. Schon viel zu viele sind gestorben. Die Welt muss die Realität und das Leiden der Flüchtlinge zur Kenntnis nehmen. Meine Kinder waren noch so jung. Warum musste das geschehen?«

Ich wusste nicht, was ich sagen sollte. Ich fand keine Worte, seine Trauer zu lindern. Abdullah stand noch unter dem Schock dieser schrecklichen, traumatischen Nacht auf See und ihrer Folgen.

»Wenn ich von der Arbeit kam, brachte ich den Jungs immer eine Banane mit«, erzählte er unter Tränen. »Nur eine Banane, die ich teilen musste. Ich hatte nicht genug Geld, um zwei zu kaufen. Die beiden liebten Bananen. Ich hätte jedem von ihnen eine kaufen sollen. Ich werde auf jedes ihrer Gräber eine Banane legen.«

»Das muss eine Botschaft Gottes sein«, sagte er weiter. »Er will, dass wir uns lieben, dass wir in Frieden leben, dass wir menschlich sind. Gott ließ sein Licht auf Alan scheinen. Dieses Bild soll die Welt aufrütteln. Dieser Krieg muss enden. Wir müssen dafür sorgen, dass niemand mehr sein Leben lässt.«

Abdullah schwieg wieder, viele Minuten lang. Dann sprach er weiter: »Nachdem ich die Leichenhalle verlassen hatte, kehrte ich zurück an den Strand. Da war eine Flüchtlingsfamilie mit kleinen Kindern in Rettungswesten. ›Schwester‹, bat ich die Mutter, ›bitte geht nicht. Ihr lebt. Es ist egal, wenn ihr hungrig seid. Ihr lebt!‹ Doch sie beachteten mich gar nicht. Die Mutter ging an mir vorbei, und ich flehte sie noch einmal an, umzukehren. Sie drehte sich um und sagte: ›Wir sind schon tot.‹«

Abdullah musste unser Gespräch abbrechen. Journalisten wollten mit ihm reden. Er trennte die Verbindung, und ich hatte wieder das Gefühl, dass auch er gestorben war, dass ich ihn nie wiedersehen würde. Seine Worte hallten in mir nach: »Sie waren noch so jung.« Und: »Dieses Bild ist ein Weckruf an die Welt.«

Ich erhob mich von der Couch, auf der ich gesessen hatte. Ich musste meine Stimme erheben. Ich musste der Welt die richtigen Namen der Kinder sagen und ihre wahre Geschichte erzählen, damit ihr Schicksal nicht vergessen würde. Ich war nur eine Friseurin aus Syrien, irgendwo am anderen Ende der Welt. Ich hatte keine Verbindung zu den Einflussreichen und Mächtigen. Alle meine Versuche, meiner Familie eine sichere Zuflucht zu bieten, waren gescheitert. Doch ich genoss ein Privileg, das meine Familie nicht hatte: Ich sprach Englisch. Vielleicht könnte ich die Dolmetscherin für sie und für Millionen Syrerinnen und Syrer sein, deren Leid sonst niemand hört. Vielleicht könnte ich dafür sorgen, dass die Menschen auf der Flucht ins Scheinwerferlicht rücken, und verhindern, dass die anderen, die Zuschauenden, zurückfallen in ihren Schlaf. Doch ich war noch im Schockzustand. Ich wusste nicht, wie ich mir Gehör verschaffen sollte. Ich bat Rocco, eine E-Mail mit Alans Foto an die kanadische Nachrichtensendung Go Public zu schicken und mit unserem Parlamentsabgeordneten Fin Donnelly zu sprechen. Ich weiß nicht mehr, ob ich in dieser ersten Nacht überhaupt geschlafen habe. Mitten in der Nacht postete ich jedenfalls ein Bild von Alan und Ghalib auf Facebook. Ein Bild, auf dem sie lachten. Ich wollte, dass die Welt sie als lebende, atmende, lachende Jungen in Erinnerung behält.

Am nächsten Morgen stand ein Dutzend Reporter und Kameraleute in meinem Vorgarten. Ich erinnere mich nicht, dass ich mich wusch, mich frisierte und frische Kleidung anzog, aber ich vermute, dass ich das tat. Ich trat vor die Tür und setzte mich auf einen Stuhl, den mein Mann oder mein Sohn oder eine meiner Freundinnen dorthin gestellt hatte. Neben mir befanden sich zwei gerahmte Bilder von Ghalib und Alan. Meine Familie, Freundinnen und Freunde standen hinter mir. Ich blickte in Richtung der Kameras und Mikrofone und begann zu reden.

Ich versuchte nicht, die Tränen zurückzuhalten. Ich sprach unter Tränen, als legte ich vor einer Jury ein Geständnis ab. Ich wiederholte, was Abdullah mir von den Ereignissen auf dem Meer berichtet hatte. Ich klagte mich an, ihm das Geld für die Schleuser geschickt zu haben. Ich sagte, dass ich für Mohammads Familie Asyl in Kanada beantragt hatte, dass der Antrag jedoch abgelehnt wurde. Ich ergänzte, dass ich geplant hatte, das gleiche Verfahren für Abdullahs Familie einzuleiten.

Mein Monolog folgte keiner klaren Zeitschiene oder Chronologie. Ich äußerte meine Gedanken, wie sie mir gerade in den Kopf kamen. Ich berichtete von meiner Reise in die Türkei im Jahr zuvor und dass ich das Elend der syrischen Flüchtlinge dort mit eigenen Augen gesehen hatte. Ich erwähnte, dass ich eine Zahnbehandlung für Abdullah organisieren wollte, murmelte dann aber, das sei »eine andere Geschichte«. Ich übte Selbstkritik: Ich hätte meine Familie besser unterstützen müssen. Ich bedauerte, dass ich meinen Neffen nicht mehr Spielzeug gekauft hatte. Ich erinnerte an ein Gespräch mit Ghalib, bevor sie Istanbul verließen. Er wünschte sich ein Fahrrad, und ich hatte ihm versprochen, ich würde ihm Geld dafür schicken.

Dann schwieg ich, und ein Reporter fragte mich, ob ich die kanadische Regierung für den Tod von Rehanna, Alan und Ghalib verantwortlich machen wollte. Ich sagte, ich würde die ganze Welt dafür verantwortlich machen, dass sie das syrische Volk sich selbst überlassen würde. Ich erklärte, ich wollte das Plädoyer meines Bruders in die Öffentlichkeit tragen, seine Bitte, nach einem Weg zu suchen, um weiteres tragisches Sterben zu verhindern und den Krieg in Syrien zu stoppen.

Als der Pressetermin vorbei war, stolperte ich die Treppen zu meinem Haus hoch.

* * *

In den nächsten 48 Stunden war das Internet die Quelle, aus der meine Familie und alle anderen mehr erfahren konnten. Die Öffentlichkeit forderte Hintergrundinformationen und weitere Details, und die Nachrichtensender brachten unterschiedliche, verwirrende und manchmal auch widersprüchliche Berichte. Die Menschen wollten alles wissen über den kleinen Jungen am Strand, noch bevor sie seinen Namen kannten.

Am 3. September erfuhr die Welt, wie der Junge am Strand und seine Familienangehörigen wirklich hießen. Ich hatte die Namen beider Kinder bei der Pressekonferenz buchstabiert. In einigen Artikeln hieß es überdies, ich hätte für Abdullahs Familie Asyl beantragt. Das war nicht richtig. Tatsächlich hatte ich mehrfach gesagt, dass ich nur für Mohammads Familie einen Antrag eingereicht hatte.

Schockiert war ich, als ich feststellte, dass es bereits unmittelbar nach der Tragödie Leute gab, die Informationen über meinen Bruder sammelten, um ihn zu diskreditieren. Auch sie bezogen sich auf meine Worte und verdrehten sie, um Hass und Rassismus zu verbreiten. Sie warfen einen langen, hässlichen Schatten in einer ohnehin traurigen und schwierigen Zeit für meine Familie und mich.

Die Medien und die Öffentlichkeit gierten nach Fakten, und ich arbeitete mich durch sämtliche Berichte, die sie publizierten. Alan und Rocco screenten für mich Nachrichtensendungen und die sozialen Medien. Ich erhielt E-Mails und Mitteilungen von Menschen aus aller Welt, die mir und meiner Familie Unterstützung anboten, hatte aber nicht die Kraft, mit irgendjemandem zu kommunizieren. Alltägliches Gerede drang nicht zu mir durch. Ich lebte in meiner Blase, in unendlicher Trauer und in verzweifelter Sehnsucht nach dem Zusammensein mit meinen Lieben.

Die arabische Presse konzentrierte sich vor allem darauf, wie Alans Körper am Strand lag. Man betonte, dass die Schuhsohlen des Jungen zu sehen seien. Im Nahen Osten gilt das als schlechtes Omen. Viele interpretierten Alans Position daher als Ausdruck von Wut auf eine hartherzige und feindselige Welt.

Für Abdullah waren Alans Schuhe im Vordergrund des Bildes ein wichtiges Detail. Er hatte sie immer wieder geküsst, bevor die Familie in der Nacht das Hotel verließ. Jetzt, da er seine Frau und seine Söhne verloren hatte, verlor er auch sich selbst.

Langsam, ganz langsam gelang es mir, das Grundrauschen auszublenden und die Ereignisse, wie die Medien sie schilderten, an mich heranzulassen: Alans Leichnam wurde in den frühen Morgenstunden des 2. September am Golden Beach von Akyarlar in der Türkei angespült. Rehanna und Ghalib entdeckte man kurze Zeit später an einem nahegelegenen felsigen Ufer, etwa einhundert Meter von Alan entfernt. Die Fotografin, die den »Jungen am Strand« fotografiert hatte, machte auch Bilder und Videos von Ghalib. Er lag auf dem Rücken, sein T-Shirt war hochgerutscht, sein Bauch und seine Brust waren frei. Auch Ghalib sah aus, als würde er schlafen.

Ein Barkeeper aus einem Restaurant am Golden Beach behauptete, er habe zwei Leichen im Wasser treiben gesehen, als er um 6 Uhr 30 morgens zur Arbeit kam: Die eine war Alan, die andere ein kleines Mädchen mit pinkfarbenen Jeans. Er erzählte, er sei ins Wasser gestürzt und habe beide ans Ufer gezogen. Als er erkannte, dass die Kinder tot waren, habe er ihre Augen geschlossen und einen Krankenwagen gerufen. Ob er versucht hatte, Alans Puls zu fühlen oder Wiederbelebungsmaßnahmen einzuleiten, wurde nicht berichtet.

Als ich diese Version der Geschichte hörte, fragte ich mich, warum Alan immer noch direkt am Wasser lag, als die türkische Fotografin eintraf. Wollte der Barkeeper unsere Familie trösten? Doch wir fühlten uns nicht getröstet, sondern waren irritiert und bestürzt. »Wie kann man den Körper eines kleinen Jungen an der Wasserkante liegen lassen?«, fragten wir uns entsetzt.

Konfusion herrschte auch angesichts der Entstehungsgeschichte der Fotos vom Jungen am Strand selbst: Die türkische Fotografin, die die Aufnahmen gemacht hatte, erklärte, sie sei um sechs Uhr morgens vor Ort gewesen, um Bilder von einer Gruppe pakistanischer Flüchtlinge zu machen, die mit dem Boot nach Griechenland wollten. Dabei entdeckte sie Alan, Ghalib und das kleine Mädchen mit den pinkfarbenen Jeans. Sie machte viele Bilder von Alan, unter anderem eines mit einem türkischen Polizisten, der sich über Alans Leiche beugend mit einem anderen Polizeibeamten spricht. Ein Video zeigt einen türkischen Polizisten, der Alan zu den Felsen trägt, um ihn vor den Touristen zu verbergen, während ein anderer Polizist seinen Kollegen dabei fotografiert. Können Sie sich vorstellen, wie sich mein Bruder fühlte, als er dieses Video sah? Zu sehen, dass sein kleiner Junge wie Abfall behandelt wird?

Die Fotografin schickte die Aufnahmen an ihre Zeitung, die »Dogan News Agency«. Diese veröffentlichte die Bilder noch am gleichen Vormittag, zusammen mit einem Artikel über die Tragödie. Die

Fotografin postete das Bild von Alan auch via Twitter mit dem Hashtag #KiyiyaVuranInsanlik, »Menschlichkeit ans Ufer gespült«.

In diesen ersten Tagen beobachtete mein Sohn Alan die Verbreitung des Fotos in den sozialen Medien. Doch die tatsächliche Reichweite der Aufnahme realisierten wir erst viele Monate später, als eine Gruppe von Wissenschaftlern sie zum Gegenstand einer Studie machte und herausfand, dass das Bild binnen zwölf Stunden zwanzig Millionen Displays erreicht hatte. Eine kleine Zahl früher Tweets von Flüchtlingsanwälten und Journalisten generierte in kürzester Zeit 53.000 Retweets pro Stunde. Der virale Tweet änderte den Ton der öffentlichen Debatte zum Thema Flüchtlinge grundlegend. Bis zu jenem Tag Anfang September hatte man in der Regel von Migranten gesprochen, als hätten diejenigen, die vor einem Krieg fliehen, tatsächlich die Möglichkeit, frei zu entscheiden, ob sie auswandern wollen oder nicht. Seit dem Bild vom »Jungen am Strand« wird viel häufiger von »Flüchtlingen« gesprochen.

Doch was war wirklich an jenem Morgen am Strand geschehen? War der Barkeeper der Erste, der Alans Leichnam entdeckte und bewegte? Wann filmte der Journalist den Polizisten, der Alan vom Strand trug? Wie viele Personen berührten das Kind? Und warum? Was war mit Rehannas und Ghalibs Leichen? Was war mit dem Mädchen mit den pinkfarbenen Jeans? Wurden sie sorgsam und diskret behandelt?

Meine Familie musste sich mit den gleichen Bildern, Videos und Artikeln zufriedengeben wie der Rest der Welt. Durch die Objektive der Kameras blickten wir auf die Welt, die Abdullah verloren hatte. Ich sah Aufnahmen meines Bruders, wie er das Leichenschauhaus verlässt, sein Gesicht gezeichnet von Trauer und Schmerz, die Kamera gnadenlos auf ihn gerichtet, als er sich zur Wand dreht und schluchzt. Er versuchte, zu beschreiben, wie es ist, wenn man sein ganzes Leben an eine Horde fremder Journalisten verliert, die Türkisch und Englisch und andere Sprachen sprechen, die er nicht versteht. Und wie sollte er wissen, ob seine Worte in der Übersetzung ihre Bedeutung behielten?

* * *

Als ich am nächsten Tag mit Abdullah telefonierte, war er geradezu hysterisch. Im Krankenhaus hatte man ihm eine Tasche mit der Kleidung und den Schuhen seiner Familie ausgehändigt.

»Es brach mir das Herz, dass ich diese Tasche mit ihren Sachen nehmen musste, wissend, dass dies alles war, was mir von ihnen blieb«, weinte er. »Meine Hände zitterten. Ich konnte sie nicht einmal tragen.«

»*Allah yissabrak*, Gott gebe dir Geduld«, sagte ich. Ich wollte zu ihm fliegen, wollte bei ihm sein. Ghouson rief mich an und teilte mir mit, dass einige unserer Verwandten zu ihm reisen würden. Ich war dennoch traurig darüber, meinen Bruder in seinem Leid allein lassen zu müssen. Vom Krankenhaus kehrte Abdullah in das Hotel zurück, in dem er mit Rehanna und den Kindern die letzte Nacht verbracht hatte. Dort öffnete er die Tasche und brach wieder in Tränen aus. Er roch an ihren Sachen und rief ihre Namen. Er bekam keine Luft, war immer noch im Schockzustand und fragte sich: »Ist das alles real? Sind sie wirklich tot?«

Bald darauf musste er noch einmal in die Klinik, um die Freigabe der sterblichen Überreste seiner Liebsten zu unterschreiben. Die türkische Regierung hatte die Überführung nach Kobane arrangiert. Abdullah füllte gerade die Formulare aus, als mehrere stämmige Sicherheitsbeamte eintrafen.

»Wir müssen sofort zum Flughafen«, sagte einer von ihnen zu Abdullah.

»Ohne die Tasche mit ihren Sachen gehe ich nicht. Ich will noch einmal ins Hotel, um sie zu holen.«

»Wir schicken jemanden, der die Tasche holt. Sie bekommen sie am Flughafen. Machen Sie sich keine Sorgen. Los jetzt, wir gehen.«

Ich sprach mit Abdullah, als er am Flughafen eingetroffen war. Er war völlig aufgelöst. Die Tasche mit der Kleidung war nicht da.

»Ohne ihre Sachen fliege ich nicht«, sagte er zu mir. Ich hörte, wie er jemanden fragte, wo die Tasche wäre. »Ich fliege erst, wenn ich sie habe.« Dann wurde sein Flug aufgerufen, und man versicherte ihm, dass die Tasche nach Kobane nachgeschickt würde. Gleich nach der Landung in Urfa, einer Stadt bei Kobane an der türkischen Grenze, rief Abdullah mich wieder an.

»Fatima, ich bin so verloren. Da warteten so viele Menschen, und jetzt habe ich eine Polizeieskorte. Dafür bin ich dankbar. Aber wo waren alle diese Helfer, als meine Familie noch lebte?« Die Tatsache, dass sein Pass abgelaufen war und er keine UN-Dokumente hatte, war jetzt offenbar kein Problem mehr. Die Behörden behandelten ihn mit der Würde und Menschlichkeit, die man ihm, seiner Frau und seinen Kindern so lange verweigert hatte – die Würde, die man Millionen von Flüchtlingen immer noch versagt.

Abdullah begann wieder zu weinen.

»Ist das ein Traum? Bin ich immer noch im Wasser? War es ein Alptraum? Rede ich wirklich mit dir?« Mir blutete das Herz bei seinen Fragen.

»Ich sehe einen Konvoi von Fahrzeugen und einen Krankenwagen. Wo bin ich? Was geschieht hier?«

»Abdullah, es ist wahr. Gott gebe ihnen Frieden.«

»Wir sind jetzt am *bab*«, sagte er, am Stadttor von Kobane. Allerdings fragte ich mich, ob Abdullah in seinem gegenwärtigen Zustand vielleicht etwas anderes meinte. Ich hätte alles getan, um ihn in diesem Augenblick nicht allein zu lassen. Wir telefonierten immer wieder, doch die meiste Zeit musste ich mich mit der Medienberichterstattung begnügen. Die Kameras folgten Abdullah auf dem ganzen Weg bis nach Kobane. Später am Tag sah ich, wie die drei Särge ins Flugzeug geladen und nach Urfa gebracht wurden. Dort lud man sie um in einen Krankenwagen, für eine weitere eskortierte Prozession zum Märtyrerfriedhof von Kobane. Bevor sie aus dem Krankenwagen ausgeladen wurden, machte ein Fotograf ein Bild von Rehannas tieftraurigem Vater Shikho, der mit seinen großen Händen die Schultern des winzigen Alan berührt und das weiße Tuch, von dem ich geträumt hatte, wegzieht, um das bezaubernde Gesicht seines Enkels ein letztes Mal zu sehen. Diese Bilder von Rehannas Vater mit Alan rührten mich zu Tränen. Ich weinte um die Familie meiner Schwägerin und um unseren Vater in Damaskus. *Baba* hatte nicht innerhalb eines Tages durch das Kriegsgebiet reisen können, um rechtzeitig in Kobane einzutreffen, um sich zu verabschieden. Er musste aus der Ferne zusehen. Ebenso wie ich.

Zusammen mit dem Rest der Welt sahen wir die Medienberichte über die Beerdigungszeremonie. Immer wieder schaute ich die Videoclips und Fotos an, bemüht, meine Verwandten in der Menge zu entdecken, und meinen trauernden Bruder hörend, der den Aufruf an die Welt wiederholte, anderen Flüchtlingen zu helfen. Es war seine

Botschaft, die er seit Beginn des Krieges so oft formuliert hatte. Nach der Beerdigung folgte ein Fotograf Abdullah in das Haus der Familie, in dem Ghalib die meiste Zeit seines jungen Lebens verbracht hatte. Alan war dort geboren worden. Jetzt, weniger als ein Jahr nachdem Abdullahs Familie vor der Belagerung von Kobane durch den IS geflohen war, machte der Fotograf Aufnahmen von Abdullah: Wir sehen ihn, wie er allein die Straße entlanggeht, im Hintergrund die Schuttberge, wo einst die Häuser unserer Nachbarn standen. Abdullah scheint ein Teil der zerstörten Stadt zu sein. Ein gebrochener Mann. Sein Haus hatte die brutale IS-Belagerung überstanden. Risse zogen sich durch die von den Granateneinschlägen durchlöcherten Mauern, doch das Haus stand noch. Mittlerweile bewohnten es Verwandte von uns, und jetzt war es voll von Trauernden. Abdullah zog sich ins Schlafzimmer zurück. Ghalibs und Alans Spielsachen lagen dort. Auch von diesem Raum machte der Fotograf Bilder: Abdullah neben dem Bett mit den Spielsachen der Kinder. Auf einem Foto hat Abdullah einen hellen Stoffhund in der Hand, eine Figur aus der Sesamstraße mit einem riesigen, roten Grinsemund. Der Fotograf hielt ihn fest mit dem Hauch eines Lächelns im ausgezehrten Gesicht, als reise er zurück in die Vergangenheit, in eine schöne Erinnerung. Unter den Spielsachen auf dem Bett entdeckte ich ein Paar Babyschuhe, die ich für Ghalib in Kanada gekauft und mitgebracht hatte, als ich 2011 zum letzten Mal Damaskus besucht hatte.

Später am Abend telefonierte ich wieder mit meinem Bruder. Er erzählte, dass der türkische Präsident Recep Tayyip Erdoğan und seine Frau sowie Premierminister Ahmet Davutoğlu vor seinem Rückflug nach Kobane angerufen hatten, nicht nur, um ihm ihr Beileid auszusprechen, sondern auch, um ihm die türkische Staatsangehörigkeit anzubieten.

»Ich bin ihnen dafür dankbar, dass sie geholfen haben, meine Familie in der Heimat zu Grabe zu tragen. Aber was nützt mir ihre Fürsorge jetzt noch?«, fragte Abdullah. »Für Rehanna und die Kinder kommt sie zu spät.«

Einige Tage später meldete sich ein Beamter, um mitzuteilen, dass er die Tasche mit der Kleidung seiner Frau und seiner Söhne am *bab* abholen könnte. Abdullah war erleichtert. Doch eine Stunde später rief er mich an. Er war außer sich und weinte. »Sie haben mir eine Tasche mit Kinderkleidung und Schuhen gegeben, aber es sind nicht

die Sachen von Alan und Ghalib. Sie sehen ähnlich aus – die gleichen Farben –, aber es sind neue Sachen, und sie sind sehr groß. Manche haben noch die Etiketten dran. Und von Rehanna ist gar nichts dabei. Ich habe mich geweigert, die Tasche entgegenzunehmen. ›Finden Sie ihre Kleidung‹, sagte ich. Ich brauche diese Kleidung. Es hätte nur zehn Minuten gedauert, zum Hotel zu gehen. Ich hätte gehen sollen. Wie konnten sie mir das antun? Wo ist die Tasche geblieben?«

Abdullah war untröstlich. Rehanna und die Kinder waren ihm aus den Händen geglitten. Und jetzt waren auch diese letzten Erinnerungsstücke fort.

Fototeil

OBEN LINKS Baba, Mama, meine Schwester Hivron und Onkel Khalid am Muttertag. Den Kuchen hatte Onkel Khalid selbst gebacken.

OBEN RECHTS Ich *(links)*, Maha, mein Onkel Mahmoud, Abdullah als Baby und Baba im Wohnzimmer unseres Hauses. Maha und ich tragen die gleichen Kleider. Unsere Mama hatte sie für uns genäht.

UNTEN Shireen, Hivron und Mama in einem Park in Damaskus.

OBEN Geburtstagsfest in unserem Haus in Damaskus. Ich puste die Kerzen auf meiner Geburtstagstorte aus. Mein Lieblingssong damals war »Rasputin« von Boney M.

UNTEN Mama und ich feiern Silvester bei Onkel Mahmoud. Gesang und Tanz mit der Familie zu Hause begleitete viele Abende meiner Jugend.

OBEN Besuch bei Maha in Kobane. Meine Frisur zeigt, dass es die 1980er-Jahre sind.

UNTEN Eine Pause in Linas Friseursalon in Damaskus 1990. Ihren Laden nannte sie »Sandra«. Das war ihr Lieblingsname aus dem Westen.

OBEN Als wir dieses Foto im Januar 1993 an der Waterfront in Vancouver aufnahmen, war ich mit Alan schwanger. Drei Monate später wurde er geboren.

UNTEN Mein erster Job in Vancouver war die Nachtschicht in der Druckerei der Lokalzeitung. Viele meiner Kolleginnen waren Immigrantinnen wie ich, aus den Philippinen, Indien und Pakistan.

OBEN *Von links nach rechts:* Meine Schwestern Shireen und Hivron, mein Sohn Alan, Baba und Mama auf dem Dach unseres Hauses in Damaskus, 1994. Es war meine erste Heimreise nach Syrien seit meiner Auswanderung. Ich freute mich darauf, dass mein Sohn Alan seine Familie kennenlernen würde.

UNTEN Mein Bruder Abdullah mit meinem Sohn Alan. Sein erster Besuch im Wohnzimmer meiner Eltern in Damaskus, 1994.

2011, mein Bruder Abdullah mit der Familie.
Von links nach rechts, stehend: Yasser, Abdullah und Abdulrahman;
von links nach rechts auf den Schultern: Maleek, Maya und Noor.

Begegnung mit der Familie, 2011 bei meiner letzten Reise nach Damaskus.
Erste Reihe, von links nach rechts: Ghoufran, Maya und Maleek.
Zweite Reihe: Abdulrahman und Yasser.
Dritte Reihe: Hivron, ich, Shireen und Rehanna.
Letzte Reihe: Noor, Rawan und Heveen.

168

OBEN Rehanna und Abdullah nahmen dieses Foto mit Ghalib 2011 anlässlich des *Eid* auf.

UNTEN Abdullah mit Alan und Ghalib vor ihrem Haus in Istanbul im Juli 2015. Alan lächelte immer.

OBEN Alan *(links)* und Ghalib *(rechts)* mit einem Lieblingsspielzeug auf dem Sofa in ihrer Wohnung in Istanbul.

UNTEN LINKS Alan in Istanbul im Juli 2015.

UNTEN RECHTS Ghalib und Alan überqueren mit der Fähre den Bosporus im Juli 2015.

OBEN Alles war anders, als Abdullah im Oktober 2015, vierzig Tage nach der Tragödie nach Kobane, zurückkehrte. Hier steht Abdullah vor den Trümmern des Nachbarhauses

UNTEN Abdullah, in seiner Wohnung in Erbil, mit einem Paar Schuhe von Alan. Um ihn herum auf dem Bett liegen die Spielsachen, die er retten konnte.

171

OBEN Diese Plakatwand stand wenige Tage nach der Tragödie in Brüssel. Angekündigt wird meine Übergabe einer Petition mit einer Million Unterschriften von Menschen, die Geflüchtete aufnehmen wollen, an die UNHCR.

UNTEN 2016: Abdullah und ich verteilen Spenden in einem Flüchtlingslager in Kurdistan. Das Einzige, was Abdullah nach der Tragödie Freude machte, war, den Kindern in den Camps zu helfen.

Abdullah und ich blicken auf ein Flüchtlingslager in Kurdistan.

Baba zu Hause in Damaskus, 2016. Neben ihm ein gerahmtes Foto von Mama. So blieb sie auch nach ihrem Tod bei uns. Manchmal sprachen wir mit ihr beim Essen, um sie uns zu vergegenwärtigen.

OBEN Im Dezember 2015 wurde ich zu einer Bürgerversammlung in Vancouver eingeladen, auf der ich Premierminister Justin Trudeau fragte, was Kanada tun könnte, damit der Krieg in Syrien endet und wieder Frieden herrscht.

UNTEN Ich war sehr stolz, als mein Neffe Rezan und meine Nichte Ranim in ihre neue Schule in Vancouver kamen.

OBEN 2015, nach seinem Umzug nach Erbil, Kurdistan: Der Präsident der Autonomen Region Kurdistan im Irak Masud Barzani empfängt Abdullah.

UNTEN Im Februar 2017, auf Einladung der Kongressabgeordneten Tulsi Gabbard *(rechts)* in Washington, DC, wo ich vor Reportern über das Schicksal meiner Familie und die Not der Flüchtlinge weltweit sprach. Links neben mir die Abgeordneten Peter Welch und Tom Garrett, Jr.

Dritter Teil

Kapitel 11
Wer Dornen pflanzt, wird keine Blumen ernten

In diesen traurigen Tagen bemühten sich mein Sohn Alan und mein Mann Rocco unermüdlich um mich. Sie taten alles, damit ich nicht zusammenbrach: Sie versorgten mich mit Essen, flehten mich an, etwas zu mir zu nehmen und zu schlafen. Doch ihre Bemühungen gingen ins Leere. Ich aß nicht, ich schlief nicht, ich gab mich auf. Von Interviewanfragen der Medien wollte ich nichts hören. Ich musste mich zwingen, mit meinen Freunden zu reden, die mir ihr Beileid aussprachen und Hilfe anboten. Ich wollte allein sein mit meiner Verzweiflung. Am 5. September organisierten meine Familie und Freunde eine wunderschöne Trauerfeier für Rehanna, Ghalib und Alan. Über zweihundert Menschen kamen ins Harbour Centre von Vancouver, weit mehr als es Plätze gab. Ich hatte um weiße Blumen und Luftballons gebeten. Freunde und mein Sohn erinnerten in berührenden Reden an Rehanna und die Jungen, und an die Flüchtlinge, denen der Krieg das Leben nahm. Alan schloss die Huldigung seiner Tante und seiner Cousins mit einer schlichten, doch unendlich wichtigen Botschaft: »Wir sind eins, egal, wo wir herkommen.«

Nach den Trauerreden begleiteten uns viele Menschen zum Hafen. Alle trugen weiße Luftballons, die wir gemeinsam steigen ließen. Tief gerührt von der großen Zuneigung und Unterstützung, die meine Familie, meine Freunde und völlig fremde Menschen mir entgegenbrachten, warf ich meinen weißen Blumenstrauß ins Wasser.

Ich betete für Frieden in der Welt und ich sehnte mich nach meinen übrigen Angehörigen.

Vor allem Abdullah wollte ich sehen. Ich hatte meiner Mutter versprochen, mich um ihn zu kümmern. Es war das letzte Versprechen, das ich ihr gegeben hatte, bevor sie starb. Eine Reise nach Kobane wäre jedoch lebensgefährlich. Mich dorthin aufzumachen kam nicht in Frage. Mein Mann und mein Sohn hätten dem niemals zugestimmt. So blieb mir nur, mein Versprechen aus der Ferne einzuhalten. Aus der Ferne würde ich Abdullah im Auge behalten. Ich rief in Kobane an und fragte meine Cousine, wie es ihm ging. Sie berichtete, dass er jede Nacht neben den Gräbern seiner Frau und Kinder geschlafen hatte, bis er eines Abends in das kleine Haus zurückkehrte, in dem sie einst wohnten. Überall lag Staub, der Boden war infolge der Bombardierungen voller Trümmer. Nachts hörte sie ihn schluchzen. Er saß auf dem Bett im Schlafzimmer, das vom flackernden Licht einer Kerze erhellt wurde, umgeben von der Kleidung und dem Spielzeug seiner Söhne. Er rief ihre Namen, presste ihre Sachen an sein Gesicht und atmete ihren Geruch. »Wo seid ihr?«, rief er. »Warum habt ihr mich verlassen? Wo seid ihr, mein Herz, meine Seele? Ich habe euch verloren, und mit euch mein Herz und meine Seele. Was bin ich noch?«

»Wir können ihn dort nicht allein lassen, in diesem verstaubten Zimmer, inmitten ihrer Sachen und ihres Spielzeugs, in ständiger Erinnerung an das, was er verloren hat«, flüsterte meine Cousine am Telefon. Sie wollte nicht, dass Abdullah sie hörte.

In jenen ersten Tagen nach der Tragödie waren Ghalib und Alan nicht nur Bilder in Abdullahs Fantasievorstellung. Alans Bild lebte in Millionen Köpfen. Künstler schufen eigene Interpretationen der Fotografie, als Hommage – in Wandbildern, Gemälden, Statuen – und als ständige Erinnerung, nie zu vergessen, sich nie wieder in Gleichgültigkeit und Lethargie fallen zu lassen. Flüchtlinge und Aktivisten klebten Alans Bild auf Transparente und T-Shirts, um die Welt wachzurütteln, damit nicht noch mehr Menschen einen sinnlosen Tod sterben. Staatsoberhäupter in vielen Ländern schalteten sich ein, erklärten ihre Sympathie für die Sache, versprachen Hilfe und forderten andere politische Führer in der Welt auf, dasselbe zu tun.

In meiner Heimat Kanada standen Wahlen bevor, und die Parteien, die gegen Premierminister Stephen Harper antraten, nutzten

Alans Foto für ihren Wahlkampf. Justin Trudeau, damals der Vorsitzende der Liberalen Partei, kündigte an, dass er, sollte er als Sieger aus der Wahl hervorgehen, bis zum Jahresende 25.000 Flüchtlinge aufnehmen würde. Er kritisierte Harper, weil dieser nicht genug getan hatte, um Flüchtenden aus Syrien in Kanada eine sichere Zuflucht zu bieten. Am Tag der Tragödie machte Harper Wahlkampf in British Columbia, der kanadischen Provinz, in der ich lebe. Am nächsten Tag, dem Tag meiner Pressekonferenz, trat auch er vor die Journalisten und sagte:»Wir tun alles, und wir werden [für die Asylsuchenden] noch mehr tun.« Als wäre mit der Aufnahme von gerade mal 1.002 syrischen Geflüchteten bereits alles getan! Harpers Einwanderungsminister erklärte Reportern, dass es um 2.300 Menschen ginge, während Harper weiterhin an der vagen Aussage, man würde 10.000 Personen aus dem Nahen Osten ins Land holen, festhielt.

Unter den Ländern der Welt gebührt Schweden und Deutschland die größte Anerkennung, denn dort durften sich syrische Flüchtlinge schon vor jener tragischen Nacht niederlassen. Ich bin Kanzlerin Merkel zutiefst dankbar, dass sie die deutschen Grenzen für Asylsuchende öffnete. Ihre Regierung verpflichtete sich, bis zu 500.000 Menschen pro Jahr aufzunehmen. Auch Österreich erklärte sich bereit, die Grenzen zu öffnen. Bundeskanzlerin Merkel forderte andere Staaten auf, es ihr gleichzutun oder wenigstens den sicheren Transit in aufnahmebereite Länder zu gewährleisten. Dies war ihre Botschaft an die Staaten Mitteleuropas, die die Flüchtenden auf dem Weg nach Nordeuropa durchqueren mussten. Ein besonders gefährlicher Engpass war Ungarn, das gegen sie ein Einreiseverbot verfügt hatte. Ungarn hatte überdies einen hohen Stacheldrahtzaun errichtet, um den Menschen auf der Flucht die Passage nach Norden zu versperren.

Mein Neffe Yasser war einer der vielen Flüchtlinge, die zu dieser Zeit in Ungarn festhingen. Er erlebte seine eigene Schreckensgeschichte, als er versuchte, nach Deutschland zu gelangen. Zusammen mit vielen anderen war er in einem provisorischen Gefängnis interniert – auf einem riesigen, eingezäunten Areal mitten im Wald. Gelegentlich warfen die Wachen Wasser und Sandwiches über den Zaun. Sie waren mit einem mysteriösen Fleisch belegt. Die Geflüchteten vermuteten, dass es sich um Schweinefleisch handelte. Anfangs aßen sie nur das Brot und warfen das Fleisch zurück. Doch das lockte wilde Hunde an, die jenseits des Zauns bellten und knurrten und die Internierten noch mehr terrorisierten.

Irgendwann setzte man Yasser und andere Flüchtlinge in einen Bus, ohne ihnen zu sagen, wohin man sie bringen würde. Stunden später, als sie ausstiegen, stellte er fest, dass er in Österreich war. Ein Paar winkte ihn und eine andere Familie aus dem Bus zu sich. Mit Gesten signalisierten sie: Essen, Duschen, Schlafen. Offenbar boten sie Yasser genau das an. Es war wie im Märchen. Er bekam eine Mahlzeit, weiche Handtücher und duftende Seife für eine heiße Dusche. Yasser rief seine Mutter Shireen an, um ihr zu sagen, dass er sicher und relativ gesund in Österreich angekommen war. »Aber ich will nach Deutschland«, sagte er ihr. »Sie sind so nett zu mir, und ich will nicht unhöflich sein. Dennoch kann ich nicht bleiben.« – »Sprechen sie Englisch?« – »Ja.« – »Dann ruf Tante Fatima an«, riet ihm Shireen. »Sie wird ihnen alles erklären.«

Yasser erzählte mir seine unglaubliche Geschichte. Ich bat ihn, mit seinen österreichischen Gastgebern sprechen zu dürfen. Er reichte das Telefon an die Frau weiter, und ich dankte ihr, dass sie sich so gut um meinen Neffen kümmerte. Ich erklärte ihr, dass er nach Deutschland wollte, und ich erzählte ihr von der Tragödie, die meine Familie erlebt hatte.

»Sie sind die Tante des kleinen Jungen am Strand?«, rief sie. »Die Kanadierin? Seine Geschichte war in allen Nachrichten.« Sie sagte, Yasser könne so lange bei ihnen bleiben, wie er wolle. Ich entgegnete, dass mein Neffe gern bei seinem Onkel Mohammad wäre, der immer noch in einem deutschen Flüchtlingslager sei. Am nächsten Morgen brachten ihn seine freundlichen Gastgeber zum Bahnhof und kauften ihm ein Ticket nach Deutschland. Ich sah Fernsehberichte über die Flüchtlinge, die nach Österreich und Deutschland strömten. Ich sah ihre Fotos und Videos und weinte bittersüße Tränen. Auch Abdullah sah die Bilder: »Schau nur, was Alans Foto ausgelöst hat«, sagte er zu mir bei einem unserer Telefonate. »Überall in Europa öffnen sich die Grenzen. Er rettet Leben, Gott sei Dank. Endlich ist die Welt aufgewacht.«

In der Menge der erschöpften Flüchtlinge, die in Deutschland ankamen, suchte ich die Gesichter von Rehanna, Ghalib und Alan. Sinnlos, ich weiß. Doch auch der Tod ist sinnlos. Vor allem der Tod unschuldiger Kinder. In meiner tiefen Trauer erschien es mir absurd, dass Menschen an einem Tag noch leben, und am Tag darauf nicht mehr da sind. Jede Minute jeder Stunde jener entsetzlichen ersten Wochen, alles, was ich sah, alles, was ich erlebte, führte zu einer neuen Folge verzweifelter Fragen: Was wäre gewesen, wenn? Hätte ich, hätten sie nur ... Wenn nur ... die Politik der kanadischen Regierung weniger restriktiv gewesen wäre? Wären sie gut ans andere Ufer gelangt, hätte es das Bild von Alan nie gegeben. Es wäre kein Ruf an die Welt ergangen. Griechenland hätte Abdullahs Familie, wie vielen anderen Menschen auf der Flucht in den Monaten zuvor, vermutlich einen sicheren Transit gewährt. Dennoch hätten sie noch die ungastlichen und gefährlichen Länder Mitteleuropas durchqueren müssen. Vielleicht hätte man sie an der einen oder anderen Grenze mit Tausenden anderer Geflüchteter festgesetzt. Eingepfercht wie Tiere hinter einem hohen Zaun, bewacht von bewaffneten Männern in ständiger Alarmbereitschaft. Vielleicht hätte man sie zurückgeschickt in die Türkei. Doch sie wären am Leben. »Du wirst noch wahnsinnig, wenn du nicht aufhörst«, mahnte Rocco, wenn ich mich wieder in einer dieser endlosen Was-wäre-gewesen-wenn-Tiraden verlor. »Du kannst die Zeit nicht zurückdrehen. Iss etwas, schlafe«, bat er mich und stellte mir noch einen Teller mit Essen vor die Nase. Schlafen war unmöglich. Meine rasenden Gedanken konnte ich nicht abstellen.

In Kanada sorgte die Tragödie im Vorfeld der Parlamentswahlen für kontroverse Diskussionen in den Parteien. Einig war man sich in der Kritik an Premierminister Stephen Harper und seiner konservativen Regierung. So kurz vor dem Wahltag sah er keine andere Möglichkeit, als binnen weniger Wochen die restriktiven Bedingungen für privat gesponserte syrische Geflüchtete vorübergehend auszusetzen. Das waren gute Nachrichten. Gleichwohl war es zu wenig, und es kam viel zu spät.

Überall in der Welt brachte das Foto meines Neffen Menschen dazu, Druck auf die Politiker auszuüben. Menschenrechtsorganisationen und Bürgerinitiativen hielten Mahnwachen und organisierten Gedenkstunden für Alan und andere – lebende und gestorbene – Flüchtlinge, und viele karitative Einrichtungen stellten eine höhere Spendenbereitschaft fest. Ich habe nicht genug Worte, um all denen zu danken, die sich engagierten und persönliche Opfer brachten, um Menschen in Not zu helfen.

Doch es tummelten sich auch Abzocker im Internet, die Alans Bild für angeblich humanitäre Projekte missbrauchten, sich das Geld jedoch in Wirklichkeit selbst in die Tasche steckten. Ich entdeckte einen Facebook-Link, der auf eine Website in Großbritannien verwies, über die innerhalb von zwei Tagen bereits 170.000 US-Dollar gesammelt worden waren. Schwindler hatten ein ursprünglich von mir veröffentlichtes privates Foto von Alan und Ghalib gepostet. Die Website der Betrüger war so gestaltet, dass man glauben konnte, meine Familie hätte sie ins Netz gestellt. Wir hatten aber keine karitative Organisation gegründet. Mit dieser Website hatten wir nichts zu tun. Ich schickte dem Mann, der im Impressum firmierte, eine SMS. Ich wollte wissen, wofür das gespendete Geld ausgegeben werden sollte. Ich sagte ihm auch, dass er die Internet-Präsenz seiner Initiative ändern und das Bild meiner Neffen entfernen müsse, damit es nicht so aussähe, als ob es die Website meiner Familie wäre. Andernfalls müsse er sie vom Server nehmen. Er reagierte wie ein bockiges Kind – »Versuch's doch!« – und blockte mich für seine Twitter- und Facebook-Accounts.

Genauso abscheulich war die Unverfrorenheit derjenigen, die sich beeilten, meine Familie zu verleumden. Zu ihnen gehörten die US-amerikanische Politikerin Michele Bachmann und der australische Politiker Cory Bernardi, die meine auf der ersten Pressekonferenz ausgesprochenen Worte verdrehten, damit sie in ihr eigenes schräges Weltbild passten. Sie verwiesen auf meine Aussage, dass Abdullah eine Zahnbehandlung brauchte, und sagten, er hätte das Leben seiner Familie aufs Spiel gesetzt, nur um sich in Europa die Zähne machen zu lassen. Andere Kritiker unterstellten, unsere Familie würde versuchen, aus der Tragödie Profit zu schlagen. Hatten diese Leute kein Mitgefühl mit uns, mit Millionen Flüchtlingen? Hatten sie überhaupt eine Vorstellung davon, wie es ist, wenn die eigene Familie hungert, wenn man nicht einmal ein Stück Brot hat? In einem Post wurde mein Bruder als Egoist bezeichnet, der »seine eigene Familie umgebracht hat«. In Tränen aufgelöst rief ich *Baba* an. »Habibi, mein Engel, es ist egal, was Fremde denken«, tröstete er mich. »Abdullah war ein wunderbarer Vater. Er gab seinen Kindern alle Liebe der Welt. Diese Leute verstehen das nicht. Wer Dornen pflanzt, wird keine Blumen ernten.«

Auch der IS benutzte Alans Foto für seine brutale Ideologie und proklamierte, meine Familie verdiene ihr Schicksal, denn wir hätten aus dem Nahen Osten nach Europa fliehen wollen.

184

Abdullah bekam von dem Hass und den Falschmeldungen, die weltweit verbreitet wurden, nichts mit. Und selbst wenn er davon gewusst hätte, wäre es ihm egal gewesen. Er war an einem viel düstereren Ort, trister noch, als selbst die am lautesten brüllenden Hasser sich hätten vorstellen können. Ich wiederum war wahnsinnig vor Sorge um ihn, seit ich wusste, dass er in die Kriegszone zurückgekehrt war. Kobane war immer noch gefährlich. Doch meinem Bruder war es gleichgültig, dass um ihn herum Krieg drohte. Während alle am Wiederaufbau ihrer Häuser arbeiteten und an ihr altes Leben anknüpfen wollten, hatte er keine Familie mehr und kein Leben, in das er hätte zurückkehren können.

Nechirvan Barzani, der Premierminister der Regionalregierung Kurdistan (KRG), lud Abdullah in die kurdische Hauptstadt Erbil in der autonomen Region in Nordost-Irak ein. Ich überredete meinen Bruder, das Angebot anzunehmen und wenigstens ein paar Wochen in Kurdistan zu verweilen, jedenfalls bis zum Totengedenken nach vierzig Tagen, zu dem er in Kobane sein wollte. Das Bild von Abdullah, wie er neben den Gräbern seiner Familie schlief, ging mir nicht aus dem Kopf. Doch mein Bruder wollte nicht fort. Vielleicht fühlte er sich bei den vielen Gespenstern zu Hause? Vielleicht war eine Geisterfamilie besser als gar keine Familie?

Ich wartete, beobachtete aus der Ferne, was geschah, und fühlte mich mehr als nutzlos. Es war, als säße ich für alle Zeit festgezurrt in einem Waggon auf einer Achterbahn, die mich nach oben und nach unten beförderte, doch am Ende immer wieder genau da ablieferte, wo ich meine Fahrt begonnen hatte, damit sie von vorn losginge. Ich wollte Abdullah sehen. Ich wollte bei meiner Familie sein. Unbedingt.

Die Gelegenheit ergab sich, als die Nichtregierungsorganisation »Avaaz«, die sich weltweit für Menschenrechte, Klimaschutz und gegen Kriege engagiert, fragte, ob ich bereit sei, am 14. September 2015 vor einer UNHCR-Konferenz in Brüssel zu sprechen. Ich sollte eine von 1,2 Millionen Menschen unterzeichnete Petition übergeben, in der die EU aufgefordert wurde, angesichts der syrischen Flüchtlingskrise zu handeln. Ich war nicht in der Lage, allein zu reisen. Ich konnte ja nicht einmal allein essen. Also teilte Rocco der Organisation mit, dass ich nur in Begleitung meines Sohnes Alan nach Belgien kommen könnte. Außerdem ließ er sie wissen, dass ich in Bezug auf den Krieg in Syrien keine Position beziehen würde. Ich würde für die Flüchtlinge sprechen, nicht für eine politische Sache. Mit Blick auf die Kriegsparteien bliebe ich neutral. Avaaz war einverstanden, und sie bezahlten mir die Flüge nach Deutschland und in die Türkei, wo ich meine Familie besuchen wollte. Es gab sogar die vage Idee, Abdullah aus Kobane nach Istanbul kommen zu lassen, wo ich ihn treffen könnte. Langsam erwachten meine Lebensgeister. Wir hatten nur wenig Zeit für die Reisevorbereitungen. Am 11. September sollten wir nach Brüssel fliegen. Wenige Tage später würden wir in Deutschland sein. Alan und ich sammelten Sachen, die wir Mohammad und Yasser nach Deutschland und dem Rest meiner Familie in die Türkei mitbringen könnten.

Kaum in Europa angekommen gab ich erste Interviews und hatte eine persönliche Begegnung mit dem luxemburgischen Außenminister und dem Präsidenten des Europäischen Rates. Am dritten Tag meines Aufenthalts in Brüssel sollte ich vor der UNHCR-Versammlung sprechen. Wäre ich nicht so erschöpft und ausgebrannt gewesen, wäre ich beim Versuch, mir zurechtzulegen, was ich diesen mächtigen, wichtigen Politikern sagen könnte, vermutlich nervös geworden. Schließlich waren auch António Guterres, der damalige UN-Hochkommissar für Flüchtlingsfragen, und Federica Mogherini, die Stellvertretende Vorsitzende des Europaauschusses der Vereinten Nationen in dieser erlauchten Runde vertreten.

Doch ich war offenbar immer noch im Schockzustand. Jedenfalls spürte ich kein Lampenfieber. Ich stand einfach vor dieser Gruppe von fremden Anzugträgern und ließ mein Herz sprechen. Ich wiederholte die Botschaft, die mittlerweile zum Mantra geworden war: Öffnen Sie ihre Herzen und Türen für die Flüchtlinge oder gestatten Sie ihnen wenigstens einen sicheren Transit, damit sie nicht auf dem Weg übers Meer ertrinken. Diskutieren Sie mit den politischen Führern der Welt, wie man den Krieg in Syrien friedlich beenden kann. Und bitte öffnen Sie Ihre Grenzen! Jetzt!

An die Veranstaltung selbst habe ich nur vage Erinnerungen. Ich weiß, dass ich nach den Reden mit anderen in einer Reihe stand. Diplomaten defilierten vorbei und schüttelten meine Hand. Ich begann zu verstehen, wie verwirrend die Situation für meinen Bruder gewesen sein musste, als er in Kobane eintraf: Plötzlich stehst du im Rampenlicht, plötzlich behandeln sie dich mit Respekt und Mitgefühl, endlich realisiert die Welt die Flüchtlingskrise und nimmt sie ernst.

Einige Politiker hatten Tränen in den Augen, umarmten mich, machten Fotos mit mir, einer Friseurin aus Kanada. Viele versprachen, mehr für die Flüchtlinge zu tun. Sie schworen, dass sich die Tragödie meiner Familie nicht wiederholen dürfe. Sie gaben mir ihre Visitenkarten und forderten mich auf, mich zu melden, wenn ich etwas bräuchte.

Einige Monate später nahm ich Kontakt zu mehreren dieser einflussreichen Leute auf und fragte, was ich weiter dazu beitragen könnte, um die Flüchtlinge zu unterstützen. Manche von ihnen antworteten; die meisten ignorierten mein Anliegen. Offenbar waren sie wieder eingeschlafen. Ich wünschte, ich könnte noch einmal in diese erste Zeit zurückkehren, um auf der Grundlage dessen, was ich jetzt weiß, meine Botschaft viel nachdrücklicher zu formulieren.

Nach der Brüsseler Konferenz gab ich weitere Interviews. In einem Gespräch nannte eine Reporterin Alan immer wieder »Aylan«.

»Er heißt Alan«, sagte ich.

»Mag sein, aber die Welt kennt ihn unter dem Namen ›Aylan‹. Das können wir jetzt nicht mehr ändern«, antwortete sie.

Nur selten weinte ich, wenn ich Abdullahs Bericht über die Tragödie wiedergab. Ich nehme an, ich war ausgepowert und orientierungslos in einer fremden Welt, physisch wie in einem übertragenen Sinne. In diesem Europa, mit den Palästen und Kirchtürmen und Monumenten der alten und neuen Mächte, fühlte ich mich wie in einem Märchen. Einem Märchen, das in einem Alptraum endet.

Später am Tag flogen Alan und ich weiter nach Frankfurt. Dort erfuhren wir, dass Abdullah das Asylangebot in Kurdistan angenommen hatte. Das bedeutete, dass ich ihn besuchen konnte. Ich brauchte nur ein Flugticket von der Türkei nach Erbil, wo ich meine Reise beenden würde.

Zunächst fuhren Alan und ich jedoch nach Heidelberg, um Mohammad und seinen Sohn zu treffen. Ich konnte nicht erwarten, meinen großen Bruder wiederzusehen. Wir fuhren mit dem Taxi direkt zu der Adresse, die er mir gegeben hatte. Es war eine größere Wohnanlage, fast eine kleine Siedlung. Tatsächlich handelte es sich um eine ehemalige US-Kaserne aus den 1940er-Jahren. Ich durfte nicht aufs Gelände, aber ein Wachmann am Eingang erklärte sich bereit, Mohammad zu suchen. Derweil schaute ich mich um. Hinter dem Maschendrahtzaun entdeckte ich einen kleinen Kinderspielplatz. Ein paar magere Flüchtlingskinder in schmutziger Kleidung vergnügten sich auf einer quietschenden Schaukel. Viele von ihnen husteten und sahen krank aus. In ihren dünnen T-Shirts zitterten sie vor Kälte. Es war zwar erst Mitte September, doch die Luft war herbstlich kühl und der Himmel grau. Ich litt mit ihnen. Und wieder fragte ich mich:»Warum sie? Warum wir? Wie ist es dazu gekommen?«

Der Sicherheitsbeamte, bei dem ich uns angemeldet hatte, kehrte zum Eingang zurück und erklärte, dass niemand das Lager ohne Genehmigung verlassen dürfe. Wir hatten keine andere Wahl, als zum Hotel zu fahren. Per SMS bat ich Mohammad und Yasser, ein Taxi zu nehmen und nachzukommen, sobald sie könnten. Ich würde die Fahrt bezahlen.

Yasser wohnte in einem Kinderheim in Heidelberg, nicht weit von Mohammads Unterkunft entfernt. Er traf als Erster im Hotel ein. Mittlerweile schüttete es. Yasser war völlig durchnässt. Er hatte keine Regenjacke und fror.

»Mein Gott! Warum ziehst du dir nichts über?«, fragte ich und umarmte ihn.

»Schon gut, Tante. Ich bin daran gewöhnt«, antwortete er mir.

Alan öffnete sofort seinen Koffer und gab dem Jungen eine Jacke und trockene Kleidung. Mohammad traf in einem ähnlichen Zustand ein, und Alan holte auch für ihn Anziehsachen aus seinem Gepäck. Ich lud beide ein, heiß zu duschen. Eine vergleichbare Duschmöglichkeit hatte Mohammad nicht mehr gehabt, seit er 2012 Damaskus verlassen hatte.

Später schlug ich vor, essen zu gehen. Es war mir wichtig, dass sie etwas zu sich nahmen. Auf der Straße begegneten wir etlichen unserer syrischen Landsleute. Nicht wenige bettelten um Nahrung. »Ich habe Hunger, ich bin müde, ich kann nicht mehr«, hörte ich einen kleinen Jungen schluchzen.

»Wie heißt das Kind, Tante?«, fragte ich seine Mutter. »Khalid«, antwortete sie. »Warum weinst du?«, fragte ich Kahlid. Er war zu schüchtern, um zu antworten, und versteckte sich hinter dem Rock seiner Mama.

»Wir wohnen in einem Flüchtlingscamp«, erklärte diese mir. »Wir kämpfen jeden Morgen um ein Stückchen Brot mit Marmelade. Es gibt nicht genug zu essen. Ich gebe alles meinen Kindern.« Ich konnte meinen Blick nicht von dem Kleinen wenden. Er hätte mein Neffe sein können.

»Kommt mit«, sagte ich. Wir gingen zu einem Imbiss, der Speisen aus dem Nahen Osten verkaufte. Ich lud sie zu Shawarmas ein.

»Allah gebe dir Gesundheit und segne deine Kinder«, sagte die Frau.

Ich forderte Mohammad und Yasser auf, zu bestellen, was sie wollten.

»Ich mag alles, außer Thunfisch aus der Dose«, sagte Mohammad.

»Ich könnte ein ganzes Rind verspeisen«, sagte Yasser und lachte. Wir sahen ein Restaurant mit riesigen, knusprig braunen Brathähnchen im Schaufenster.

»Seit Monaten träumen wir von Hähnchen,« sagte Mohammad. »Ich könnte allein ein ganzes essen.«

Ich orderte Hähnchen und Kebab und sah zu, wie die beiden jeden einzelnen Bissen genossen. Ich war glücklich. Es war ein wunderbarer Augenblick. »Warum sitzt du da und grinst? Iss was«, sagte Mohammad.

»Ich bin zu glücklich, um zu essen«, antwortete ich. »Erzählt mir vom Wohnheim.«

»Das willst du gar nicht wissen, Tante. Und ich will nicht undankbar klingen, aber sie packen viel zu viele Flüchtlinge in die Unterkünfte. Wir leben wie gestapelt. Aber es ist ja nur vorübergehend. Das wird schon noch«, berichtete Yasser.

»Das Essen im Wohnheim ist grauenhaft«, sagte Mohammad. »Wir stehen stundenlang Schlange, selbst für die einfachsten Dinge.«

Er beklagte sich über den Zustand seiner Unterkunft, aber sein Hauptproblem war, dass er die Familie vermisste. Es könnte bis zu einem Jahr dauern, bis sie nach Deutschland nachkommen dürfte. So gesehen war er hier schlechter dran als in Istanbul. Selbst wenn er dort den schlimmsten Job hätte, käme er doch jeden Abend nach Hause zu seiner Frau und den Kindern. Mohammad hatte die Türkei verlassen, noch bevor Ghouson den jüngsten Sohn Sherwan bekam. Für Mohammad war es schrecklich, das Baby nicht umarmen und küssen zu können.

Nach dem Essen kaufte ich Mohammad in einem Supermarkt eine Schere und Clipper, damit er sich die Haare schneiden und vielleicht Arbeit finden könnte. Dann begleiteten er und mein Neffe uns zurück zum Hotel. Sie blieben bis acht Uhr abends, danach mussten sie in der Unterkunft zurück sein.

Am nächsten Tag kamen sie wieder. Wir gaben zwei deutschen Zeitungen Interviews, dann gingen wir essen. Es war immer noch kühl, aber die Sonne schien. Wir suchten ein türkisches Restaurant und nahmen draußen Platz. Schon in Damaskus hatten wir immer gern im Freien gegessen. Ich bestellte viel zu viel, und als der Geschäftsführer des Ladens erfuhr, dass Mohammad und Yasser syrische Flüchtlinge waren, packte er noch mehr auf unsere Teller. Wir verbrachten Stunden dort und unterhielten uns über die Tragödie, die unsere Familie ereilt hatte, die uns immer noch unwirklich erschien, und über unser altes Leben in Damaskus vor dem Krieg. Irgendwann begannen die Kellner, die Stühle hochzustellen. Wir entschuldigten uns dafür, dass wir zu lang geblieben waren, doch der Restaurantbesitzer sagte, es gäbe keinen Grund zur Eile. Wir dürften bleiben, so lange wir wollten.

Später, an der Bushaltestelle, trennten sich unsere Wege. Es war ein tränenreicher Abschied. Ich blickte meinem Neffen nach, der in seinen Bus stieg, die Tüte mit den Essensresten in der Hand. Mohammad beschloss, in dieser Nacht bei uns im Hotel zu bleiben. Er sagte einem Freund Bescheid, der ihn im Asylheim eintrug, damit er keinen Ärger bekam. Alan bot ihm sein Bett an, aber Mohammad bestand darauf, auf dem Boden zu schlafen. »Ich bin das gewöhnt«, sagte er. »Außerdem ist es hier ganz sauber. Das ist schon in Ordnung so.«

Kaum hatten wir das Licht ausgemacht, sprach Mohammad mich an: »Mein Gott, warum müssen wir das erleben, Schwester? Warum Abdullah? Warum immer die Armen?« Er fand keine Ruhe.

»Wir können es nicht ändern, Bruder. *Inschallah* wird alles besser.«

Trotz Mohammads Klagen schlief ich zum ersten Mal nach vielen Monaten tief und fest, zusammen mit meinem Sohn und meinem gut versorgten Bruder in einem Zimmer. Mohammad und ich hatten seit unserer Kindheit in Damaskus nicht mehr im gleichen Raum übernachtet. Der Abschied am nächsten Morgen fiel mir unsagbar schwer. Ich fühlte mich, als hätte ich Mohammad und Abdullah verraten, weil ich es nicht geschafft hatte, ihnen Asyl in Kanada zu besorgen. Und es gab noch so viele Unwägbarkeiten: Ich wusste nicht, wann ich meinen großen Bruder wiedersehen würde oder wann er wieder mit seiner Familie zusammen sein könnte. Am Vormittag flog Alan zurück nach Vancouver, während ich meine Reise in die Türkei und nach Erbil fortsetzte. Ich umarmte Alan und fühlte mich unendlich glücklich, einen so wunderbaren Sohn zu haben. Gleichzeitig war ich nicht sicher, wie es bei den nächsten Stopps meiner Reise werden würde. Kaum war Alan fort, fühlte ich mich ängstlich und allein. In Istanbul angekommen schickte ich Hivron eine Textnachricht, um ihr mitzuteilen, wo ich wohnte. Kurz danach stand sie mit ihren Kindern und einer Tüte voll von Lebensmitteln vor mir. »Mach sie auf«, sagte sie, und ihre Augen blitzten frech. In der Tüte lagen zwei Stück Grillhähnchen mit köstlicher Knoblauchsauce, mein Lieblings-Fast-Food syrischer Art; wie Kentucky Fried Chicken, aber besser.

»Wo hast du die her?«, fragte ich Hivron.

»Ein syrisches Franchise, neu eröffnet in Istanbul für alle heimwehkranken Syrer. Ich weiß doch, wie gern du das magst«, sagte Hivron.

Ich genoss mein Essen, und Hivron und die Kinder sahen mir zu, zufrieden lächelnd, als wäre ich die Frau auf der Flucht. Ich verbrachte einen zauberhaften Abend mit meinen Nichten und Neffen. Dann schickte Hivron sie nach Hause, damit wir noch Zeit für uns hätten. Sie übernachtete bei mir, und ich war müde von der Reise. Doch Hivron wollte über ihre eigene schreckliche Überfahrt über das Mittelmeer reden. Sie hatte sich in dem Monat aufgemacht, in dem auch Abdullah und seine Familie die Flucht über die See wagen wollten. Bei ihrem ersten Versuch trennte man Frauen und Männer. Man lud sie auf verschiedene LKWs, um sie allein per Boot loszuschicken. Hivron und ihr Mann wussten nicht, ob sie sich je wiedersehen würden. Als sie vor dem Boot stand, weigerte Hivron sich, an Bord zu gehen. Der erste Versuch scheiterte. Nachdem die Familie wieder zusammen war, versuchten sie ein weiteres Mal, das Meer zu überqueren. Doch die Küstenwache und die Wellen zwangen sie zur Umkehr.

Beim dritten Fluchtversuch versteckten sie sich hinter Bäumen in der Nähe des Strandes. Die Kinder sammelten Steine, während sie auf die Schleuser warteten.

»Was baut ihr da?«, fragte Hivron die Kinder.

»Ein Babygrab.«

Meine Schwester erschauerte. Dann tauchte das Boot auf, ein leichtes Schlauchboot. Die Schleuser versuchten, die Flüchtlinge mit Stöcken an Bord zu treiben, doch Hivron weigerte sich, einzusteigen.

»Nie wieder würde ich die Überfahrt wagen«, sagte sie mir im Hotel in jener Nacht. »Nach dieser Tragödie nicht mehr, nicht für eine Million Dollar. Es ist das Risiko nicht wert.«

»Hoffentlich genehmigt die deutsche Regierung bald den Familiennachzug. Dann seid ihr wieder zusammen«, sagte ich.

Gerade als ich einschlafen wollte, begann Hivron zu weinen. Ich schreckte hoch. Auch mir kamen die Tränen.

»Fatima, ich muss dir etwas beichten. Es geht um Abdullah, und ich bereue es so sehr. Als Rehanna und die Jungs aus Kobane flohen, fragte unser Bruder, ob sie bei mir wohnen könnten, bis sie eine eigene Wohnung hätten. Und obwohl es mich schmerzte, sagte ich: ›Es tut mir leid, Bruder. Hier ist nicht genug Platz.‹«

Meine arme Schwester! Ich versuchte, sie zu trösten. »Wenn du sie aufgenommen hättest, hätten sie eure beiden Familien ausweisen können. Das konntest du nicht riskieren.«

»Ich weiß. Aber ich glaube, es hat ihm das Herz gebrochen.«

»Aber nein, Schwester. Er versteht es. Er ist dir nicht böse. Er fand dann ja auch eine Unterkunft.« Gleichgültig, was ich sagte, sie litt.

»Schau, woher wir kommen und wo wir heute sind. Warum passiert uns das? Allah ist mein Zeuge: Ich kann nicht mehr.«

»*Inschallah* wird es bald besser.« Schließlich schliefen wir ein. Mit tränennassen Augen.

Am nächsten Tag gab ich einem holländischen Journalisten ein Interview. Dann kamen Ghouson und ihre Kinder vorbei. Sie hatten jede Menge Fragen zu ihrem Vater: »Wie geht es Mohammad? Hat er abgenommen? Geht es ihm gut? Wie geht es Yasser? Wie ist Deutschland?« Auch Maha stieß zu uns. Ich freute mich, so viele Mitglieder meiner Familie unter einem Dach vereint zu sehen. Und doch tat es weh. Immer wieder fragten wir uns »Warum?«.

Ich hatte noch eine weitere Mission in Istanbul. Ich wollte Abdullahs und Rehannas Wohnung besuchen. Ich kannte sie von Fotos, doch ich musste sie in Wirklichkeit sehen. Ich wollte mich auf das grüne Sofa setzen und mir die Seele aus dem Leib schluchzen. Das Sofa, auf dem meine Neffen so oft gesessen hatten, auf dem sie gelacht und getanzt hatten, wie die Bilder, die sie mir geschickt hatten, zeigen. Das grüne Sofa auf dem Foto mit dem weißen Teddy, der zwischen ihnen sitzt.

Maha und ihre Tochter brachten mich hin. Eine andere syrische Flüchtlingsfamilie aus Aleppo lebte jetzt dort, ein Ehepaar mit ihrem vierjährigen Sohn. Wir stellten uns vor, doch sie wussten schon, wer wir waren, und baten uns ins Haus. »Die Nachbarn haben viel von Ihrer Familie erzählt«, sagte die Frau. »Alle hier bestätigten, dass sie sehr freundlich waren. Sie berichteten vom Vater, der seine beiden Söhne überallhin mitnahm. Mögen sie in Frieden ruhen!«

Mein Blick wanderte zur grünen Couch. Maha und ich setzten uns, legten unsere Hände auf die Kissen und stellten uns die Jungen dort vor. Wir schwiegen, überwältigt von Traurigkeit, und blickten uns um. Ich sah die beiden Kinder, wie sie Fangen spielten und sich in den Zimmerecken versteckten. Ich hörte sie lachen und singen, während Rehanna, fröhlich summend, das Essen zubereitete. Die jetzige Mieterin holte eine Plastiktüte aus dem Schrank. In ihr steckte der weiße Teddy. Die Frau hatte ihn weggepackt, für den Fall, dass mein Bruder ihn haben wollte. Dann zog sie eine Kiste mit Spielsachen meiner Neffen hervor – ein Mülllaster aus Plastik und ein paar andere Dinge, die ich von Bildern und von unseren Videoanrufen kannte: das Teletubby, dem ein Auge fehlte, ein ausgestopftes Äffchen – eines von Ghalibs Lieblingstieren – und der Plüschhund, der seine Zunge rausstreckte, mit dem Alan am liebsten gespielt hatte.

»Nehmen Sie doch die Spielsachen für Ihren Bruder mit«, bat mich die Frau. Ich wusste nicht, was ich tun sollte, und rief Abdullah in Erbil an.

»Ich weiß, was es für eine Flüchtlingsfamilie bedeutet, Spielsachen für die Kinder zu haben«, sagte er. »Lass sie da, für den Jungen. Es würde mich glücklich machen, zu wissen, dass er damit spielt. Ich habe ein paar Spielsachen aus Kobane mitgenommen.«

»Soll ich auch den Hund hierlassen, der die Zunge rausstreckt?«, fragte ich.

»Oh Gott, nein. Bring ihn mir mit. Alan hat ihn so geliebt. Dauernd spielte er mit ihm. Er legte mir seine Händchen auf die Wangen und drehte mein Gesicht zu ihm. Dann hob er den Spielzeughund hoch und sprach mit seiner Babystimme, als hätte der Hund etwas Wichtiges zu sagen.«

»Bitte bring den Hund mit. Und das Äffchen. Und den Laster«, ergänzte er traurig.

Ich verabschiedete mich von Abdullah und sah mich noch einmal um. Ghalibs Dreirad stand in der Ecke. Das Sofa und die Matratze füllten fast den ganzen Raum. Der einzige Schmuck im Zimmer war ein Geburtstagsposter an der Wand, mit einer großen, mit Glitter überzogenen Geburtstagstorte. Darunter stand, in bunten Buchstaben *Iyiki Doğdun*, »Herzlichen Glückwunsch zum Geburtstag« auf Türkisch. Abdullah hatte die Deko einige Monate zuvor aufgehängt. Sie hatten Alans zweiten Geburtstag am 6. Juni gefeiert, und Ghalibs vierten Geburtstag einen Monat später.

Ich dankte unserer Gastgeberin noch einmal und packte die Deko und die wenigen Spielsachen ein. Als ich das Flugzeug nach Erbil bestieg, wogen sie schwer in meinem Koffer. Ich war mir nicht sicher, ob die Erinnerungsstücke Abdullah helfen würden, den Schmerz zu besiegen, oder ob sie ihm nicht noch größeres Leid bereiten würden.

Kapitel 12
Ein Augenblick

Abdullah erwartete mich am Flughafen in Erbil. Er sah blass und elend aus. Seine khakifarbene Kleidung erinnerte an eine Militäruniform, doch Hemd und Hose hingen nur lose an seinem mageren Körper. »Es tut mir so leid«, waren die ersten Worte, die ich an ihn richtete. Ich umarmte ihn vorsichtig.

»*La ilaha illa Allah*. Es gibt keinen Gott außer Allah«, antwortete er. Ich war glücklich, endlich bei meinem Bruder zu sein. Und doch konnte ich mir nicht verkneifen, seinen bedauernswerten Zustand zu kommentieren.

»Keine Sorge, Schwester. Ich werde hier bestens betreut«, beruhigte er mich. Premierminister Nechirwan Barzani, dem er kurz nach seiner Ankunft in Kurdistan vorgestellt worden war, kümmerte sich höchstpersönlich um ihn.

»Er hat mich empfangen. Wir haben eine Stunde lang miteinander gesprochen«, erzählte Abdullah. »Er ist herzlich und hilfsbereit wie ein Bruder. Er versprach, mich zu unterstützen und mit allem zu versorgen, was ich brauche. Ich bin ihm sehr dankbar.«

Die Kurdische Regionalregierung KRG hatte meinen Bruder großzügig in einem eleganten Hotel einquartiert. Man behandelte ihn wie einen VIP. Ein persönlicher Assistent stand ihm rund um die Uhr als Fahrer und Referent zur Verfügung. Ein speziell für ihn gestaltetes Programm sah unter anderem ein Treffen mit dem Präsidenten der Autonomen Region Kurdistan im Irak Masud Barzani vor.

195

Doch Abdullah hatte wenig Sinn für Luxus. Immer wieder stellte er die gleiche Frage:»Warum jetzt? Jetzt ist es zu spät.«

Kurz nach meiner Ankunft erhielten wir eine Audienz bei Präsident Barzani. Er bat meinen Bruder, ihm zu schildern, was seiner Familie seit Kriegsbeginn widerfahren war. Aufmerksam hörte er zu. Nur selten ergriff er selbst das Wort, und wenn, dann sprach er sanft und freundlich. Wütend wurde er allerdings, als Abdullah ihm beschrieb, wie und warum man ihm die Zähne ausgeschlagen hatte. Der Präsident versprach ihm eine Zahnbehandlung.

»Ich kann kaum abwarten, dass du wieder Zähne hast, damit du essen und lächeln kannst, wie früher«, sagte ich zu Abdullah nach unserem Besuch.

Doch mein Bruder war in Gedanken woanders:»Meine Zähne sind mir egal. Ich wünschte, ich hätte die Macht, allen Kindern der Welt zu helfen. Alles, was ich für meine Söhne nicht tun konnte, möchte ich für andere Flüchtlinge tun. Können Sie uns zu einem Flüchtlingscamp fahren?«, bat er seinen Fahrer.

Diesen Wunsch erfüllte ihm der Mann gerne. In der ersten Woche meines vierzehntägigen Aufenthalts besuchten wir sieben Lager in verschiedenen Teilen Kurdistans. Von den Geldern der internationalen Hilfsorganisationen kam bei ihnen kaum etwas an. Gleichwohl tat die kurdische Regierung ihr Möglichstes, um die Vertriebenen unterzubringen und ihre Lage zu verbessern. 2015 hatte sie 1,7 Millionen Flüchtlinge aufgenommen. Wir sahen mehrere recht große Camps, die mich an typisch arabische Dörfer erinnerten. In den sich im Wind bauschenden blau-weißen Zelten betrieben Lagerbewohner eigene Geschäfte, Friseursalons und Märkte. Wenigstens ein paar Menschen konnten so arbeiten und ein etwas unabhängigeres Leben führen.

Abdullahs zahnloses Lächeln war jedoch den Kindern in den Camps vorbehalten. Als Erstes suchte er immer die Spielplätze.

»*Habibati,* ihr Süßen, was braucht ihr am meisten?«, fragte er die um ihn herumtobenden Jungen und Mädchen.

»Onkel, wir wollen zur Schule gehen«, rief ein Kind ihm zu.

»Ja, wir vermissen die Schule«, stimmten andere Kinder ein. »Aber wir haben keine Schulsachen. Wir brauchen Ranzen, Hefte, Bücher und Stifte.«

»Ich sehe, was ich tun kann«, versprach mein Bruder.

Später im Hotel teilte er seinem KRG-Ansprechpartner mit, was die Kinder sich wünschten. »Ich möchte ihnen Schultaschen bringen, damit ich sie lächeln sehe«, erklärte er.

Bereitwillig stellte ihm die Regierung zur Verfügung, worum er bat. Mit prall gefüllten Rucksäcken kehrten wir zurück ins Camp. Begeistert verteilte Abdullah die Geschenke.

»Danke, Abu Alan«, riefen die Kleinen.

Unter ihnen entdeckte Abdullah einen kleinen Jungen und strahlte.

»Sieh nur, Schwester. Sieht er nicht aus wie Alan. Mein Kleiner, du bist ein Engel.«

Tatsächlich ähnelte der Junge Alan. Doch Abdullah projizierte ohnehin das Bild, das er am liebsten sehen wollte.

Schule war auch das Thema, das die Kinder in einem anderen, kleineren, etwas abgelegenen Lager mit etwa zweihundert Flüchtlingen ansprachen. Sie beklagten, dass sie nicht zur Schule konnten, weil diese zu weit entfernt war. »Wir brauchen Busse, die sie hinbringen und abholen«, erläuterten ihre Eltern. Abdullah setzte sich beim Bürgermeister der Stadt dafür ein, der zusagte, sich um den Transport zu kümmern.

Mein Bruder war aus den Camps kaum wegzubekommen. Ihn zum Aufbruch zu bewegen ähnelte dem Versuch, ein spielendes Kind von der Rutsche zu locken. Auf einer unser Rückfahrten nach Erbil verkündete er, er wolle eine Schule in Kobane eröffnen: »Sie soll Alans und Ghalibs Namen tragen und in der Form eines großen, bunten Rettungsboots gebaut sein.« Außerdem plante er die Gründung einer Stiftung, die Flüchtlingskindern weltweit hilft. »Kinder sind unschuldig, und sie sind das Schönste überhaupt«, sagte er.

Die kurdische Regierung signalisierte Bereitschaft zur Förderung von Abdullahs Traumprojekt. Er selbst konzentrierte sich zunehmend auf den Versuch, den Syrienkrieg zu beenden, ein Ziel, an dem in den vergangenen vier Jahren schon die mächtigsten Vermittler der Welt gescheitert waren.

»Wir müssen die Stimme der Kriegsopfer und der Flüchtlinge sein, Fatima«, forderte er mich auf. »Wir müssen ihnen helfen, wo wir nur können.«

* * *

Abdullahs Leben im Hotel stand in krassem Kontrast zur Realität der Flüchtlingscamps. Wenn wir von unseren täglichen Besuchen dorthin zurückkehrten, fanden wir uns teuren Tee oder Kaffee trinkend zwischen reichen Touristen und Geschäftsleuten in der Lobby wieder. Meist schwiegen wir gedankenverloren. Wann auch immer einer der aufmerksamen Kellner vor uns stand, um unsere offenbar bodenlosen Tassen aufzufüllen, sagten wir: »*Shukran*. Herzlichen Dank.« Das sagten wir auch, wenn jemand Abdullah erkannte und sich uns näherte, um zu kondolieren. Den Kurdinnen und Kurden ging der tragische Tod von Rehanna, Ghalib und Alan verständlicherweise sehr zu Herzen, war ihre eigene Geschichte doch von großem Leid geprägt. Unter Saddam Hussein hatte man sie verfolgt, sie waren Opfer von Krieg und Genozid. Die Pein der Vergangenheit wirkte in ihnen nach, und Abdullahs Verlust empfanden sie wie ihren eigenen. In den Medien Kurdistans war seine Tragödie ein Dauerthema. Alans Foto berührte die Menschen hier vielleicht noch mehr als anderswo in der Welt. Überall war es zu sehen: im Fernsehen in der Hotelbar, auf Plakaten in der Stadt, in den Flüchtlingslagern, bei jeder Veranstaltung, an der wir teilnahmen. Wir trafen viele Kurdinnen und Kurden, deren Leben der Krieg, Rassismus und Intoleranz zerstört hatten. Wir hörten ihnen zu – in den Camps und auf den zahlreichen Exkursionen, zu denen uns die KRG einlud. Jede einzelne ihrer ergreifenden Geschichten könnte ein ganzes Buch füllen.

Einige Flüchtlinge baten Abdullah um finanzielle Hilfe, und natürlich wollte er niemanden im Stich lassen: Manche brauchten Geld für eine lebensrettende Operation eines Verwandten, andere, um für ihre Familie ein Haus zu bauen, bevor der Winter kam. Nicht wenige glaubten, dass Abdullah nun ein wohlhabender, einflussreicher Mann wäre. Sie wussten nicht, dass die Nahrung, die ihn am Leben hielt, und die Kleider auf seinem Leib von mir und von der KRG bezahlt wurden. Sie wussten nicht, dass das einzige Geld, das er besaß, die beiden türkischen Münzen in seiner Tasche waren, die jene schreckliche Nacht auf See überdauert hatten und die er nun, als Erinnerung an Ghalib, überall mit sich trug. Sie wussten nicht, dass Abdullah, hätte sich die KRG nicht seiner angenommen, bei seinen Verwandten in Kobane untergekommen wäre, und diese hatten selbst kaum genug zum Leben. Die Menschen, mit denen wir sprachen, ahnten nicht, dass mein Bruder in vieler Hinsicht weniger als nichts besaß. Er hatte die Macht eines Mannes, der als Ertrinkender im Meer getrieben war.

Lokale und internationale Medien verfolgten Abdullah mit ihren Interviewwünschen auf Schritt und Tritt. Auch ihnen konnte er nichts abschlagen. Ich begleitete ihn zu mehreren Gesprächen. Gelegentlich brachten europäische Journalisten eigene Arabisch-Dolmetscher mit, die seine Worte jedoch oft falsch übersetzten. Immer wieder musste ich sie unterbrechen und korrigieren. »Nein, das hat Abdullah nicht gesagt. Vielmehr sagte er ...« In der Presse hieß es weiterhin, es hätte sich bei dem gekenterten Boot um ein Schlauchboot gehandelt. Abdullah versuchte gar nicht mehr, es richtigzustellen. Er protestierte nur, wenn sie seinen Sohn Aylan nannten.

Jeder wollte etwas von meinem Bruder, und es war nur eine Frage der Zeit, bis er unter dem permanenten Druck zusammenbrechen würde. Dabei stand eine andere Mission auf unserer Tagesordnung: Wir wollten den Ort besuchen, nach dem unsere beiden Söhne benannt waren. Alana ist ein kleines Dorf im gleichnamigen Tal, nordöstlich von Erbil an der iranischen Grenze. Die KRG organisierte für uns eine Fahrt in diese Zone. Alana war mit Abstand der außergewöhnlichste der märchenhaften Orte, die ich auf unserer Reise kennenlernte. Die Landschaft war schöner, als ein Meisterwerk der Malerei sie je darstellen könnte. Berge, Täler und Bäume erstrahlten in den unterschiedlichsten Grüntönen. Sie wurden durchzogen von Flüssen und Wasserfällen, die wie Seide glänzten. Ein wahrhaft bewegender Anblick. Das Dorf Alana selbst schien aus dem Gebirge herausgeschnitzt. Unsere Ankunft sprach sich schnell herum. Die Dörfler eilten zu unserer Begrüßung. Wir fühlten uns sofort zu Hause. Stolz zeigte uns der Bürgermeister die Schule.

»Unglaublich«, flüsterte Abdullah überrascht. Was ihm wohl durch den Kopf ging?

Nach einer Tour durchs Dorf lud uns der Bürgermeister in sein Haus ein. Die Frauen bereiteten ein Bankett vor. Ich bestand darauf, ihnen zu helfen, und ging in die Küche, wo vier Kurdinnen aus Produkten aus ihrem eigenen Garten, aus den Geflügelkooperativen und den Schafherden des Ortes ein köstliches Mahl kochten. Es war genau wie in Kobane. Ein himmlischer Duft durchzog die Küche. Ein Eintopf schmorte im größten Topf, den ich je gesehen habe. Ich fühlte mich wie auf einer faszinierenden Reise in die Vergangenheit.

Es wurde aufgetragen. Wir wollten speisen wie die Dorfbewohner und genau so, wie mein Vater immer aß: im Schneidersitz auf dem Boden sitzend. Alle sprachen Abdullah ihr tiefes Mitgefühl aus. Dann redeten wir über das vielfache Leiden der Familien im Dorf während des Irakkriegs, über die brutalen ethnischen Säuberungen unter Saddam Hussein und über das jahrhundertelange Leben unter dem Joch feindseliger oder gleichgültiger Regierungen. In Alana galten die Traditionen und die Gedankenwelt unserer kurdischen Vorfahren noch heute. In ihrer multikulturellen, multireligiösen Dorfgemeinschaft lebten die Menschen harmonisch zusammen und bestellten als friedliche Bauern und Hirten das Land.

Der Tag neigte sich dem Ende zu. Die Zeit war rasend schnell vergangen. Unser Fahrer hatte Anweisung, uns bei Einbruch der Dunkelheit zurück nach Erbil zu bringen. So mussten wir uns viel früher, als uns lieb war, von unseren wunderbaren Gastgebern verabschieden.

»Hier könnte ich mein ganzes Leben bleiben«, seufzte Abdullah, als wir losfuhren. »Hier könnten wir leben wie in unserer Kindheit, Schwester.«

Wer hätte meinem Bruder vorwerfen wollen, dass die Vergangenheit ihm teuer war? Wir hätten beide alles getan, um die Zeiger der Uhr zurückzudrehen. Stattdessen zog das lebende Gemälde des Alana-Tals an uns vorbei, während uns das Auto in schneller Fahrt nach Erbil zurückbrachte.

Dort angekommen fragte Abdullah mich, ob ich Alans und Ghalibs Spielzeug im Koffer hätte. »Ich brauche die Sachen aus Istanbul«, erklärte er. »Ich möchte Dinge berühren, die meine Kinder in der Hand hielten.«

»Ich habe sie nach Vancouver geschickt, Bruder«, log ich.

»Hältst du mich für blöd? Du hast sie aus der Türkei per Post verschickt? Niemals!« Er wusste, dass ich die Sachen hatte. Doch das Bild meines Bruders in Kobane, der tiefbetrübt auf das Spielzeug seiner Kinder blickte, ging mir nicht aus dem Sinn, und ich konnte mich nicht überwinden, ihm zu zeigen, was ich in Istanbul eingepackt hatte. Ich glaubte, dass er die Erinnerungen nicht ertragen könnte, die ihr Anblick in ihm wecken würde.

Am nächsten Tag bat ich Abdullah per SMS, mich auf einen Kaffee in der Hotellobby zu treffen. Wir setzten uns ins Hotelrestaurant, in dem man auf riesigen Monitoren die Horrornachrichten aus Syrien verfolgen konnte. Dabei waren die meisten Hotelgäste bestenfalls am Rande an den aktuellen Ereignissen interessiert. Der Schmerz und das Leid anderer schienen sie nicht zu berühren. Obwohl wir im Nahen Osten waren – unter diesem unglaublich blauen Himmel und der heißen Sonne – hatten wir den Eindruck, in einer fremden Welt zu sein, einer Welt, die sich stark von der Bescheidenheit unterschied, in der wir aufgewachsen waren, und die weit entfernt war von der brutalen Realität des Krieges und der Armut. Hier saßen wir in Erbil, im feinen Ambiente eines edlen Hotels, hörten, wie elegante Touristen und Geschäftsleute ihr teures Frühstück bestellten, ein Frühstück, das mehr kostete, als ein Flüchtling in einer ganzen Woche mit Knochenarbeit verdienen kann.

»Was machen wir hier eigentlich?« Nachdenklich blickte ich meinen Bruder an.

»Schwester, glaubst du nicht, dass ich mich das jede Minute frage? Wir könnten ein Buch schreiben.«

»Du hast recht. Das sollten wir tun. Für Rehanna und die Kinder. Für alle unschuldigen Opfer des Krieges.«

Er wurde kreidebleich, und seine Augen füllten sich mit Tränen. Ich folgte seinem Blick auf den Fernsehschirm: Wieder zeigten sie das Foto von Alan.

»*Ibni*, mein Sohn. Ruhe in Frieden, mein geliebtes Kind«, sagte Abdullah. Dann wandte er sich mir zu: »Ich muss hier raus.«

Die Mittagshitze war unerträglich, die Straßen menschenleer. Wir redeten nicht. Tränen liefen unsere Wangen hinab. Nach einer Weile setzten wir uns auf eine Bank bei einem Springbrunnen. Ich versuchte, meinen Bruder zum Reden zu bringen.

»Abdullah, was genau ist in jener Nacht geschehen? Du musst darüber reden.«

Es fiel ihm schwer. Er schwieg lange. Dann erzählte er: »Die Wellen waren zu hoch. Ich habe alles versucht, um sie zu retten. Es ging nicht. Ich konnte ihnen nicht helfen, Fatima.« Abdullah schlug die Hände vors Gesicht und begann zu weinen. »Es ging so schnell. Binnen Sekunden waren sie verschwunden.«

Ich kniete mich vor ihm auf den Boden und umarmte seine Beine. Seine knochigen Knie drückten gegen mein Schlüsselbein.

»Ich bekomme keine Luft«, sagte er. »Wer nicht in unseren Schuhen läuft, kann unseren Schmerz nicht verstehen.«

Unglück

Ich ließ ihn los und stand auf. Ich nahm seine Hand und zog ihn hoch. Wir kehrten zurück zum Hotel, und Abdullah ging in sein Zimmer. Ich war nicht sicher, ob ich es übertrieben, ob ich zu viel gefragt hatte. Doch im Lauf der folgenden Tage schilderte er mir weitere Details, bis ich schließlich begriff, wie traumatisch jene Nacht gewesen war.

»Das Boot war zu klein. Wir waren mehr Menschen, als reinpassten«, begann Abdullah. »Es lief vorne am Bug spitz zu, darum war wenig Platz auf dem Boden. Beim Einsteigen waren wir ganz still. Alan schlief tief und fest, Ghalib war halb eingeschlafen.« Ein Türke, mit dem Abdullah zuvor gesprochen hatte, saß am Ruder und dirigierte die an Bord drängenden Passagiere mit Gesten.

»Rehanna und ich setzten uns ganz vorne hin. Ich hatte Ghalib auf dem Schoß, Alan saß bei Rehanna. Wir hatten kaum abgelegt, da krachten die Wellen schon gegen das Boot. Ghalib und Alan wachten davon auf. Alan lachte, als ihm das Wasser ins Gesicht spritzte. Ghalib hatte Angst und weinte. Ich drückte den Jungen an mich und sagte: ›Fürchte dich nicht, *habibi*.‹ Die Wogen waren mächtig, das Boot völlig überladen. Es fing an, vollzulaufen. Unter den Passagieren brach Panik aus. Wie Stoffpüppchen tanzten wir in der Gischt. Unser Steuermann ließ das Ruder los und sprang über Bord. Wir trieben auf die offene See. Ich streckte den Arm aus, um das Ruder zu greifen. Ich versuchte, das Boot zu steuern. Zugleich hielt ich Ghalib, und Rehanna krallte sich an mir fest.«

Abdullah erzählte, wie sie schließlich von den Wellen überwältigt wurden. Das Boot kenterte, und alle stürzten ins Meer.

»Im Wasser war es die Hölle. Ich versuchte, Ghalib und Alan mit einem Arm zu umfassen, während Rehanna sich auf der anderen Seite an mich klammerte. Wir hakten uns unter. Nun versuchte ich, die Jungen mit dem einem Knie und Rehanna mit dem anderen über Wasser zu halten. Immer wieder schrie ich: ›Atmet!‹, und immer wieder drückten uns die Wellen runter. Rehanna verschwand als Erste in den Fluten. Sie rief noch: ›Rette die Kinder!‹, dann hörte ich sie nicht mehr. Sie war fort. Einfach so«, sagte Abdullah und schnippte mit den Fingern. »Ich konnte nur hoffen, dass ihre Schwimmweste sie retten würde. Jedes Mal, wenn uns eine Welle in die Tiefe zog, versuchte ich, unter die Kinder zu kommen und sie nach oben zu drücken, damit sie Luft bekämen. Doch kaum hatte ich sie an die Wasseroberfläche gebracht, kam eine neue Welle und drückte sie wieder runter. Ich weiß nicht, wie lange das so ging. Ich hörte Hilferufe und Geschrei, doch die beiden Kinder blieben still. Ich selbst schrie auch: ›Nicht sterben! Bitte nicht sterben! *Ya Allah sa'idon.* Oh Gott, hilf ihnen.‹« Abdullah versuchte, ans Ufer zu schwimmen, doch die Strömung war zu stark, und der Seegang trieb ihn seitlich ab. Die Lichter der türkischen Küste blinkten in der Ferne. Viel zu weit entfernt. Er konnte nur hoffen, dass Menschen in der Nähe waren, die die verzweifelten Rufe der Schiffbrüchigen hören und ein Rettungsboot schicken würden.

Zwischen zwei Wellen erhaschte er einen Blick auf Ghalibs Gesicht.

»Ghalibs Mund stand offen, und es kam weißer Schaum raus. Er atmete nicht. Seine Augen waren geöffnet, doch sie waren glasig. Panisch versuchte ich, auch Alans Gesicht zu sehen.«

Immer wieder hob Abdullah Alans Kopf über das Wasser, doch der Junge gab keinen Laut mehr von sich. Sein Körper war schlaff, sein Kopf rollte hin und her, seine Augen starrten ins Leere. Hätte er ihn wiederbeleben können, hätte er den Kleinen vielleicht ins Leben zurückgeholt. Doch das war im Wasser nicht möglich.

»Ich hielt die Kinder fest, so lange ich konnte. Ich versuchte, ihre Köpfe über Wasser zu halten. Ich konnte sie einfach nicht loslassen. Aber die Wellen waren stärker als ich. Einer nach dem anderen glitten sie mir aus den Händen. Als würde das Meer seinen Schlund öffnen und sie schlucken. Ghalib und Alan. Beide fort, alles war verloren. Ich selbst wollte nur noch sterben. Dann wären wir wenigstens zusammen.«

Abdullah gab jeden Widerstand gegen das tosende Meer auf. Er wehrte sich nicht länger. Er machte sich steif und ließ sich in die Tiefe gleiten. Er wollte auf den Meeresboden sinken und ertrinken. Doch immer wieder trieb es ihn an die Oberfläche.

»Irgendwann dachte ich: ›Die Kinder sind so leicht. Wenn ich auf dem Wasser treibe, dann treiben sie vielleicht auch.‹ Ich schwamm im Kreis und rief immer wieder ihre Namen. Doch niemand trieb an der Oberfläche. Ich war allein.« Der Mond schien hell, und doch war es dunkel. Endlich spürte ein Suchscheinwerfer der Küstenwache ihn im pechschwarzen Meer auf. Ein Hubschrauber näherte sich. Sein Licht fiel auf Abdullah, und dieser blickte sich hoffnungsvoll nach seiner

Familie – nach irgendjemandem – um. Bald erreichte ihn das Schiff der Küstenwache. Ein Iraker an Bord streckte die Hand aus und zog meinen Bruder aus dem Wasser. »*Marti, awladi.* Meine Frau, meine Kinder«, schrie Abdullah. Er sah einen Mann mit einer Taschenlampe. Er griff sie und stellte sich an die Reling, bückte sich hinunter und ließ das Licht über die schwarze See scheinen. Er fand sie nicht, doch rief er immer wieder nach ihnen. Die Küstenwache setzte einen Helikopter ein und führte die Suche nach Überlebenden noch bis zum Morgengrauen fort. Schließlich wendete ihr Schiff und nahm Kurs zurück aufs Festland. »Nicht aufgeben! Bitte suchen Sie weiter!«, bat Abdullah verzweifelt. Doch er konnte sich nicht durchdurchsetzen. Es hieß, sie müssten umkehren.

»Vielleicht warten sie am Kai«, machte er sich Mut. »*Inschallah.*« Der Schock und das Trauma bewirkten bei ihm offenbar eine Bewusstseinsspaltung. Erst als er die am Ufer auffahrenden Ambulanzen sah, verwandelte sich seine Hoffnung in panische Angst.

»Kaum hatte ich festen Boden unter den Füßen, rastete ich aus. Ich wurde hysterisch, ich schlug mich selbst. Ich zerrte an meinem Hemd, bis es zerriss. Ich rannte am Hafenbecken entlang und rief ihre Namen: ›Rehanna, Ghalib, Alan!‹ In der Nähe der Krankenwagen traf ich ein irakisches Paar, das auch an Bord gewesen war. ›Haben Sie Ihre Familie gefunden?‹, fragten sie. – ›Nein‹, antwortete ich. – ›Kommen Sie mit ins Hospital‹, forderten sie mich auf. Doch ich wollte am Hafen bleiben und dort nach meiner Familie suchen. Ich ging zur Küstenwache, wo man mir sagte, ich müsse ärztlich behandelt werden. ›Wir bringen Sie ins Krankenhaus‹, hieß es. – ›Ich gehe nicht ohne meine Familie‹, antwortete ich. Ich war außer mir und schluchzte hemmungslos. Nach ungefähr einer Stunde redete ich mir ein, dass sie im Krankenhaus und am Leben wären und dass ich dorthin müsste.«

Ein Polizeibeamter begleitete Abdullah in die Klinik. Unterwegs stoppte er und nahm noch jemanden mit. »Ich glaube, es war ein Mullah, oder ein Scharia-Anwalt«, erzählte mein Bruder. »Er sprach türkisch mit dem Polizisten. Ich meinte zu verstehen: ›Ruhet in Frieden‹ und verlor jede Hoffnung. Doch dann redete ich mir wieder ein: ›Nein, nein. Sie sind am Leben.‹«

Angekommen am Krankenhaus weigerte sich mein Bruder zunächst, es zu betreten. Eine Weile saß er vor der Tür auf einer Bank,

weinte und raufte sich die Haare. Schließlich holte ihn eine Kranken-
schwester ins Gebäude. Ein Polizeibeamter stellte ihm Fragen.
»Woher kommen Sie?«, fragte er Abdullah.
»Als ich ihm sagte, wo wir losgefahren sind, entgegnete er: ›Das
ist genau gegenüber der Polizeiwache. Von dort fährt niemand los.‹«
Anschließend sollte Abdullah die Toten identifizieren.
Später, nach der Obduktion, sah er sie ein weiteres Mal. »Dieser
letzte Blick auf sie wird eine ewige Wunde in meinem Herz bleiben«,
sagte er mir.
Sie lagen vor ihm, viel zu bleich und übersät von blauen Flecken und Kratzern. Er sah die Stiche der Autopsie. Mittlerweile war
es wieder Abend geworden. Jemand drückte ihm einen Beutel mit
den Sachen seiner Angehörigen in die Hand und sagte, er solle nun
schlafen gehen. Als könnte er einfach schlafen ...
»Allein lief ich die Straßen entlang, die wir zusammen gegangen waren. Ich rief: ›Wo bist du Rehanna? Ghalib? Alan?‹ Ich fragte
Gott: ›Ist das nur ein böser Traum?‹ Ich bat ihn, er möge mich aus
diesem Alptraum erwachen lassen.«

* * *

Am 9. Oktober 2015 verabschiedete ich mich von Abdullah. Zum tau-
sendsten Mal sagte ich am Flughafen zu ihm: »Es tut mir so leid. Wie
kann ich dich jetzt nur allein lassen?«
»Du hast deine Familie, Fatima. Das ist alles, was zählt in diesem Leben«, antwortete er.
Bald nachdem ich Erbil verlassen hatte, kehrte Abdullah für
den traditionellen Trauerakt vierzig Tage nach der Beerdigung nach
Kobane zurück. Von dort fuhr er wieder nach Kurdistan, um seine
Hilfsaktionen für die Kinder in den Flüchtlingscamps fortzusetzen.
Er packte einige Kleidungsstücke und die Lieblingsspielsachen seiner
Söhne zusammen, sowie den Schal und das Kleid, das Rehanna am
liebsten getragen hatte. Er nahm auch etwas aus Kobane mit, von
dem ich gar nicht wusste, dass es noch in seinem Besitz war: Aus
dem Schrank des vom Krieg zerstörten Schlafzimmers holte er ein
ganz staubiges Gepäckstück. Es war der Koffer mit den Babysachen
für Ghalib, die ich 2011 mit nach Damaskus gebracht hatte. Als Ghalib aus der Babykleidung herausgewachsen war, hatten Rehanna und

Abdullah sie liebevoll in einen Koffer gepackt, den sie ganz hinten in ihrem Kleiderschrank verstauten. Sie wollten ja noch mehr Kinder bekommen, wenn der Krieg vorüber wäre. Im Grunde ist es natürlich nicht weiter erwähnenswert, wenn ein junges Paar Babykleidung für ein zukünftiges Geschwisterchen oder einfach aus sentimentalen Gründen aufhebt. Auch ich besitze noch einige der Babysachen meines Sohnes, die ich verwahrte, weil auch ich die Hoffnung hatte, irgendwann noch ein Kind zu bekommen. Als das nicht möglich war, hob ich sie als Erinnerungsstücke auf, für mich und vielleicht später für meinen Sohn und seine Kinder.

Doch was nutzte dieser Koffer mit Kinderkleidung Abdullah, einem Mann, der jetzt als einsamer Geist in einem Hotel in Erbil spukte? Für ihn erfüllten sie den gleichen Zweck wie ein paar Spielsachen und Stofftiere der Kinder, wie der Schal seiner Frau und ihr Kleid: Sie waren das Einzige, das den Geruch seiner Familie bewahrt hatte, das Einzige, was ihm noch blieb.

Kapitel 13
Sie sind jetzt wie die Vögel

Am 13. Oktober, wenige Tage nach meiner Rückkehr aus Erbil, erreichte mich ein Anruf aus dem kanadischen Ministerium für Staatsbürgerschaft und Immigration. »Bitte reichen Sie Ihren Antrag noch einmal ein. Wir wollen ihre private Patenschaft für Ihren Bruder Mohammad und seine Familie erneut prüfen«, sagte die Dame am Telefon. Ich konnte es nicht glauben. Mir kamen die Tränen. Es waren Tränen der Erleichterung und der Freude für Mohammad, aber auch der Trauer. Warum hatten Rehanna, Ghalib und Alan diese Chance nicht bekommen?

»Mohammad hat inzwischen noch ein Kind bekommen«, sagte ich. Das schien keine Rolle zu spielen, abgesehen davon, dass wir nun für sieben Personen bürgen müssten. Die Summe belief sich damit auf 35.000 Dollar, teilte man mir mit. Ich sollte ein Foto vom kleinen Sherwan an die Behörde schicken. Anders als beim ersten Mal, als ich für meine Angehörigen Asyl beantragt hatte, musste es dieses Mal kein Passfoto sein. Jedes Bild des Säuglings wäre recht.

Ich ging ins Arbeitszimmer, um die Unterlagen für Mohammads Familie zu holen, die man uns vier Monate zuvor zurückgesandt hatte. Erst vier Monate war das her! Es kam mir vor, als wären seitdem Jahre vergangen. Ich blätterte die Formulare durch und stieß auf die Dokumente für Abdullahs Familie, die wir damals nicht eingereicht hatten: der Antrag in dreifacher Ausfertigung, mit den entsprechenden Fotografien von Alan, Ghalib, Rehanna und Abdullah. Die letzte Seite trug das Datum des 14. April 2015 und war von meinem Bruder eigenhändig unterzeichnet.

Ich war völlig fertig. Dann stieg Bitterkeit in mir auf. Wieder einmal spürte ich, dass wir nur die Bauern im politischen Spiel waren. In Kanada bereitete man sich auf die Wahl des nächsten Premierministers vor, und es war gewiss kein Zufall, dass der Antrag meiner Familie ausgerechnet jetzt bewilligt wurde. Die Nachricht, dass mein Bruder mit seiner Familie ins Land kommen würde, machte Schlagzeilen. Bevor ich überhaupt wusste, dass die Einreise der Familie offiziell genehmigt war, stand die Presse bereits vor meiner Tür und wollte meinen Kommentar hören:»Für Abdullahs Familie kommt das zu spät«, sagte ich den Journalisten.»Doch ich hoffe, dass viele andere Flüchtlinge nun einreisen dürfen.«

Auch die Kritiker reagierten schnell. Sie beschwerten sich über die Sonderbehandlung, die Mohammad angeblich zuteil wurde. Das sei unfair, lamentierten sie. Einige dachten ohnehin, dass wir seit der Tragödie bevorzugt würden. Tatsächlich aber bürgten Rocco und ich für alle. Es ging uns nicht anders als Millionen verzweifelter Flüchtlingsfamilien, die die Hoffnung nicht aufgaben, dass der Krieg, der uns auseinandergerissen hatte, enden würde. Letztlich waren wir nichts als Samenkörnchen, die der Wind auf der Weltkarte verwehte. Abdullah lebte jetzt in Kurdistan. In Damaskus hatten Baba, Shireen und zwei ihrer Kinder den fünften Kriegswinter vor sich. Shireens Sohn Yasser war immer noch allein im Kinderheim in Süddeutschland. Mohammad hatte man in einer Flüchtlingsunterkunft in einer anderen, abgelegenen Region Deutschlands untergebracht, wo er die Tage zählte, bis er seine Familie nachholen dürfte. Maha hielt sich immer noch in Izmit in der Türkei auf. Ihr Sohn Adnan war der Einzige im Haushalt, der Arbeit hatte. Von seinem Einkommen zahlte sie die Miete und ihre Lebenshaltungskosten. Ich schickte weiter Geld, damit es reichte. Hivron wohnte nach wie vor in Istanbul, und auch sie kam kaum über die Runden. Seit über zwei Jahren war sie von ihrer ältesten Tochter getrennt. Ihre vier Jüngsten und sie selbst hatten ihren Mann Ahmad nicht mehr gesehen, seit er das Land verlassen hatte. Seit acht Wochen hatte er eine deutsche Aufenthaltsgenehmigung, aber Hivron wusste, dass sie noch viele Monate warten müsste, bis die Bundesregierung auch ihr und den

Kindern Asyl gewähren würde. Während Ghouson sich mit ihren Kindern auf die legale Reise nach Kanada vorbereitete, würde sie bald ganz allein in Istanbul sein. Als Nesthäkchen hatte sie ihr ganzes Leben lang versucht, mit dem Rest von uns Schritt zu halten. Jetzt war es nicht anders. Auch sie musste einen Weg finden, von Istanbul aus weiterzuziehen. Das Wetter schlug um, es wurde kälter. Es war Herbst, bald würde es Winter sein. In der Welt ging alles seinen Gang. Doch für Flüchtlinge ticken die Uhren anders. Erst gerade hatte mir meine jüngste Schwester geschworen, sie würde nie wieder versuchen, über das Mittelmeer nach Europa zu fliehen. Mit jedem weiteren Tag, den sie in der Türkei ausharren musste, fiel es ihr jedoch schwerer, an ihrem Vorsatz festzuhalten. »Die Zeit verrinnt, und ich bin immer noch hier«, sagte sie. »Meine Lage wird immer verzweifelter.«

Schließlich beschloss sie, die Überfahrt zu wagen. Sie packte einen Rucksack, nahm ihre vier Kinder und verließ die Stadt. Sie machte sich auf den langen Weg nach Izmir, wo sie ein Boot nahm, das sie über das Mittelmeer bringen sollte. Auch ihre Reise endete fast in einer Katastrophe. Es folgte der schwierige und gefährliche Transit quer durch Europa. Einen Teil der Strecke legten sie und die Kinder stundenlang auf einem Müllwagen sitzend zurück. In Deutschland angekommen, nahmen sie Kontakt zu Ahmad auf. Allerdings hatte Hivron sämtliche Ausweise verloren und konnte nicht beweisen, dass er ihr Mann und der Vater ihrer Kinder ist. Viele Wochen kämpften beide mit den bürokratischen Hürden, bevor sie zumindest im gleichen Lager untergebracht wurden.

Während Hivron weiter auf der Flucht war, begann in Kanada die heiße Wahlkampfphase. Am 19. Oktober 2015 gab es einen Sieger: Justin Trudeau mit seiner Liberalen Partei erhielt knapp 1,5 Millionen mehr Stimmen als der bisherige konservative Premier Stephen Harper. Trudeau hatte die Flüchtlingskrise zum zentralen Thema seiner Kampagne gemacht, doch ich blieb skeptisch: Ich fürchtete, der Amtsübergabeprozess würde das Asylverfahren verlangsamen. Doch der Neue an der Spitze der Regierung hielt Wort und holte 25.000 syrische Flüchtlinge ins Land.

Kurz nach seinem Amtsantritt lud mich Trudeaus neuer Einwanderungsminister John McCallum ein, um mir sein Beileid auszusprechen.

»Bitte melden Sie sich in meinem Büro, sobald Abdullah nach Kanada kommen möchte«, bot er mir an.

Wenige Monate später sollten Mohammad und seine Familie eintreffen. Wir richteten eine Zweizimmerwohnung im Untergeschoss unseres Hauses ein, und ich besorgte alles, was ein siebenköpfiger Haushalt braucht. Mein Nachbar half bei den Bauarbeiten, einer meiner türkischen Kunden kümmerte sich um die Elektrik. Beide Männer verzichteten auf Bezahlung. Wir kauften Matratzen, Möbel, Kleidung und ein paar Spielsachen für die Kleinen. Wir wollten ihnen nicht einfach eine Unterkunft bieten, sondern ein neues Zuhause.

Gleichzeitig stand ich vor der Eröffnung meines neuen Frisiersalons »Kurdi Hair Design«. Nach der Tragödie hatte ich dieses Projekt – meinen alten Traum – zunächst auf Eis gelegt. Doch nun, da Mohammad auf dem Weg nach Kanada war, stellte ich mir vor, dass wir dort zusammen arbeiten könnten. Vielleicht würde ich eines Tages auch Abdullah überzeugen, einen Asylantrag zu stellen, sodass wir drei gemeinsam in meinem Geschäft Geld verdienen würden. Ich war optimistisch und voller Hoffnung, und gleichzeitig trauerte ich.

Bei meiner Rückkehr aus Erbil schwammen nur noch drei Mollys in meinem Aquarium. Auch meine Fische hatte ich nach der Tragödie vernachlässigt, und viele von ihnen waren tot, noch bevor ich nach Europa flog. Weitere starben während meiner Abwesenheit, obwohl Rocco sie nach besten Kräften versorgte. Es mag verrückt klingen, aber für mich waren die drei Überlebenden die Namenspatrone von Ghalib, Alan und Rehanna. Den Größten von ihnen benannte ich nach der Mutter.

»Ich werde euch nicht sterben lassen«, sagte ich zu den drei Fischen. Tatsächlich waren sie die einzigen Lebewesen, um die ich mich in jener Zeit kümmerte. Ansonsten war ich quasi in den Zustand eines Kleinkinds zurückgekehrt. Ich litt an Depressionen und Angstzuständen, konnte weder essen noch schlafen. Ich wollte mit niemandem reden. Kurz vor Mohammads Ankunft machte ich den Versuch, für seine Familie einkaufen zu gehen. Doch kaum hatte ich das Haus verlassen, geriet ich in Panik. Der Himmel war zu groß und zu weit. In seinem arroganten Blau wirkte er feindselig. Ich irrte durch die Gänge des Supermarktes, angewidert vom gigantischen Warenangebot, und ging schließlich mit leeren Händen nach Hause.

Gleichzeitig pflegte ich meine alten Gewohnheiten weiter. Seit Abdullah mit seiner Familie Istanbul verlassen hatte, um sich auf den Weg übers Meer zu machen, war mein Tagesablauf unverändert. Jeden Morgen wachte ich mit heftigem Herzklopfen und viel zu früh auf. Nach wie vor eilte ich in die Küche, um mein Handy zu checken, als wären die vergangenen Monate ein böser Traum gewesen. Jeden Moment hoffte ich, jemand riefe an und würde mir mitteilen, dass mein Bruder und die Seinen sicher am anderen Ufer des Mittelmeers angekommen seien.

Nach meiner Rückkehr aus Erbil telefonierte ich jeden Morgen mit Abdullah.

Es waren kurze Gespräche: »Wie geht es dir?«

»Ich lebe.«

»Was machst du gerade?«

»Ich rauche und trinke Tee.«

»Was hast du heute vor?«

»Ich weiß es nicht.«

Wenn ich überhaupt die Energie aufbrachte, irgendetwas zu tun, dann weil ich von Wut und Verbitterung getrieben war, Wut und Verbitterung vor allem gegen die Mächtigen der Welt. Sie hatten sich bei den Vereinten Nationen in Wien versammelt, um Frieden für Syrien auszuhandeln. Doch sie konnten sich nicht auf ein Abkommen einigen. Der Krieg dauerte an, der IS und die Terrorgruppen nahmen die von den Rebellen kontrollierten Regionen zunehmend in die Zange.

Schlimmer war jedoch, dass immer mehr Menschen Angst vor den Flüchtlingen äußerten. Viele sahen sie als Terroristen. Wieder erschien ich in den Nachrichten und erklärte den Gutherzigen in der Welt, was ich schon mehrfach erläutert hatte: Die Flüchtlinge lieben den Frieden; sie sind Opfer des Krieges, nicht Täter. Sie sind unterwegs, weil Gewalt und Terror sie vertreiben.

Endlich kam der Tag, an dem ich Mohammad und die Seinen in Kanada begrüßen durfte. Ich war nervös und entschlossen, alles zu tun, damit sie sich willkommen fühlten. Die Regierung hatte für Ghouson und die Kleinen einen Flug nach Deutschland organisiert, wo sie nach über sechsmonatiger Trennung Mohammad wiedertrafen. Am 28. Dezember 2015 landeten sie gemeinsam in Vancouver. Die Presse war am Flughafen, um über die Ankunft zu berichten und

Bilder von unserem Wiedersehen zu machen. Mein Bruder, Ghouson und die Kinder kamen durch die Zollkontrolle. Sie trugenTeddybären und winkten mit kanadischen Fähnchen, die ein Regierungsbeamter ihnen in die Hand gedrückt hatte. Unzählige Male umarmte und küsste ich meine Nichten und Neffen. Ich nahm den kleinen Sherwan auf den Arm. Ich hob ihn hoch, um ihn der Welt zu zeigen, als wollte ich sagen: »Schaut nur, ist dieses unschuldige Baby ein Terrorist?« Viele freuten sich mit uns. Und wieder fragte ich mich, wo alle diese Leute waren, als unsere Familie die größte Not litt.

Ein Reporter sprach mich an: »Ist dies das Happyend, das Sie sich gewünscht haben?«

»Das ist kein Ende, das ist ein Anfang«, antwortete ich. »Ich bin bis zum Ende des Tunnels gegangen, doch das Licht fand ich nicht. Ich werde weiterlaufen, bis ich es finde. Ich werde auch den Flüchtlingen sagen, dass sie weiterlaufen müssen. Sie dürfen niemals aufgeben.«

Für die einstündige Fahrt zu unserem Haus in Coquitlam setzten sich Ghouson, Baby Sherwan und die Teenager Heveen und Shergo zu mir ins Auto. Unterwegs waren meine Passagiere vor lauter Begeisterung kaum zu bremsen: »Wow, es ist so grün und sauber und friedlich hier. Ist das ein Traum? Sind wir wirklich in Kanada?«, riefen sie immer wieder.

Wir konnten es kaum erwarten, Abdullah anzurufen und ihm zu berichten.

»Ich habe ihre Ankunft in den Nachrichten gesehen«, sagte er. »Ich habe geweint. Es war so bewegend. Gott sei Dank sind sie gut angekommen.«

»Unsere Herzen trauern um dich«, antworteten wir. »Wir wünschten, du wärest auch hier.«

»Ich muss bei meiner Familie sein«, sagte er.

Unsere Freunde hatten ein großes Bankett für uns vorbereitet, darunter diverse Leckereien aus dem Nahen Osten. Doch Mohammads Kinder wollten nur essen, was Ghouson für sie kochte. Mir war es nicht anders gegangen, als ich vor knapp 25 Jahren nach Kanada gekommen war, selbst in Restaurants schmeckte das syrische Essen nicht so wie zu Hause. Wenn ich die *ghorbah* schon derart heftig empfand, wie stark musste sie erst für die Neuankömmlinge sein? Ich hatte Syrien freiwillig verlassen. Sie mussten aus ihrem Land fliehen. Das Kriegstrauma prägte ihre Gegenwart, die schrecklichen

Dinge, die sie erlebt hatten – von der Gewalt, die Shergo in Damaskus mitansehen musste, über die Folter durch die Terroristen, die Angst beim Grenzübertritt – die Narbe auf Rezans Arm würde ihn lebenslang daran erinnern – bis zur ständigen Misere des Flüchtlingslebens und die vielen Monate der Trennung, als Mohammad in Deutschland auf sie wartete.

Die Kinder hatten ihren Onkel Abdullah, ihre Tante Rehanna und ihre kleinen Cousins geliebt. »Tante, wir haben uns immer gefreut, wenn Onkel Abdullah zu Besuch kam. Er war immer lustig und brachte uns zum Lachen«, erzählte Heveen. Während ihres Aufenthalts in Kobane und in Istanbul hatten sie zu Rehanna, Ghalib und Alan engen Kontakt gehabt.

»Tante, jeden Tag, wenn ich aufwache, denke ich als Erstes an Ghalib und Alan«, gestand mir der zehnjährige Ranim. »Manchmal denke ich, dass es vielleicht nur ein böser Traum war.«

Meine Nichten und Neffen fühlten wie ich: Gestern waren ihre Cousins noch am Leben, und heute sind sie tot. Was sollte ich ihnen sagen? »Sie sind jetzt wie die Vögel«, tröstete ich sie. »Sie fliegen in Freiheit.«

* * *

Endlich waren Mohammad und seine Familie in Kanada, und ich war glücklich. Vor allem den kleinen Sherwan schloss ich ins Herz. Er war ein ganz süßes Kind, genau wie Alan. Es war wunderbar, meine Nichten und Neffen nun in Kanada zu wissen. Gleichzeitig war ich unendlich traurig, wenn ich an Alan und Ghalib dachte. Wie oft hatte ich Ghalib am Telefon versprochen, ihm alles zu kaufen, was er haben will: »*Inschallah*, wenn du erst in Kanada bist ...« Immer noch wachte ich jeden Morgen früh auf. Doch jetzt verbrachte ich die Vormittage nicht mehr allein mit meinen drei Fischen, sondern mit Ghouson und den Kindern, die etwas später aus ihrer Wohnung im Untergeschoss zum Frühstück zu mir raufkamen. Baby Sherwans Lächeln holte mich zu den Lebenden zurück.

»*Sabah alkheir*, guten Morgen, mein Sonnenschein«, sagte ich zu ihm und pflanzte jede Menge Küsse auf seine runden Bäckchen.

»Was heißt ›Sonnenschein‹?«, fragten die Kinder.

»Es meint die Wärme der Sonne. Es meint Familie.«

Ich hätte am liebsten den ganzen Tag mit dem Baby verbracht, mit dem Kleinen gespielt, aber es gab viel zu tun. Die Kinder brauchten neue Kleidung, Schulsachen, und natürlich Lebensmittel. Fremde erkannten sie aus den Medienberichten, wenn sie uns auf der Straße oder im Supermarkt sahen. »Willkommen in Kanada«, sagten sie dann. Manche boten uns an, die Rechnung von unserem Einkauf zu bezahlen, die sich nicht selten auf bis zu 300 Dollar belief. Einmal nahm meine liebenswerte Nachbarin die Kleinen mit in die Shopping Mall, um Schuhe zu besorgen. Auch dort erkannte man sie. Zwei andere Kundinnen im Laden schenkten ihnen einen Gutschein über fünfzig Dollar.

Einen Monat später begann für die Kinder die Schule. Die Jüngeren wurden in die Regelklassen der Grundschule eingegliedert. Heveen und Shergo kamen zusammen mit acht weiteren syrischen Flüchtlingen in eine Sonderklasse in der lokalen High School. Bunte Banner begrüßten die Neuankömmlinge. Freundinnen und einige meiner Kundinnen halfen ihnen beim Start ins neue Leben. An den Wochenenden und abends gaben Kim, Marie und Helen der ganzen Familie Englischunterricht. Eine Nachbarin kam vorbei und las den Kindern vor. Wenn die Familie etwas brauchte, half Kitt, in den internationalen Regalen im Supermarkt Zutaten zu finden, die ähnlich waren wie die Produkte, die sie von zu Hause kannten.

Am 2. Januar eröffnete mein Friseursalon mit einem Tag der offenen Tür. Die Presse berichtete und viele Neugierige kamen, Leute aus der Umgebung ebenso wie aus unserem Wohnbezirk. Manche wollten einen Haarschnitt, andere nur ein Selfie.

Mohammad und ich staunten über den großen Andrang. »Der Laden wird gut laufen«, sagte ich zu meinem Bruder. Doch einen Monat später standen wir allein im Salon. Die vielen Besucher, die wir anlässlich der Eröffnung begrüßt hatten, kamen nie wieder. Als Friseur bei Null anzufangen oder der Schritt in die Selbstständigkeit in mittlerem Alter ist generell schwierig. Dazu kam, dass Mohammad niemanden in der Stadt kannte und es im Vorort, wo sich unser Geschäft befand, keine Laufkundschaft gab. Ich wusste, dass ich Werbung machen musste, um Umsatz zu generieren, doch ich war nicht in der Stimmung dafür. Mein Herz und mein Kopf waren nicht bei der Sache.

Kurze Zeit später endete auch der »Honeymoon« in unserer Geschwisterbeziehung. Mohammad und ich nahmen unser altes

Geplänkel wieder auf. Er beschwerte sich über »Timas Regeln«. Sie würden ihm nicht gefallen, schimpfte er. Immer häufiger verzichtete er auf das gemeinsame Abendessen, das Ghouson zu Hause zubereitete, während wir auf dem Heimweg von der Arbeit waren. »Ich kann nicht atmen, wenn ich an deinem Tisch sitze und esse, was du und dein Mann bezahlt haben. Ich habe das Gefühl, zu ersticken«, klagte er. Es schmerzte mich, meinen Bruder so reden zu hören, doch ich wusste, dass Mohammad viele Jahre Trauma und Leid verarbeiten musste. Bald kam er auch nicht mehr in den Frisiersalon, sondern verschanzte sich zu Hause im Keller. Wenn wir stritten, saß seine Familie zwischen allen Stühlen, bezog aber letztlich Partei für ihn. Ich war ratlos. Am Ende blieben Rocco, Alan und ich wieder allein im Esszimmer, in der Gesellschaft der letzten drei Mollys, die noch in meinem Aquarium schwammen.

Traurig erzählte ich unserem Vater von meinem Problem mit dem großen Bruder. »Der Krieg verändert die Menschen«, tröstete er mich. »Du musst Geduld haben«, lautete sein Rat.

Auch Abdullah war enttäuscht. »Ich habe mit Mohammad gesprochen«, berichtete er. »Ich erinnerte ihn daran, dass er mit seiner Familie in einem sicheren Land sei. ›Dir gehört die Welt. Ein Fingernagel deines Kindes ist mehr wert als die ganze Welt‹, sagte ich ihm.«

Ich hoffte, wir würden gemeinsam einen Ausweg finden. Ich wartete auf ein Zeichen, um zu wissen, wie.

Kapitel 14
Unsichtbar

Wenn wir in der Familie über die Tragödie sprechen, versichern wir uns gegenseitig, dass wir nie vergessen werden, was geschah, und dass so etwas nie wieder geschehen darf. Die Geschichte lebt in unserer Erinnerung fort, doch sie darf sich nicht wiederholen. Das wünschen wir uns, doch die Realität ist allzu oft eine andere: Die Kriege dauern an, neue Tragödien sind unausweichlich. Warum machen wir Menschen immer wieder die gleichen Fehler? Bin ich pessimistisch? Gewiss. Doch wer großes Leid erlebt, kann die Angst, es könnte noch schlimmer kommen, kaum beherrschen, gleichgültig wie heftig er oder sie sich gegen derart düstere Gedanken wehrt.

Ich verzehrte mich vor Sorge um Abdullah und um *Baba*, zumal Shireen inzwischen beschlossen hatte, dass es auch für sie an der Zeit sei, Zuflucht in der Türkei zu suchen. Meine kleine Schwester hatte Asthma und es wurde immer schwieriger, in Sham Nachfüllpatronen für ihr Inhaliergerät zu bekommen. Der Jüngste ihrer drei Söhne war ebenfalls Asthmatiker. Ich war nicht sicher, ob die Entscheidung zu fliehen für sie die richtige war. Ich war skeptisch und bezweifelte, dass sie in der Türkei die Medikamente bekommen würde, die sie brauchte. Überdies war ihr Mann Lowee nicht gewillt, fortzugehen und seine behinderte Mutter zurückzulassen. Yasser, ihr Ältester, hielt sich bereits in Deutschland auf, also machte sich Shireen mit den beiden jüngeren Söhnen allein auf den Weg. Sie reiste direkt nach Izmit, um in der Nähe von Maha zu sein. Mit Shireen verließ das letzte

Kind und Enkelkind der Familie Damaskus, und *Baba* blieb allein. Von seiner großen Familie war nur noch eine ständig bei ihm: Mama – auf einem großen Foto.

Mitte Juni zog Mohammad mit seiner Familie in ein Reihenhaus in unserer Nähe. Ich musste nun wieder ohne die tägliche, fröhliche Präsenz meiner Nichten und Neffen auskommen und mich mit gelegentlichen Besuchen begnügen. Im Juli feierten Rocco und ich unseren zehnten Hochzeitstag, was mir allerdings erst bewusst wurde, als mein mich liebender Ehemann kurz vor Feierabend für einen Haarschnitt in den Salon kam und mich an dieses wichtige Jubiläum erinnerte. Wir gönnten uns ein entspanntes Dinner zu zweit, und eigentlich wollte ich nicht über meine Familie reden. Ich tat es doch.

Derweil war Abdullah weiterhin Gast der KRG im Hotel in Erbil. Die Regionalregierung plante, ihm ein Apartment in einem Neubau zur Verfügung zu stellen, doch die Fertigstellung verzögerte sich immer wieder. Abdullah war für die große Unterstützung und Gastfreundschaft dankbar, doch das Hotel, in dem er nun noch das ganze Jahr 2016 logierte, erschien ihm zunehmend als samtenes Gefängnis. Er schickte mir regelmäßig Fotos, wenn er Flüchtlingslager besuchte und Windeln oder Material für den Schulunterricht dort abgab. Auf diesen Bildern lächelt er und wirkt fast wie sein altes Selbst.

Präsident Barzani hielt Wort und sorgte dafür, dass Abdullah neue Zähne bekam. Es war eine langwierige Behandlung, die sich bereits seit dem Herbst des Vorjahres hinzog. Ein Zahnarzt in Istanbul produzierte die Implantate. Abdullah hatte alle paar Monate einen Termin bei ihm. Die Rückkehr in die Stadt traumatisierte ihn jedes Mal aufs Neue. Er empfand sie als physischen und psychischen Schmerz. Wenige Tage vor dem Zuckerfest Anfang Juli rief er mich aus Istanbul an:»Ich sollte bei meiner Familie sein und *Eid* vorbereiten. Ich sollte den Kindern neue Kleidung kaufen«, sagte er traurig.»Mein Herz blutet, ich sterbe jeden Tag tausend Tode. Ich möchte meine Familie wiederhaben.«

Abdullah fühlte sich körperlich und seelisch krank. Er nahm ein Bad, schlief dabei ein und hatte einen schrecklichen Traum: Er war wieder im Meer und versuchte, seine Familie vor dem Ertrinken zu retten. Er schrie und schlug in der Badewanne so wild um sich, dass ein Hotelangestellter an seine Tür klopfte. Zwei Tage später kehrte er nach Erbil zurück.

»Mein Körper ist so steif wie ein Stock. Ich weiß nicht was los ist. Ich kann mich nicht bewegen«, klagte er, als wir das nächste Mal telefonierten.

»Ruf jemanden an, der dir hilft. Geh zum Arzt. Versprich es mir«, bat ich ihn.

Am nächsten Morgen antwortete er weder auf meine Anrufe noch auf meine SMS. Ich geriet in Panik. Immer wieder versuchte ich, ihn zu erreichen. Vergebens. Schließlich meldete sich einer unserer Verwandten. Er hatte Abdullah ins Krankenhaus gebracht. Seine Arme waren stark geschwollen, aber die Ärzte fanden die Ursache nicht. Sie überlegten, ihn in eine Klinik in der Türkei zu verlegen.

»Was heißt das: Sie haben keine Ahnung?«, fragte ich empört. »Sie sehen doch, dass er in einem sehr schlechten Zustand ist. Sie sollen ihn sofort nach Istanbul fliegen.«

Ich rief meine Schwestern an. Maha war entsetzt, als ich ihr berichtete: »Er ist doch gerade erst abgereist. Warum sollte er zurückkehren? Was ist los?«

»Ich weiß es nicht«, sagte ich. »Kannst du oder kann Shireen zu ihm ins Hospital, damit er dort nicht allein ist?«

Beide eilten zu ihm. Die Ärzte diagnostizierten eine Sepsis. Er hatte hohes Fieber und delirierte. Er konnte kaum sprechen, und selbst wenn er ein paar Worte herausbrachte, verstanden meine Schwestern ihn nicht. Auch die medizinische Behandlung verwirrte sie: An einem Tag legten die Ärzte überall Kanülen. Am nächsten Tag waren seine Beine so geschwollen, dass er nicht mehr laufen konnte. Maha und Shireen machten sich große Sorgen.

Maha rief mich an. »Tima, wir wissen nicht, ob Abdullah durchkommt«, seufzte sie. »Ich habe Shireen gebeten, *Baba* nichts davon zu sagen. Er darf nicht wissen, wie schlimm es um unseren Bruder steht.«

»Hoffentlich wird er gesund«, antwortete ich.

Abdullah war ein schwieriger Patient. Immer wieder sagte er – sowohl zu seinen Schwestern als auch zum Krankenhauspersonal –, dass er sterben und bei seiner Familie sein wolle. Tag und Nacht sah er sich auf dem Handy die Videos von seiner Frau und den Kindern an. Die Originale lagen zusammen mit seinem Telefon auf dem Meeresboden, doch inszwischen hatte er ein neues Handy und während der Monate in Erbil unsere Kopien der Aufnahmen wieder aufgespielt. Diese hütete er nun wie seinen Augapfel.

Maha meldete sich bei mir und brachte mich auf den neusten Stand. Im Hintergrund hörte ich das mir mittlerweile vertraute Piepen des Monitors, der Abdullahs Herztöne aufzeichnete. Es war zu schnell. Neben den verheerenden Folgen der Sepsis für seinen Körper litt Abdullah emotional angesichts des nahenden Jahrestags der Tragödie. Aus dem Jungen, der immer so fröhlich und gelassen gewesen war, der als Erster vergab und die zweite Wange hinhielt, war ein verschlossener, misstrauischer und unkooperativer Mann geworden. Maha erzählte, dass Abdullah sie ständig dränge, ihn für eine Zigarette mit nach draußen zu nehmen. Doch das war nicht das eigentliche Problem. Die Ärzte wollten ihn intubieren, um sein Herz zu untersuchen. Der Gedanke an diese Prozedur machte meinem Bruder Angst. Er befürchtete, er müsste würgen oder würde ersticken. »Er fühlt sich verloren. Er möchte unbedingt rauchen. Er bettelt dich um eine Zigarette an wie ein Kind, das etwas Süßes will. Doch wenn er raucht, können sie ihn nicht operieren. Die Ärzte drohen, ihn aus dem Krankenhaus zu entlassen.«

Ich sprach mit Maha, doch aus der Distanz hörte ich Abdullah schimpfen. Ich nahm meinen Mut zusammen: »Lass mich mit ihm reden«, schlug ich vor. Maha reichte ihm das Telefon.

»Habibi, bitte«, beschwor ich ihn. »Du musst auf die Krankenschwestern hören.«

»Es ist mir egal, es spielt keine Rolle«, entgegnete er. »Ich will die Operation sowieso nicht.«

»Tu es für Rehanna und die Jungs«, flehte ich. »Damit du am Jahrestag lebst.« Die Gedenkveranstaltung sollte in weniger als einem Monat in Kurdistan stattfinden. Das war das falsche Argument. Sein Herzmonitor piepte noch schneller. Ich fühlte mich schuldig, ein Gefühl, das mir seit dem Tod meiner Schwägerin und ihrer Kinder nur allzu vertraut war.

Meine Schwester war wieder in der Leitung. Sie erklärte mir, dass Abdullah sich nun ausruhen müsse. Auch sie klang müde von der Krankenwache. Kurz bevor sie das Gespräch beendete, hörte ich unseren Bruder noch einmal im Hintergrund: »Lass mich nicht allein, Schwester«, bat er.

Am nächsten Tag, nach über zwei Wochen Klinikaufenthalt, traf Maha morgens im Krankenhaus ein und fand Abdullah wie immer mit dem Handy in der Hand. Weinend. Sie sorgte sich, dass diese Angewohnheit ihm mehr schadete als nützte, und versuchte, ihm das Telefon abzunehmen. Im folgenden kleinen Kampf um das Gerät fiel dieses auf den Boden und zerbrach.

»Mein ganzes Leben ist auf diesem Telefon«, schrie er. »Lass es reparieren!« Maha, eine erschöpfte, mittellose Flüchtlingsfrau, machte sich auf den Weg durch die unbekannten Straßen Istanbuls, um einen Laden zu finden, in dem Abdullahs Handy repariert werden könnte. Sie war geschwächt, hatte nicht gegessen und viele schlaflose Nächte am Krankenbett verbracht. Schließlich fand sie ein Geschäft, in dem sie das Handy abgeben konnte, doch auf dem Rückweg wurde sie ohnmächtig. Zu ihrem Glück geschah das direkt vor dem Eingang der Klinik. Eine Krankenschwester sah sie und brachte sie ins Labor, wo sofort Bluttests gemacht wurden. Meine Schwester war gesund, aber der Stress und die schlechte Ernährung hatten sie zermürbt.

»Dein Herz würde stillstehen, wenn du sähest, was geschieht. Selbst das Pflegepersonal hat Mitleid mit ihm«, erzählte mir Maha. Sie sind geduldig und großmütig, weil sie wissen, was er durchgemacht hat. Sie versuchen alles, um ihm zu helfen.«

Ich war unendlich dankbar, dass meine Schwestern bei Abdullah sein konnten. Auch ich wollte bei meiner Familie sein. Doch ich musste den Frisiersalon am Laufen halten. Ich hoffte, am Jahrestag der Tragödie zusammen mit Abdullah in Erbil sein zu können.

Ich glaubte fest daran, dass er diese Krankheit überstehen und vor dem 2. September nach Kurdistan zurückkehren würde. Ich hatte keine andere Wahl.

Anfang August 2016, wenige Wochen vor dem Jahrestag, meldeten sich die Medien wieder. Sie wollten wieder über Abdullah und unsere Familie berichten. Alle hatten die gleiche Frage: Glaubten wir heute, ein Jahr nach der Tragödie, dass das Bild des Jungen am Strand dazu beigetragen hatte, dass die Welt die Flüchtlingskrise besser begreift? Ich wollte mit der Presse nicht über Abdullahs gesundheitliche Probleme sprechen, und er selbst war gar nicht in der Lage, Interviews zu geben. Doch mit jedem Tag, der verging, wurde es schwieriger, die vielen Journalisten auf Distanz zu halten. Abdullah wiederum war mittlerweile nicht mehr er selbst. Er schwankte nur noch zwischen Schwäche, Verletztlichkeit und Feindseligkeit.

»Sie werden keinen großen Tubus und eine Kamera durch meine Kehle führen. Ich werde ersticken. Ich werde mich übergeben.

Bitte nehmen Sie zur Kenntnis, dass es mir egal ist, wenn ich sterbe«, blaffte er die Krankenschwestern an.

»Wir müssen das tun, um Ihre OP vorzubereiten«, antworteten diese.

»Es wird keine OP geben.«

»Nur so können wir Ihr Leben retten.«

»Mein Leben ist mir egal.«

Maha und Shireen scheuten den Konflikt. Sie baten mich, mit Abdullah zu reden.

»*Baba* macht sich Sorgen um dich«, sagte ich meinem Bruder. »Er will, dass du lebst, dass du darüber hinwegkommst. Wir alle wollen das. Wir können nicht noch mehr Leid ertragen. Du musst auf die Ärzte hören und dich behandeln lassen, damit du gesund wirst. Bitte.«

Abdullah antwortete etwas, doch ich verstand ihn nicht. Er hatte immer noch Schwierigkeiten, zu sprechen. Shireen nahm das Telefon:»Wir können nur noch Gott um Hilfe bitten«, sagte sie.

Schließlich, nach vielen Gesprächen und Streits, erklärte Abdullah sich mit der Untersuchung einverstanden. Anschließend würde man ihn operieren, um die Gifte aus seinem Herz und seiner Brust zu entfernen.

»Ich glaube, es ist den Ärzten endlich gelungen, zu ihm vorzudringen«, berichtete Maha mir.»Allerdings braucht Abdullah vor der Operation eine Bluttransfusion. Zum Glück sind Vertreter der KRG hier und helfen. Sie haben einen Spender gefunden. Heute bat Abdullah Shireen und mich, uns auf sein Bett zu setzen. Dann umarmte er uns ganz fest und flüsterte: ›Vergebt mir. Ich danke euch für eure Hilfe.‹«

Vor der OP telefonierten wir alle noch einmal mit Abdullah. »Bitte verzeih mir, falls ich es nicht schaffe«, sagte er zu mir.»Wenn ich nicht überlebe, dann möchte ich, dass ihr da draußen weiter eure Stimme erhebt. Jemand muss für diese unschuldigen Menschen sprechen.«

»Sag so etwas nicht, *Allah karim*«, antwortete ich.»Du wirst derjenige sein, der da rausgeht und ihnen hilft. Alles wird gut.«

Und das wurde es! Nach zehn weiteren Tagen mit Antibiotika und viel Ruhe war Abdullah weitgehend von der Sepsis geheilt. Einen Monat, nachdem er mit dieser lebensbedrohlichen Erkrankung ein-

geliefert worden war, machte Abdullah etwas, was er seit der Tragödie nicht mehr getan hatte: Er schickte uns ein albernes Video. Zum
ersten Mal seit fast einem Jahr sagten wir erleichtert: »Abdullah ist
zurück. Endlich!«

Doch von Entspannung konnte noch keine Rede sein. Abdullah würde sich sehr bald schon dem Jahrestag der Tragödie stellen
müssen. Mitte August wurde er aus der Klinik entlassen, kurz danach
kehrte er nach Kurdistan zurück. Die KRG plante eine Gedenkveranstaltung für Rehanna und die Kinder.

»Ich möchte an diesem Tag nicht allein sein. Kannst du nicht
nach Erbil kommen?«, bat er mich.

Ich sagte, ich würde es auf jeden Fall versuchen. Ich wollte ihn
unbedingt wiedersehen und ließ alles stehen und liegen, um zu ihm
nach Kurdistan zu eilen. Schon wieder war ein Jahr vergangen, und
diese Begegnung jetzt brach mir ein weiteres Mal das Herz. Abdullah war mager und blass. Seine Stimmbänder waren während der
Operation verletzt worden. Er konnte kaum laufen oder sprechen.
Aber er hatte nun ein Zuhause. Das möblierte Reihenhaus, mit dem
die Regionalregierung ihn großzügig ausgestattet hatte, war endlich
fertig. Das war eine große Erleichterung. Bereits vor meiner Ankunft
transportierte er den Großteil seines Hab und Guts dorthin, doch er
hatte noch nicht dort übernachtet. Wir stoppten am Hotel, um seine
restlichen Sachen zu holen.

In seinem neuen Heim brachte ich mein Gepäck ins Gästezim-
mer und machte mich frisch. Dann schaute ich mir die Wohnung
an. Ich erschrak, als ich sein Schlafzimmer betrat. Auf dem Bett meines Bruders lagen die Plüschtiere seiner Söhne, weitere Spielsachen
befanden sich in einer Kommode. Im Schrank stand der Koffer mit
den Babysachen, die ich 2011 nach Sham gebracht hatte. Abdullah
holte ihn raus, zog eine Schublade auf und legte die Babysachen hinein – jedes einzelne Teil.

»Erinnerst du dich an die?«, fragte er und hielt ein Paar Babyschuhe hoch. »Oder hier, das Spielzeug?« Er griff nach der Sesamstra-
ßenfigur, mit der ich ihn in den Nachrichten gesehen hatte. Er hielt
das Püppchen dicht vor sein Gesicht, atmete tief ein und begann
zu weinen. »Ich rieche nichts mehr. Ihr Geruch ist fort«, schluchzte
er. »Der Koffer war ganz staubig, also ließ ich den Inhalt im Hotel
waschen. Warum nur? Warum?«

»Hör auf dich zu martern, Abdullah, bitte«, flehte ich ihn an. Ich versuchte, ihn zu trösten: »Vielleicht wirst du noch einmal heiraten und wieder Kinder haben.«

»Wie soll ich noch einmal eine Frau wie Rehanna finden?«, klagte er. »Sie war die perfekte Ehefrau und eine liebende Mutter.« Es tat weh, meinen Bruder leiden zu sehen. Selbst in der Sicherheit seines neuen Zuhauses litt Abdullah ständige Schmerzen – Folgen der Operation und der Tragödie. Und er war allein. In der Nähe gab es weder Krankenhäuser noch Ambulanzen, um die Nachsorge, die mein Bruder brauchte, zu gewährleisten, und ich fragte mich, was er tun würde, wenn er Hilfe benötigte. In jener ersten Nacht meines Besuchs in seinem neuen Zuhause starrte ich lange an die strahlend weiße Decke meines Zimmers, dachte an die Vergangenheit und fragte mich, was nun kommen würde und wie ich Abdullah unterstützen könnte.

Die Welt ist ungerecht, ging mir durch den Kopf, als ich mich in den Schlaf weinte.

* * *

Ich weiß nicht, wie Abdullah es geschafft hatte, in dieser Einsamkeit ein ganzes Jahr am Leben zu bleiben. Er heilte langsam, und sein Körper war jetzt von genauso vielen Narben übersät wie seine Seele. Der Schnitt des chirurgischen Eingriffs zog sich von der Luftröhre bis zum Nabel, und darunter waren drei kleinere Schnitte für die Kanülen, die man eingeführt hatte, um seine Organe zu erreichen. Sein Gebiss war immer noch nicht fertig, sodass er nach wie vor nicht kauen konnte.

Am Morgen des Gedenktages kauften wir Joghurt und viel Obst, um Smoothies zu machen. An der Kasse hielt Abdullah ein paar *Bubblicious* hoch: »Riech mal«, sagte er. »Die riechen noch genauso, wie als wir Kinder waren. Das erinnert mich an unsere Feste in Sham. Weißt du noch, wie Mama den ganzen Tag kochte und uns runter in den Laden schickte, wo wir diese Kaugummis für einen Franc kauften?«

»Sie sagte immer: ›*Habibi*, trödel nicht und halte dich nicht bei deinen Freunden auf. Ich brauche die Petersilie und die Aubergine.‹«

»Und wie es dann nach den Feiern aussah! Ein großes Geschrei: ›Du machst den Abwasch, und du schrubbst den Boden.‹ Wir gingen nie vor vier Uhr morgens ins Bett.«

Jetzt hielten uns Trauer und Sorge und die Alpträume die ganze Nacht wach. Tagsüber waren wir ständig unterwegs und gaben Interviews.

Für den Gedenktag wünschte Abdullah sich, dass die Welt seine Botschaft ein weiteres Mal hörte: Beendet den Krieg, lasst das syrische Volk nach Hause zurückkehren, helft den Flüchtlingen. Zahlreiche Journalisten fragten nach Exklusivinterviews, doch mein Bruder erklärte sich nur zu wenigen Gesprächen bereit. Er sprach mit der Bild-Zeitung, BBC und ein paar arabischen Medien. Ich sah, wie schwach er war, und wusste, dass er alle Kraft für die Gedenkveranstaltung brauchen würde. Die Presse müsste mit mir vorliebnehmen. Seit meiner Ankunft in Erbil signalisierte meine Mailbox unablässig neue Nachrichten. Ich gab mehrere Facetime-Interviews und führte am Morgen des Jahrestages ein Live-Gespräch mit dem britischen Fernsehsender ITV. Ich sprach auch mit Journalistinnen von CNN, Sky Media sowie diversen Zeitungen und Radiosendern aus aller Welt.

Am Abend besuchten wir eine sehr schöne Trauerfeier, die die Kurden im Flüchtlingslager organisiert hatten. Die Bewohner des Camps zeigten einen selbstproduzierten Spielfilm über die Tragödie unserer Familie und des kurdischen Volkes. Es war ein wunderbarer Film, doch so traurig, dass Abdullah und ich von der ersten Szene bis zum Ende weinten. Später, zu Hause, zog Abdullah sich in sein Zimmer zurück. Mitten in der Nacht wachte ich auf. Er schrie: »Alan! Ghalib! Rehanna!« Ich sprang auf und eilte zu ihm. Er saß aufrecht im Bett, doch er schien zu schlafen.

»Was ist los?«, fragte ich und berührte ihn an der Schulter.

»Ich habe Schmerzen in der Brust«, antwortete er. Dann, einen Moment später: »Ich träumte, ich wäre bei meiner Familie.«

Ich konnte nicht wieder einschlafen. Es war drei Uhr morgens. Ich ging hinunter und machte Kaffee. Ich setzte mich vor die Tür. Ein paar Stunden saß ich dort, rauchte, trank Kaffee und dachte an meine Familie. Mein Herz wollte brechen. Ich blickte zum Himmel empor und betete, dass Gott Abdullah heilen möge. Ich bat Alan, Ghalib und Mama um Hilfe. Ich spürte den Schmerz in meinem Körper, Tränen liefen mir über das Gesicht. Schließlich ging die Sonne auf und zwei Vögel erschienen. Sie flatterten und zwitscherten hoch über mir. Der eine war größer als der andere.

»Ghalib? Alan?«, fragte ich. Dann sagte ich zu mir: »Du bist verrückt, Tima.« Doch die Vögelchen tanzten und sangen weiter, bis meine Tränen versiegten.

Etwas später kam Abdullah aus seinem Zimmer, um mit mir zu frühstücken. Zum ersten Mal seit meiner Ankunft. Es schien mir ein weiteres gutes Zeichen, und mein Herz war wieder froh. Danke Gott, danke Mama, danke Ghalib und Alan, dachte ich. Doch der Weg, der vor uns lag, war noch weit. Auch in den nächsten Nächten hatte Abdullah Alpträume. Ich recherchierte, ob es vor Ort medizinische Hilfe für ihn gäbe, eine Organisation, die seine physischen und psychischen Wunden behandeln könnte. Das Internet listete zwei Kliniken, die sich auf post-traumatische Belastungsstörungen bei Kriegsopfern spezialisiert hatten. Ich rief sie an. Leider hatten sie nicht genug Ressourcen, um neue Patienten aufzunehmen. Doch selbst wenn eine Behandlung durch sie möglich gewesen wäre, hätte es nichts genützt, denn Abdullah wollte nach wie vor keinen Arzt sehen, geschweige denn, dass er Hilfe für seine psychischen Probleme akzeptiert hätte. Es gab zu viel in der realen Welt, das sein Trauma und seine Trauer immer wieder weckte.

Eines Morgens – ich machte gerade sauber – stand Abdullah vor mir. Er atmete tief durch und sagte: »Dieses Putzmittel nahm Rehanna am liebsten.«

Ich wollte sein Leid lindern und seine Gedanken auf etwas lenken, das ihm guttäte. »Warum besuchen wir nicht die Kinder im Camp?«, schlug ich vor.

Die Idee gefiel ihm: »Wir können aber nicht mit leeren Händen dorthin. Lass uns Windeln für die Babys mitnehmen.« – »Okay. Reichen fünfhundert Dollar?« – »Das ist besser als nichts.«

Abdullah rief ein Geschäft in Erbil an und bestellte Windeln. Dann telefonierte er mit der Lagerleitung, um unseren Besuch anzumelden. Am nächsten Tag holten wir die Windeln ab und fuhren direkt ins Camp. Die Nachricht über unser Eintreffen verbreitete sich wie ein Lauffeuer. Binnen Minuten strömten Hunderte von Flüchtlingen zum Eingang. Es waren so viele, dass wir sie bitten mussten, zunächst in ihre Unterkünfte zurückzukehren: Wir erklärten, dass wir die Windeln an diejenigen verteilen würden, die sie am nötigsten brauchten. Dann liefen wir durch das Lager und suchten nach Familien mit kleinen Kindern. Viele Flüchtlinge luden uns zum Essen ein.

Wir erlebten die typisch syrische und kurdische Gastfreundschaft. Obwohl die Geflüchteten nicht einmal genug für sich selbst hatten, wollten sie ihr letztes Stück Brot mit uns teilen. Ich fühlte mich an unsere Heimat erinnert. Wir sprachen mit vielen Menschen im Lager, und alle hatten sie ihre eigene Leidensgeschichte. Ich sah die Trauer in ihren Augen, fühlte den Schmerz in ihren Herzen. Alle sehnten sich nach einer Rückkehr nach Syrien. Wir vernahmen ihre Worte und schüttelten mitleidsvoll den Kopf. Ein ums andere Mal hörten wir uns sagen: »*La hawl wa la qowwata illa billah*. Es gibt keine Macht außer Gott.« Nur wenn die Kinder sich uns näherten, lebte Abdullah auf.

Die Windeln, die wir mitgebracht hatten, reichten nicht für alle Bedürftigen, und wir versprachen, bald wiederzukommen. Auf dem Rückweg machten wir Halt auf einem Berg in der Nähe. Wir verweilten, um uns auszuruhen, und schauten auf das Lager hinab. Eines Tages wird Abdullah gesund genug sein, um wieder zu heiraten und Kinder zu haben, machte ich mir Mut. Doch mein Bruder war mit seinen Gedanken woanders.

»Sieh dort alle diese Familien«, sagte er und blickte hinab ins Camp. »Und dann stell dir die Millionen andere Familien vor, die in den Flüchtlingslagern leben und so verzweifelt sind, dass sie die Fahrt übers Meer wagen. Ich weiß nicht, ob ich noch mehr Geschichten von Menschen, die im Meer ertrunken sind, hören kann. Es ist nicht fair. Die Hilfsorganisationen geben Milliarden Dollar aus, aber das reicht nicht. Ich möchte selbst Hilfe leisten, ich möchte den Menschen selbst etwas geben und sie fragen, was sie noch brauchen.«

»Du wirst nicht allen helfen können«, wand ich ein.

»Wir könnten es zumindest versuchen. Ich hatte gedacht, dass das Bild von Alan ein Weckruf war. Doch jetzt, nur ein Jahr später, haben alle vergessen, was geschah. Wenn der Krieg nicht endet, werden noch mehr Menschen verhungern, noch mehr Menschen leiden. Wir müssen den Krieg beenden.«

»Wer sind wir denn schon? Wir können ja nicht einmal unserer eigenen Familie helfen«, entgegnete ich. »Wir sind niemand.«

* * *

Rocco holte mich in Vancouver am Flughafen ab. Ich freute mich, und dennoch lauteten meine ersten Worte nach der Ankunft: »Ich wollte nicht zurückfliegen. Ich will nicht hier sein.«Rocco und Alan müssten heiliggesprochen werden dafür, dass sie nicht aufhörten, mich zu lieben und in jeder Hinsicht für mich da zu sein. Ich arbeitete wieder dienstags bis sonnabends im Frisiersalon. Doch mein Kopf war woanders. Ich dachte in einem fort an meine letzten Gespräche mit Abdullah, dachte an die Stiftung, die wir gründen wollten, damit Rehannas, Ghalibs und Alans Stimmen lebendig blieben. Ob wir wichtig waren oder nicht, war mir nun egal. Selbst ein Niemand kann seine Stimme erheben. Entweder finden wir uns mit dem Elend ab oder wir versuchen, den Krieg und die Flüchtlingskrise zu stoppen! Ich beschloss, mich an Oberschulen und Universitäten zu wenden. Sie sollten wissen, dass ich zur Verfügung stünde, wenn sie reden wollten, dass ich bereit wäre, die Geschichte meiner Familie zu erzählen. Unser Fall sollte Schüler und Studierende motivieren, Menschen in Not zu helfen. Viele Schulen und Hochschulen luden mich ein, und ich sprach mit vielen wunderbaren jungen Frauen und Männern, die sich in der Flüchtlingshilfe engagieren wollten.

»Es muss gar nichts Großes sein«, ermutigte ich sie. »Fangt in eurer Gemeinde an, kümmert euch um Nachbarn, die Hilfe brauchen. Wenn ihr nur ein Samenkörnchen sät und es gewissenhaft wässert, kann eine schöne Pflanze daraus werden.«

»Tima, Sie machen mir Hoffnung«, sagte eine Studentin zu mir nach einem meiner Vorträge. »Ich will versuchen, als Patin einer Flüchtlingsfamilie die Chance zu geben, nach Kanada zu kommen.«

Ich freute mich über ihre Worte. Sie gaben mir die Kraft, weiterzumachen. Bereits das war wertvoll. *Baba* sagt immer: »Vergiss deinen Schmerz. Nichts ändert sich, wenn du an ihn denkst. Sei stolz und erinnere dich daran, dass unsere Geschichte eine von vielen ist. Habe Mut! Sei ein Vorbild!«

Ich wollte, dass der Traum meines Bruders, den Flüchtlingen in der Welt zu helfen, wahr würde. Ich rief ihn an und sprach mit ihm über die Idee, eine Stiftung im Namen unserer Familie zu gründen: »Eine Stiftung gewidmet Ghalib und Alan und allen Flüchtlingskindern.«

»Wie funktioniert das?«

»Ich weiß nicht genau. Ich werde sie in Kanada registrieren, und wir beginnen mit den Kindern in deiner Nähe, in den Lagern in Kurdistan. Läuft es gut, können wir vielleicht auch für die Kinder in

Syrien etwas tun. Und wenn die Stiftung dann größer wird, müsste es gelingen, auch die anderen Kinder und die Flüchtlinge überall zu unterstützen.

»Fatima, wenn wir den Kindern etwas geben könnten, hätte mein Leben wieder einen Sinn.«

Ich kontaktierte einen Rechtsanwalt, der anbot, uns kostenlos zu beraten und bei der Anmeldung der Stiftung zu helfen. Das Verfahren für die Registrierung einer Hilfsorganisation würde mindestens sechs Monate dauern, sagte er. Ich richtete derweil eine provisorische Website ein, für alle, die in der Zwischenzeit bereits einen Beitrag leisten wollten. Es war nicht viel, doch es war ein Anfang.

Kapitel 15
Ein oft verpflanzter Baum gedeiht nicht

Ich bin in Sham, im Haus unserer Familie. Abdullah, meine Freundinnen und ich sind auf dem Dach und rollen Schneebälle. Wir freuen uns, dass es schneit. Bei uns bleibt der Schnee selten länger als einen Tag liegen. Sobald die Sonne rauskommt, schmilzt er und überzieht die steilen Straßen mit einer glitzernden Schicht von Tauwasser. Wir beeilen uns, wollen jeden Augenblick des weißen Winters genießen. Abdullah rennt in die Küche und holt eine Schüssel. Er formt einen Schneeball und kugelt ihn in der Schale, bis sie kristallen glänzt.

»Hier habe ich etwas Besonderes für dich«, sagt er. »Setz dich und lass dir die Erdmandel schmecken.« Er reicht mir den mit Anissaat und Zucker überzogenen Schneeball.

»Mama!« Jemand ruft und reißt mich aus meinem Tagtraum. Ich war nicht mehr ein Kind in Sham. Ich stand am Küchenfenster in Vancouver und schaute den fallenden Schneeflocken zu. Es war Dezember 2016. Mein Sohn Alan stand hinter mir und sagte: »Ich schaufele die Einfahrt frei, damit du nachher dein Auto rausbekommst.«

Ich wollte sagen: »Zieh eine Mütze und Handschuhe an«, doch ich schwieg. Alan war erwachsen. Er konnte auf sich selbst aufpassen.

Weihnachten nahte. Eigentlich sollte ich die Lieblingskekse meines Sohnes backen und Geschenke für meine Familie kaufen. Doch ich hatte andere Pflichten. Premierminister Justin Trudeau besuchte Vancouver, und die lokalen Medien planten eine Bürgerversammlung. Ich war eingeladen und würde ihm eine Frage zu Syrien stellen können.

Es gab viele Fragesteller an jenem Nachmittag. Endlich war ich an der Reihe. Ich erhob ich mich von meinem Platz und sagte:»Ich danke Ihnen dafür, dass Sie über 30.000 Flüchtlinge nach Kanada gebracht und ihnen das Leben gerettet haben. Doch es gibt noch Millionen auf der Flucht, die unsere Hilfe brauchen. Was kann Kanada tun, damit eine politische Lösung gefunden wird und der Krieg in Syrien endet?«

»Danken Sie nicht mir«, antwortete der Premierminister. »Danken Sie den vielen Kanadierinnen und Kanadiern, die mit Patenschaften und Solidarität Geflüchtete unterstützen. Tatsächlich gibt es Millionen von Flüchtlingen, die noch gerettet werden müssen, und ich wünschte, Kanada könnte sie alle aufnehmen. Doch wir können nicht allen helfen.«

Ich wartete darauf, dass Trudeau seine Ausführungen fortsetzte. Ich hoffte, dass es bereits konkrete Planungen für die Aufnahme weiterer Flüchtlinge gäbe, die er nun erläutern würde. Stattdessen rief der Moderator die nächste Frage auf. Ich setzte mich wieder, verwirrt und enttäuscht.

Nach der Versammlung schüttelte der Premierminister allen Anwesenden die Hand. Mich aber umarmte er.»Ich freue mich sehr, Sie kennenzulernen«, sagte er.»Danke für alles, was Sie für die Flüchtlinge tun.« In diesem Moment verschwand der Politiker hinter dem Bild eines liebevollen, besorgten Vaters, den die Tragödie meiner Familie tief berührte. Dann wandte er sich dem nächsten Gast zu.

Einige Tage später stand ich wieder an meinem Küchenfenster, hypnotisiert vom Schnee, der immer weiter fiel, und dachte an meine Familie in der Türkei und in Deutschland – und an die notleidenden Flüchtlinge, die ich in den Lagern getroffen hatte. Ich machte mir Sorgen um sie: Wie würden sie einen weiteren kalten Winter überstehen?

»Heute bekommen wir unsere Zeugnisse«, sagte mein Sohn. Plötzlich stand er neben mir.»Ich habe mein Examen gemacht.« Ich erschrak, denn seit der Tragödie hatte ich Alan und Rocco weitgehend ignoriert. Die Depression bestimmte mein Leben, sie verschlang mich förmlich.»Wach auf, Tima«, rief ich mir zu.»Sieh, was du alles verpasst.«

Ich umarmte und küsste den Jungen und sagte:»Ich bin sehr stolz auf dich.«

Das war nicht gelogen. Ich war immer unglaublich stolz auf meinen besonnenen und bedachten Sohn gewesen. Nie hatte er mich, seine alleinerziehende und mittellose Mutter, um teure Geschenke gebeten. Er liebte Legosteine, doch schon als kleiner Junge wusste er, dass sie teuer sind. Manchmal sparte er, um sich selbst eine kleine Schachtel seines Lieblingsspielzeugs zu kaufen. Er war immer jederzeit bereit, zu teilen. Einmal, noch in sehr jungem Alter, zählte er alle Münzen in seinem Sparschwein. Dann gab er mir das Geld und sagte: »Das sollen Kinder in Not haben.« Ich hätte mir keinen besseren Sohn als Alan wünschen können. Dennoch hatte ich ihn seit der Tragödie, oder vielleicht schon davor, seit meiner Reise nach Istanbul 2014, als Mutter total vernachlässigt.

Vorsichtig steuerte ich mein Auto über die vereisten Straßen zum Frisiersalon. Ich hatte nur wenige Termine vereinbart. Um mehr Kundinnen zu gewinnen, hätte ich Werbung machen müssen. Ich wusste durchaus, wie, doch ich unternahm nichts. Es gab ein paar Stammkundinnen, die regelmäßig kamen, und ansonsten verließ ich mich auf Laufkundschaft. Mein Geschäft machte ständig Verluste, aber ich war zu beschäftigt mit Abdullah und meiner Familie, um nach einer Lösung für mein Unternehmen zu suchen. Aus dem finanziellen Teufelskreis kam ich nicht mehr heraus, und jeder vergeudete Dollar bereitete mir ein schlechtes Gewissen.

Am Nachmittag dieses schneereichen Tages betrat eine gutaussehende Frau den Laden. Eine Party stand an, und sie wollte ihre Strähnchen auffrischen.

Wenn ich arbeitete, war ich immer konzentriert. Ich war Profi, wusste mit meinen Werkzeugen Schere und Bleiche umzugehen. Jene erste Aufhellung damals im Salon mit Lina hatte ich nie vergessen. Seitdem war ich immer sehr vorsichtig und sorgfältig. Doch mein Job machte mir keine Freude mehr. Er hatte seinen Sinn für mich verloren. Warum waren den Menschen diese oberflächlichen Dinge so wichtig? Ich war nicht anders gewesen. Früher. Manchmal wäre ich gern in diese unbeschwerte Zeit zurückgekehrt. Doch ein Zurück zur Tima von einst gab es für mich nicht mehr. Ich konnte diese wunderbaren Menschen, diese mutigen Flüchtlinge nicht vergessen. Ich konnte meine Leute, mein Volk nicht vergessen. Der Krieg verändert die Menschen.

* * *

In jenem Winter erhielt ich eines Tages einen überraschenden Anruf von Chris Alexander, dem ehemaligen Minister für Immigration. Knapp zwei Jahre, nachdem ich ihm geschrieben und ihn in zahlreichen E-Mails gebeten hatte, die Restriktionen für Flüchtlinge noch einmal zu überdenken, wollte er mir sagen, dass ihm der Verlust, den meine Familie erlitten hatte, sehr leidtue. Er schlug mir vor, dass wir uns bei seinem anstehenden Besuch in Vancouver zum Kaffee treffen könnten. Ein paar Tage später saßen wir uns gegenüber und sprachen über die Flüchtlingskrise. »Die Leute nannten mich Kindermörder«, klagte er. Seiner Meinung nach war die Tragödie meiner Familie der Grund, warum er die Wahlen verloren hatte. »So etwas würde ich nie sagen«, erklärte ich, »und ich gebe nicht einer einzelnen Person die Schuld. Ich denke, wir alle haben uns schuldig gemacht. Dennoch wünschte ich, Sie hätten meine Briefe ernst genommen und etwas getan, um diese unmöglichen Einschränkungen für die Syrer aufzuheben. Dann hätten wir Abdullah und seine Familie nach Kanada holen können.«

»Ich habe mein Büro angewiesen, Sie anzurufen und zu bitten, den Antrag für Mohammad und seine Familie noch einmal zu stellen«, entgegnete er.

Er würde jetzt zuhören, fuhr er fort, und er wolle mit mir zusammenarbeiten, um die Gewalt in Syrien zu stoppen. Mein Interesse war geweckt.

»Ich bin gegen Gewalt, und ich beziehe politisch keine Stellung. Ich stehe auf der Seite der Menschen, die zwischen den Parteien zerrieben werden«, sagte ich ihm. »Ich spreche für den Frieden. Ich setze mich dafür ein, dass die Waffen schweigen und man einen Kompromiss aushandelt. Mir geht es darum, dass die Syrerinnen und Syrer nach Hause zurückkehren können. Mir geht es um ihre Selbstbestimmung.«

Alexander war in Begleitung seines Cousins erschienen. Dieser machte noch ein Foto von uns beiden, und damit endete unser Treffen. Unser Austausch hinterließ bei mir ein Gefühl, das mir seit der Tragödie und meiner Reise zur UNHCR-Konferenz in Brüssel bereits allzu vertraut war: Zweifel. Ich glaubte nicht mehr, dass Politiker halten, was sie versprechen, insbesondere, wenn sie erklären, dass sie weiteres sinnloses Sterben verhindern wollen. Wieder einmal fühlte ich mich wie ein Bauer auf einem Schachbrett, auf dem jedes Kästchen geringfügig unterschiedlich grau gefärbt ist. Ich war nur mittlerweile weniger naiv angesichts der Tatsache, dass Millionen Menschen in einem Machtkampf verstrickt waren, den die Reichen und Mächtigen miteinander ausfochten, ein Kampf, der viele Bauernopfer forderte.

Die Mächtigen und Reichen ziehen die Fäden, die Armen leiden. Den Strippenziehern ist das Leid der Armen, das sie verursachen und an dem sie verdienen, jedoch egal. Sie steigen auf ihre Schultern, drücken sie nieder, zermalmen sie unter ihren Füßen, reißen ihre Wurzeln aus dem Boden und werfen sie in den Wind. So ist es überall, in Kanada wie in Syrien. Die Armen sind immer die Opfer der Ungerechtigkeit. Sie sind die Opfer des Krieges.

Bald nach meinem Treffen mit Chris Alexander stritt man in den USA über den sogenannten *Muslim Ban*. Ich war empört, als ich Details zu diesem »dauerhaften Einreiseverbot« erfuhr, und mir kam ein altes arabisches Sprichwort zum Thema Heuchelei in den Sinn: »Erst töten wir einen Menschen, dann trauern wir bei seiner Beerdigung.«

Wenige Wochen später befand ich mich plötzlich in Washington DC. Die demokratische Kongressabgeordnete Tulsi Gabbard hatte mich zu Donald Trumps Antrittsrede im Kongress am 28. Februar 2017 eingeladen. Ich spürte, dass Tulsi Gabbard ein gutes Herz hat und dass uns der Wunsch nach einem friedlichen Ende des Syrienkrieges verband. Ihre Botschaft an das amerikanische Volk war einfach: Hören Sie auf, die syrischen Rebellen mit Waffen zu versorgen, denn diese Waffen geraten oft in die Hände von Terroristen und bringen unschuldigen Syrern, die zwischen die Fronten geraten, Tod und Vertreibung.

Während der Rede des Präsidenten saß ich auf der Galerie, direkt ihm gegenüber. Ich gestehe, ich hörte ihm nicht wirklich zu. Ich glaubte nicht, dass er den Syrienkrieg erwähnen würde. Tatsächlich streifte er das Thema nur, als er sagte, dass er den IS besiegen werde.

Am nächsten Tag gab ich zahlreiche Interviews. Die Presse wollte wissen, auf welcher Seite ich stand. Ich wiederholte jedoch nur, was ich seit dem ersten Tag nach der Tragödie immer wieder gesagt hatte: »Beenden Sie den Krieg in Syrien! Stellen Sie sich Ihrer Verantwortung! Helfen Sie denen, die zwischen die Fronten geraten sind.« Da ich in Amerika war, dem Land, das nur sehr wenige syrische Flüchtlinge aufgenommen hatte, sagte ich auch, dass die Syrerinnen und Syrer nicht nach Amerika kommen müssten, wenn die USA aufhören würden, das Land zu bombardieren.

Zum Abschluss meiner Reise hielt ich einen Vortrag an der George Washington University und diskutierte mit den Studierenden. Sie waren ernst und nachdenklich, und auch sie waren bereit, zu helfen. Sie wussten jedoch nicht genau, wie.

»Ich möchte finanzielle Hilfe leisten, aber ich habe nur wenig Geld«, sagte eine junge Frau. Ich erläuterte ihr, dass sie, selbst wenn sie nur einen Dollar pro Woche zur Seite legen würde, am Ende des Jahres genug hätte, um eine Flüchtlingsfamilie in der Türkei zu unterstützen.

Zurück in Vancouver stellte ich fest, dass ich mit meinen Kommentaren Todesdrohungen provoziert hatte. An die hässlichen Attacken der Kritiker in den Kommentaren der Online-Nachrichten hatte ich mich bereits gewöhnt. Doch diese neuen Beschimpfungen gegen Abdullah und mich waren schlimmer denn je. Man sprach mir das Recht ab, meine Opposition gegen die Bewaffnung der Rebellen oder überhaupt gegen Menschen, die zu den Waffen greifen und unschuldige Zivilisten zu Opfern ihrer Gewalt machen, zu äußern. Einige wollten mir gänzlich den Mund verbieten: Als Frau hätte ich kein Recht auf eine eigene Meinung. Wie könne ich es wagen, eine friedliche Lösung zur Beendigung dieses Krieges zu fordern?

Ich war geschockt und entsetzt über diese Worte des Hasses, die zum Teil aus meinem eigenen syrischen Volk kamen. Die Gefühle, die hier geäußert wurden, standen in krassem Gegensatz zu den Idealen, mit denen ich aufgewachsen war. Sie widersprachen der mir von meinen Eltern vermittelten Überzeugung, dass man in Frieden und Toleranz Seite an Seite leben kann. War es der Krieg, der uns so werden ließ? Angesichts der Attacken der Kritiker erwog ich, mich aus dem Rampenlicht zurückzuziehen. Und wieder waren es Rocco und Alan, die mich aufbauten.

»Du darfst nicht auf diese hasserfüllten Menschen hören«, sagte Alan. »Du darfst nicht aufgeben. Das ist genau das, was sie wollen. Sie dürfen nicht gewinnen. Sei stolz auf dich. Deine Worte haben vielen geholfen. Dank dir konnten viele nach Kanada kommen und in andere Länder der Welt reisen.«

Ich folgte dem Rat meines Sohnes. Doch wie gewinnt man, wenn der Hass über die Waffen moderner Kriegführung verfügt? Mir wurde klar, dass ich mich ganz und gar meinem Engagement verschreiben musste. Ich beschloss, mich aus dem Haarsalon zurückzuziehen, und suchte mir eine Untermieterin für das Geschäft. Mein letzter Arbeitstag als Friseurin war der 29. März 2017. Ich war traurig, als ich die Tür meines Ladens zum letzten Mal verriegelte, doch wir alle haben Träume, die sich nicht immer erfüllen. Außerdem war ich nie mit Herz und Seele bei der Sache gewesen. Es war einfach die falsche Zeit gewesen, einen eigenen Salon zu eröffnen. Schon lange trieb mich nur noch die Frage um, wie ich den Flüchtlingen helfen und Öffentlichkeit schaffen könnte, um den Krieg zu beenden.

Schon am nächsten Tag flog ich für einen Vortrag an der University of Waterloo nach Ontario. Von dort reiste ich weiter nach Philadelphia, wo ich in der Temple University eine Rede hielt. Es fiel mir immer noch schwer, darüber zu sprechen, was meine Familie durchgemacht hatte, aber ich fand Trost in der Tatsache, dass ich so das Bewusstsein junger Menschen schärfte. Ich stellte auch fest, dass mir die Gegenwart der jungen Leute Kraft gab. Oft waren sie geschockt, wenn sie erfuhren, dass meine Geschwister immer noch als Flüchtlinge in fremdem Land in Armut und im Elend lebten.

Anfang April 2017 hatte Abdullah wieder einen Zahnarzttermin in der Türkei. Endlich waren die Implantate fertig und sollten eingesetzt werden. Doch dann sah er die Bilder der Angriffe mit chemischen Waffen in Syrien und der vielen unschuldigen Kinder, die durch sie starben oder verstümmelt wurden. Völlig aufgelöst rief er mich an.

»Wie können Menschen so grausam sein?«, fragte er. »Wie können sie Kindern und Alten so viel Leid zufügen? *Wallah haram,* das ist verboten. Wie viele entsetzliche Bilder von leidenden Kindern muss die Welt noch sehen, bevor sie diesen Krieg beendet?«

In jener Nacht wachte ich von einem lauten Knall auf. Mein vierzig Liter fassendes Aquarium war geborsten, und das Wasser überflutete mein Wohnzimmer. Ich eilte hin und stellte fest, dass meine drei Fische – Rehanna, Ghalib und Alan – nicht überlebt hatten.

Epilog
Jasminduft in der Luft

Viele Jahre sind vergangen, seit die Unruhen in Syien begannen, und immer noch sucht meine Familie ihren Platz in einer Welt des steten Wandels. Im Dezember 2016 erhielten Hivron und ihre Familie für ein Jahr Asyl in Deutschland. Aus der Flüchtlingsunterkunft zogen sie in eine möblierte Wohnung. Zur Begrüßung stellte ihre Nachbarin ihnen einen großen Obstkorb auf den Esszimmertisch. Meine Schwester schickte mir ein Video, ein Panorama ihres neuen Zuhauses:»Hoffnung und Heimweh« betitelte sie es.

Mittlerweile hat Hivron wunderbare Freundinnen und Unterstützerinnen gefunden. Sie lebt in einer kleinen Stadt, in der jeder jeden kennt, wo alle freundlich sind und es keine Rolle spielt, woher jemand kommt oder welche Hautfarbe er hat.

»Die Leute hier sind wie bei uns in der Heimat«, erzählte sie mir kurz nach dem Umzug.»Gestern funktionierte meine Waschmaschine nicht. Da hat meine Nachbarin die Wäsche einfach bei sich gewaschen.«

Im Ort leben mehrere syrische Familien. Man trifft sich einmal in der Woche in der Kirchengemeinde zum Deutschunterricht. Hivrons Mann Ahmad arbeitet im Rahmen von gemeinnützigen Beschäftigungsprogrammen des Staates: Manchmal pflanzt er Blumen in öffentlichen Parks, dann ist er als Hausmeister tätig. Es sind Maßnahmen im Rahmen eines berufspraktischen Trainings für Asylbewerber.

»Ich selbst finde keinen Job«, klagt Hivron allerdings. »Vielleicht ginge es uns besser in einer Großstadt. Meine Nachbarin meint jedoch, dass unsere Familie hier sicherer ist.«

Das Wichtigste für meine Schwester ist, dass die Kinder nun zur Schule gehen können. Ihre Jüngsten sind bereits gut integriert. Für den achtzehnjährigen Abdulrahman war es zunächst sehr schwer. Andere Jugendliche mobbten ihn in der Schule: »Geh zurück nach Syrien, du Terrorist!«, beschimpften sie ihn.

»Tante, die sagen, wir wären böse Menschen«, erzählte er mir einmal am Telefon. »Warum verstehen sie nicht, dass wir hier sind, weil wir den Frieden lieben? Dass wir hier sind, weil wir vor Krieg und Gewalt geflohen sind? Dass wir nur einen sicheren Ort suchen, an dem wir leben können?«

»Ich möchte einen Beruf erlernen, arbeiten und Geld verdienen«, fuhr er fort. »Ich möchte für meine Familie sorgen.«

Gleichzeitig verfolgt ihn das Trauma, das Shergo und er in Damaskus als kleine Kinder erlitten. Er vermisst seinen Onkel Abdullah, und er ist immer noch nicht über den Tod seiner Cousins hinweg.

Hivrons traumatische Flashbacks sind Folge ihrer vielen Fluchtversuche übers Meer. Einmal luden ihre deutschen Nachbarn sie zu einem Ausflug an die Nordsee ein. Freudig sagte sie zu.

»Fatima, kaum war ich am Strand, rannte ich ins Wasser. Ich war ja immer eine gute Schwimmerin«, betonte sie. »Das Nächste, woran ich mich erinnere, ist, dass ich das Gefühl hatte, zu ertrinken. Ich konnte nicht mehr. Die müssen alle gedacht haben, ich spinne.«

Shireen, Maha und ihre Kinder leben immer noch als Flüchtlinge in Izmit in der Türkei. Shireen hat ihre beiden kleinen Söhne bei sich. Farzat geht nicht zur Schule; er muss arbeiten. Maleek aber besucht den Unterricht, und es gefällt ihm gut. Seit kurzem gibt es Hilfsprogramme der türkischen Regierung, die das Leben auf der Flucht deutlich erleichtern. Shireen erhält dreihundert Lira pro Monat zur Deckung ihrer täglichen Ausgaben, und ich schicke Geld für die Miete. Ihr Mann ist nach wie vor in Damaskus, der älteste Sohn Yasser lebt in einer Flüchtlingsunterkunft in Heidelberg. Als unbegleiteter Minderjähriger erhält er besondere Unterstützung, beispielsweise Sprachkurse. Aktuell besucht er eine Schauspielschule. Kürzlich schrieb er ein Stück über sein Leben. Doch wann immer er mit seiner Mama spricht, klagt er, dass er sie, seinen *Baba* und seine Brüder sehr vermisst.

Mahas Mann erlitt einen Schlaganfall. Er kann nicht mehr sprechen, ein Arm und ein Bein sind gelähmt. Zwei Wochen lang konnte er nichts essen, und es dauerte über einen Monat, bis sie einen Rollstuhl bekamen, damit Maha ihn ins Badezimmer oder an die frische Luft auf den Balkon schieben konnte. Eine Vene in seinem Nacken ist blockiert. Er wird operiert werden müssen und es wird eine intensive Reha nötig sein, bis er wieder sprechen und seine Gliedmaßen bewegen kann. Maha weiß nicht, ob sie medizinische Hilfe für ihn in der Türkei bekommen kann. Zurzeit hat – als Einziger in der Familie – nur der älteste Sohn Adnan Arbeit. Auch sie unterstütze ich nach wie vor finanziell. Barehan, ihre Tochter, ist in Kurdistan. Ihr Sohn Mahmoud lebt in einem Heim für Geflüchtete in Deutschland.

Mohammad fand für seine Familie eine Wohnung ganz in meiner Nähe in Vancouver. Die Kinder gewöhnten sich schnell an ihr Leben hier und an die Schule. Heveen, seine Älteste, will einmal Zahnärztin werden. Heveen und Shergo arbeiten teilzeit. Baby Sherwan bekommt gerade Zähne. An seinem zweiten Geburtstag feierten wir ein schönes Fest.

»Wie alt bist du?«, fragte ich ihn auf Englisch und hielt zwei Finger hoch, um ihm zu helfen.

Er antwortete in Babysprache.

Ich sagte: »Du bist zwei. Sag mir, wie alt bist du?« Er brauchte nur wenige Versuche, bis er es wiederholen konnte: »Zwei!«

Begeistert pustete er die Kerzen auf seiner Geburtstagstorte aus. Es machte ihm so viel Spaß, dass er immer wieder wollte, dass wir sie anzünden, damit er sie auspusten konnte. Wieder und wieder. Das Kind macht mir so viel Freude! Es ist Musik in meinen Ohren, wenn er mich ruft: »Tante!« Er ist ein glücklicher kleiner Junge, der immer lächelt. Ich weiß, es ist nicht fair, aber wenn ich sein süßes, strahlendes Gesicht sehe, denke ich an Alan.

Baba lebt immer noch in unserem Haus oben auf dem Berg in der Jasminstadt. Seine Adoptivtochter Duaa mit ihrem kleinen Sohn Youssef und zwei notleidende Syrer, die unser großzügiger Vater nicht abweisen konnte, wohnen bei ihm. Doch er sehnt sich nach seinen eigenen Kindern und Enkeln. Er wäre so gern ein richtiger Großvater. Der Krieg hat ihm diese Freude genommen. Es tröstet mich, dass

Duaa und Youssef bei ihm sind. Youssef hat eine Lernstörung. Es ist schwierig. Doch er ist liebevoll und ein guter Junge, immer fröhlich, immer lachend – ein Lichtblick an jedem einzelnen Tag.

Baba und meine syrischen Freundinnen berichten mir, dass Damaskus in letzter Zeit friedlich war. »Die Stadt lebt auf«, sagt unser Vater. »Ich vermisse dich. Komm mich doch besuchen«, bittet er. Andere Syrerinnen und Syrer kehren ins Land zurück, gleichgültig wie die Lage ist. Sie finden lieber den Tod zu Hause, als dass sie als arme, verhungernde Flüchtlinge in der Fremde irgendwie überleben. Ich hoffe, dass *Baba* recht hat und der Krieg bald endet.

Kürzlich schickte mir Duaa ein Foto von ihm, wie er auf seinen Kissen unter Mamas Bild sitzt. Er ist ausgemergelt, seine Augen blicken traurig und verletzt. Er ist der wertvolle alte Schatz unserer Familie, und ich bete jeden Tag, dass er überlebt, so wie Millionen andere dafür beten, dass ihre im Land gebliebenen Großeltern, Enkel, Neffen, Tanten erleben, dass der Frieden zurückkehrt ins Land.

Bis es so weit ist, träumen meine Geschwister von der Heimkehr. Doch je mehr Zeit vergeht, desto mehr verschwimmt die Erinnerung. Integration in ein neues Zuhause ist Fluch und Segen zugleich. Die jüngeren Kinder erinnern sich kaum noch an das Land, aus dem sie einst kamen. Natürlich ist es wichtig, dass sie sich geborgen fühlen, wo sie Zuflucht gefunden haben, dass sie in Sicherheit sind und Teil einer neuen Gemeinschaft werden. Doch leider vergessen viele darüber ihre Wurzeln. Vielleicht ist das einer der Gründe, warum meine Geschwister und ich so oft über die Vergangenheit reden.

Wieder ist *Eid*. Wieder feiern und leben wir unsere Erinnerungen.

»Seit sechs Jahren sagen wir jedesmal an *Eid* das Gleiche«, stellte Hivron kürzlich fest.

»*Inschallah* sind wir beim nächsten Zuckerfest endlich wieder alle zusammen«, antworteten wir im Chor.

Werden meine Nichten und Neffen, und die vielen anderen syrischen Kinder, zurückkehren wollen, wenn der Krieg in Syrien zu Ende ist? Was auch immer geschehen mag: Meine Familie wird auf lange Zeit zerrissen sein, falls sie sich vom Trauma der Entwurzelung überhaupt je erholen kann.

Auf Arabisch sagen wir: »Ein Baum, der oft verpflanzt wird, gedeiht nicht.« Gilt das auch für Menschen? Ich hoffe nicht. Doch es hängt von der Qualität des Bodens ab. Mein Neffe Shergo hat ein wunderschönes Gedicht über seinen Weg nach Kanada geschrieben. Darin vergleicht er sich mit einer Pflanze, die man aus dem Boden riss. Seine Worte erinnern daran, dass jeder und alles Erde und Wasser braucht, um zu wachsen.

In den ersten sechs Monaten des Jahres 2017 riskierten mehr als achtzigtausend Flüchtlinge die Fahrt über das Mittelmeer; knapp zweitausend Menschen starben. Jeder Tote macht Abdullah traurig. »Der tönerne Topf ist zerschellt«, sagte er kürzlich. »Wie wollen wir ihn kitten? Und selbst wenn es gelingt: Es werden Narben bleiben. *Inschallah* wird er eines Tages heilen. Doch wie können wir unbewegt zusehen, wie Menschen im Meer ertrinken? Warum lassen wir zu, dass die See sie verschlingt?« Dieses Buch zu schreiben war eine gigantische Herausforderung für meinen Bruder. Ein ganzes Jahr lang nervte ich ihn jede Woche und manchmal sogar täglich mit meinen Fragen nach Details über sein Leben vor der Tragödie.

»Du hast die Saat gepflanzt«, erinnerte ich ihn. »Du sagtest, wir sollten unsere Geschichte festhalten.«

»Meine Geschichte ist nicht wichtiger als die der anderen.«

»Dennoch wollen die Menschen sie hören. Sie wollen mehr über Rehanna und Ghalib und Alan wissen. Und wir wollen, dass ihre Stimmen nie verstummen. Wir wollen das Schweigen füllen, das viel zu viele sinnlose Tode hinterlassen haben. Wir wollen alles tun, damit der Krieg endet.«

»Fatima, wir waren fünf von Millionen. Nicht anders als sie.«

»Oh doch. Das wart ihr. Und wenn du über die Tragödie sprichst, die du erleben musstest, verhinderst du vielleicht, dass noch mehr Menschen auf der Flucht ertrinken.«

»Schwester, ich habe gelernt, dass es unwichtig ist, ob du Geld hast oder in einer Hütte lebst und dich nur von Linsen ernährst. Wichtig ist allein, dass deine Familie bei dir ist und dass du Liebe empfindest. Liebe gibt dir die Kraft, das Leiden und den Schmerz zu vergessen. Das sag den Menschen. Sag ihnen, dass alles andere egal ist. Wir danken Gott nicht genug für alles, was wir haben. Wir sind gierig, wollen immer mehr. Ich würde alles geben, um wieder bei meiner Frau und den Kindern zu sein, und sei es in einem Flüchtlingslager.«

Dieses Gespräch mit Abdullah war, wie so viele andere, eine Offenbarung für mich. Es erinnert mich an ein altes arabisches Sprichwort: »Kinder sind die Knöpfe, die ihre Eltern zusammenhalten.« Als ich es zum ersten Mal hörte, habe ich es nicht verstanden. Heute weiß ich, was es bedeutet. Heute weiß ich auch, was *Baba* meinte, als er sagte, dass der Krieg die Menschen verändert. Er bezog sich nicht nur auf meinen Bruder. Er bezog sich auch auf mich. Ich merke, dass ich, seit Abdullah sich mit seiner Familie auf den Weg übers Meer machte, in einem Belagerungszustand lebte, immer das Beste hoffend, immer das Schlimmste befürchtend. In vielerlei Hinsicht zwang ich meine Familie, im ewigen Wartestand zu verharren. Ich brachte ihr längst nicht genug Wertschätzung entgegen. Meine Nichten und Neffen leben und werden schnell groß. Wie viel habe ich schon verpasst? In einem winzigen Moment kannst du alles verlieren. Ich muss meine Zeit mit ihnen allen so intensiv wie möglich genießen. Ich muss so gut ich kann in der Gegenwart leben. Ich werde mich stärker bemühen, die Frau und Mutter und Tante zu sein, die meine Familie verdient. Ich werde versuchen, der Mensch zu werden, der ich für Ghalib und Alan nie sein konnte.

Ich weiß nicht, ob das Schreiben dieses Buches mir geholfen hat, Antworten auf die vielen Fragen zu finden, die mich seit der Tragödie immer wieder umtreiben. Doch ich hoffe, dass Sie, wenn Sie die Geschichte meiner Familie lesen, erkennen, dass wir im Grunde alle gleich sind: Wir alle träumen von einem guten, friedlichen, sicheren Leben für unsere Lieben. Menschen sind wichtiger als Geld und Macht. Uns eint mehr, als uns trennt, und zusammen sind wir stärker als allein.

Bald jährt sich die Tragödie ein weiteres Mal, und unsere Zukunft ist ungewiss. Wir sind noch verloren auf See, wissen noch nicht, wo wir landen werden. Doch wir leben.

»Ich hasse den September. Alles Schlimme geschieht im September«, sagt mein Bruder Abdullah. Es war September, als die Terroristen ihre Invasion von Kobane starteten und Rehanna und die Kinder fliehen mussten. Ein Jahr später im September waren sie tot. Dies ist einer der Gründe, warum es meinem Bruder und unserer ganzen Familie immer noch schwerfällt, das Foto vom Jungen am Strand, das Foto von Alan, anzuschauen. Viele posten das Bild, sie teilen es, weil sie Flüchtlingen helfen wollen. Sie meinen es gut. Und wir sind bereit, den Herzschmerz zu ignorieren, den dieses Foto uns bereitet, in der Hoffnung, dass es hilft, weiteres Leiden und Sterben zu vermeiden. Viele nutzen das Bild aber auch, um ihre eigene politische Agenda voranzubringen. Wir können das nicht verhindern, denn das Foto gehört uns nicht. Doch für Abdullah ist es eine ganz reale Erinnerung an den schrecklichen Moment, in dem seine Frau und seine Söhne seinem Griff entglitten.

Ich möchte Abdullah an keinem Jahrestag mehr allein lassen. Ich kann und will das Versprechen, das ich einst unserer Mutter gab, ehren. Sie wünschte sich, dass ich meinem Bruder helfe, eine Frau zu finden. Er selbst empfand das natürlich als Einmischung in sein Leben, doch diesen Wunsch unserer Mutter zu erfüllen war für mich ein Ausdruck von Hoffnung und Liebe.

»Wir müssen eine Frau für Abdullah suchen«, sagte ich vor einiger Zeit zu Maha. »Ich werde mich erkundigen«, antwortete sie. Über die Gerüchteküche in Kobane hörte sie von Ghamzeh aus Kobane, die zu jener Zeit als Flüchtling in der Türkei lebte. Maha konnte nicht viel über sie in Erfahrung bringen, doch *Baba* wusste, dass ihre – wie damals seine eigene – Mutter starb, als sie drei Jahre alt war. Mein Vater und meine Schwestern überredeten Abdullah, Ghamzeh anlässlich einer seiner Fahrten zum Zahnarzt in der Türkei treffen. »Das Leben muss weitergehen«, sagten sie zu ihm.

Nach seiner ersten Begegnung mit ihr schickte er mir ein Bild. »Woher hast du dieses Bild von Rehanna?«, fragte ich ihn. »Das ist Ghamzeh«, antwortete er mir. Ich konnte es kaum glauben. »Sie sieht aus wie Rehannas Zwillingsschwester.«

»Ich weiß. Ihre Stimme klingt auch wie Rehannas.«

Meine beiden Schwestern schlossen Ghamzeh sofort ins Herz. »Sie ist so süß und unkompliziert«, beschrieb Shireen sie. »Sie hat sogar Verständnis, wenn wir sie versehentlich Rehanna nennen.«

Ghamzeh und Abdullah wollten bald heiraten. Doch am Vorabend ihrer kleinen Hochzeitszeremonie rief Abdullah Maha an. Er war in Panik: »Warum drängt ihr mich zu dieser Ehe? Warum setzt ihr mich so unter Druck? Ich glaube zu ersticken«, warf er ihr vor. Er war soeben aus einem Traum hochgeschreckt: Alan war in sein Schlafzimmer gerannt, hatte in die Hände geklatscht und im Kreis getanzt. Rehanna war hinzugetreten. Sie blieb in der Tür stehen und beobachtete Abdullah. Dann lächelte sie, drehte sich um und ging. »Vielleicht sind sie wütend?«, fragte er sich. »Vielleicht wollen sie nicht, dass ich heirate? Was habe ich getan, Maha? Ich kann das nicht machen.«

Maha beruhigte ihn. »Lass dir Zeit. Ihr müsst erst zusammenfinden. Du magst Ghamzeh. Sie mag dich. Eines Tages werdet ihr euch verlieben.«

Am nächsten Tag feierten Abdullah und Ghamzeh Hochzeit. Ich hoffe, sie werden glücklich. Und ich hoffe, dass Abdullah eines Tages auch bereit sein wird, wieder Kinder haben zu wollen. Wenn Abdullah überleben kann und sogar Hoffnung schöpft, dann muss mir das auch gelingen. Ich gestatte mir mittlerweile den Gedanken, dass der Krieg uns auch zum Guten verändern kann. Wir können die Geschichte nicht neu schreiben, so sehr wir das auch wollen. Doch wir können uns einen neuen Lebenszweck suchen. Vor dem Krieg war ich eine Durchschnittsfrau mittleren Alters in der Vorstadt. Ich war Mutter, Ehefrau und Friseurin, eine Frau aus der Mittelschicht, die gern kocht, ihre Zeit mit den Freundinnen verbringt, Spaß am Reisen hat und interessante Orte besucht. Ich hatte Mitleid, wenn anderen Menschen schreckliche Dinge geschahen. Doch ich litt weniger mit ihnen, als ich es heute kann. Aus Mitgefühl schrieb ich damals vielleicht einen Scheck für eine gemeinnützige Einrichtung, spendete an die Tafel, tat, was sich rasch tun lässt, um dann weiterzumachen wie bisher. Durch den Krieg und vor allem seit der Tragödie bin ich eine andere geworden.

Dass ich vor 26 Jahren nach Kanada ausgewandert bin, habe ich nie bereut. Weil ich meinen Sohn Alan bekam. Weil ich meinem Mann Rocco begegnete. Weil ich Englisch lernte und so für meine Familie, für die Syrerinnen und Syrer, meine Stimme erheben kann. Noch immer wundere ich mich, dass die Öffentlichkeit und die Medien von mir, einer unbedeutenden Friseurin, erwarten, dass ich Antworten auf die großen Fragen habe, die ich selbst immer noch stelle. Denke ich, dass die Welt durch Alan Kurdis Foto das Leiden des syrischen Volkes besser versteht? Ich glaube schon. Da sind Millionen Menschen überall, Großeltern und Eltern, Tanten und Onkel, auch Kinder, und ich höre sie sagen: »Genug ist genug.« Sie öffnen ihre Herzen und Türen für Flüchtlinge und Kriegsopfer in Not. Worte reichen nicht, um ihnen allen meine unendliche Dankbarkeit zu vermitteln. Dass Alans Foto die Politiker und Staatschefs wachgerüttelt hat, bezweifle ich allerdings. Viele dieser wichtigen Männer schlafen weiter. Ihre Herzen sind immer noch blind. Ich werde dennoch nicht aufgeben und alles tun, um meiner Familie und den Flüchtlingen der Welt zu helfen. Ich will eine Stimme sein für die, die nicht reden können. Immer wieder denke ich an die Worte, die ich von vielen von ihnen hörte:»Die Welt spricht über uns, doch mit uns spricht niemand.«

Um weiter mit Geflüchteten im Gespräch zu bleiben und – wichtiger noch – Veränderungen zu erzielen, die ihnen wirklich nützen, haben Abdullah und ich die gemeinnützige Kurdi Foundation ins Leben gerufen. Der einzige Traum, den mein Bruder heute noch hat, ist die Flüchtlingshilfe. Und ich werde alles geben, damit *Babas* Appell an die politischen Führer der Welt, alle Parteien zusammenzubringen und einer friedlichen Zukunft für unser Land den Weg zu bereiten, nicht ungehört verhallt. Warum sollten sie sich nicht verständigen können? Sie sind Mütter und Väter, Tanten und Onkel, genau wie wir. *Baba* sagt immer:»Schlechte Zeiten heilt Geduld.« Ich muss geduldig sein. Syrien ist meine Heimat. Es ist das Land, in dem meine Wurzeln liegen, in dem ich aufwuchs. Ich will nicht den Glauben daran verlieren, dass Syrien sich erholt und ich zurückkehren kann. Bis dahin träume ich von dem Tag, an dem ich wieder durch die Straßen von Damaskus schlendere und die jasmingeschwängerte Luft meiner Stadt atme.

245

Danksagung

Groß ist die Zahl der Menschen, denen ich dafür danken möchte, dass sie mir halfen, dieses Buch zu schreiben und meine Botschaft in die Welt zu tragen. Allein hätte ich das nicht geschafft. Zunächst und vor allem danke ich meinen Eltern, die mich lehrten, andere zu lieben und für sie da zu sein. Von *Baba* lernte ich, für diejenigen zu kämpfen, die in Not sind. Noch als er seine eigenen Tragödien erlitt, ermutigte er mich, mein Leben weiter zu leben und die Hoffnung niemals aufzugeben. Ich weiß nicht, wo ich heute ohne meinen Vater wäre. Meine Reise ist noch lange nicht zu Ende, ich werde ihn immer brauchen. Unsere Mutter war eine wunderschöne, liebevolle Frau. Durch sie erfuhren wir, was Stärke ist und was eine Familie ausmacht. Sie gab mir die Kraft, weiterzumachen. Meine Eltern sind meine Inspiration in dieser Welt.

Die Familienmitglieder, die ich verlor, werde ich nie vergessen. Rehanna, dein zauberhaftes Lächeln und dein fröhliches Wesen wärmten immer mein Herz. Ghalib und Alan, ihr seid Engel, die über uns wachen. Ich vermisse euch an jedem einzelnen Tag.

Abdullah, durch dein Mitgefühl und deinen Einsatz für ein besseres Leben der Flüchtlingskinder überall in der Welt erfuhr ich, was wahre Stärke bedeutet. Ohne dich hätte ich diese Geschichte nie erzählen können. Danke für deinen Mut, deine Tragödie in Hoffnung zu wenden.

Auch meinen Geschwistern Mohammad, Maha, Shireen und Hivron danke ich. Wir wurden auseinandergerissen, und heute sucht ihr nach neuen Wegen für euer Leben, doch ihr habt immer an dieses Buch und seine Botschaft geglaubt. Ihr gabt mir Tag für Tag den Mut, weiterzumachen. Ich vermisse euch alle. Ich liebe euch sehr.

Rocco, du warst immer an meiner Seite und gabst mir die Kraft, all das durchzustehen. Du ermutigtest mich, für diejenigen meine Stimme zu erheben, die leiden. Und du hast meiner Familie immer geholfen. Du weißt, dass wir alle der gleichen Familie angehören und dass wir gemeinsam stark sind. Ich bin so unendlich dankbar, dich in meinem Leben zu haben.

Alan, mein Sohn, du bist der gutherzigste Mensch, den ich kenne. Wann auch immer wir miteinander reden, machst du mir Mut und sagst, ich solle nicht aufgeben. Deine Ermutigung ist mir unendlich wichtig.

Dir, meiner Schwägerin Anna, danke ich dafür, dass du mir halfst, mich durch den Dschungel der komplexen Asylverfahren zu kämpfen, und für dein unermüdliches Bemühen um Unterstützung für meine Familie.

Ich danke allen, die mit mir eine *Group of Five* bildeten. Kitt Maitland, Claire Moriarty und Mike Whittaker, ich danke euch dafür, dass meine Familie einen Platz in euren Herzen finden durfte, und für eure Geduld. Kitt, dir danke ich ganz besonders für die vielen Monate der Arbeit im Anerkennungsverfahren für die Flüchtlinge. Ohne dich hätte ich das nicht bewältigen können.

Ich danke weiterhin Roz Harrington und Rick Speer, Richard Rainy und Annette Bittermann in Deutschland. Ich danke allen meinen Freundinnen und Freunden. Ihr wisst, wie wichtig mir jede und jeder von euch ist und welche Rolle ihr für mich spielt.

Meine Verlegerinnen Nita Pronovost und Brendan May, euch möchte ich für eure Geduld und Zeit danken. Obwohl das Buch eine anstrengende Reise war, gabt ihr mir immer Hoffnung und hörtet mir zu. Ein besseres Verlagsteam hätte ich mir nicht wünschen können.

Martha Webb, meine Agentin, danke für deine Unterstützung und dein Engagement, dank dessen diese Geschichte erzählt werden konnte.

Meine Schreiberin Danielle, dir danke ich dafür, dass du mir zugehört hast, dass du mir halfst, meine Geschichte zu teilen, und dass du immer so geduldig warst.

Und schließlich möchte ich allen Menschen in Kanada und in der Welt danken, die den Mut haben, syrischen Flüchtlingen zu helfen, oder die sich dafür einsetzen, dass sich für Menschen auf der Flucht und in der Welt überhaupt etwas ändert. Ich kann euch nicht alle namentlich nennen, aber jede und jeder von euch hat dazu beigetragen, dass sich unsere Welt zum Besseren verändert. Dafür danke ich euch allen.